CW01669479

EDEL

Şeytanın Hizmetkarı

Elif Cemre Yıldırım

elpis yayınları

EDEL

ŞEYTANIN HİZMETKARI

ELİF CEMRE YILDIRIM

ISBN : 978-625-6933-51-4

Sertifika No. : 44781

Genel Yayın Yönetmeni : Özlem DOĞAN

Editör : kitapeditoru.com.tr
Öznur SALBACAK

Kapak Tasarım ve Mizanpaj : maskreklam.net

1. Baskı : Ankara - Eylül 2023

Matbaa : Bizim Büro Basım Evi Yayın ve
Dağ. Hiz. San. ve Tic. Ltd. Şti.
Zübeyde Hanım Mh Sedef Cd.
No: 6/A Altındağ / ANKARA

Sertifika No. : 42488

© Bu kitabın tüm yayın hakları Perseus Yayınevi Basım Yayın Dağıtım ve Dış Tic. Ltd. Şti.'ne aittir. Yazılı izin alınmadan kısmen veya tamamen hiçbir yolla kopya edilemez, çoğaltılamaz ve dağıtılamaz.

PERSEUS YAYINEVİ
Söğütözü Mah. Söğütözü Cad. Koç İkiz Kuleler
A Blok Kat:3 No: 2A Daire: 9 Çankaya/Ankara
Tel: +90 312 945 16 28
Fax: +90 850 522 34 03
Email: bilgi@perseusyayinevi.com

elpisyayinlari

EDEL

Şeytanın Hizmetkarı

Elif Cemre Yıldırım

BÖLÜM 1

FLAMİNGO OTELİ CİNAYETİ

10 Nisan 2023:

Yağmurlu bir nisan sabahında telaşla çalan bu telefon da neyin nesiydi? Asil; bir gözü kapalı, telefona uzandı. Arayanın Başkomiser Timur Tandoğan olduğunu görünce hızla doğruldu ve telefonu açtı. Amir, "Asil, ne işin varsa hemen bırakıp sana attığım konuma gel!" deyip telefonu kapattı. Ne olduğunu anlamayan gözlerle telefona bakan adam, Bornova'nın her daim hareketli olan sokaklarından birinde bulunan otelin konumunu görünce daha da şaşırdı. Yanında çıplak bir şekilde yatan ama adını hatırlayamadığı bu sarışın, güzel kadına bakıp hemen yataktan kalktı. Duştan çıkıp hazırlanmaya başladığı sırada kadının, "Nereye gidiyorsun?" diyen sesiyle irkildi. "Amirim aradı, bir cinayet işlenmiş sanırım, gitmeliyim ama sen istediğin kadar kalabilirsin. Dolapta yiyecek bir şeyler de var, keyfine bak." dedikten sonra kapıya doğru yöneldi. Kadın arkasından yürüyerek, "Bugün geri gelir misin peki?" diye bir soru daha sorunca çapkın komiser gülümsedi. Kadının dudaklarına baş döndürücü bir öpücük bırakıp "Hiç sanmıyorum." dedikten sonra hızla çıktı.

Aynı telefonu alan Komiser Bahar da onu ziyarete gelmiş olan annesi Nihal Hanım daha "Nereye?" diyemeden, hızla hazırlanıp evden çıktı.

Cinayet Büro'nun en yenileri Dora ve Ela Nur için bu durum çok daha da heyecan vericiydi. Çünkü bu, onların ilk saha görevleri olacaktı. Telefon gelir gelmez onlar da hızla hazırlanıp evlerinden çıktılar.

Olay yerine geldiklerinde, otelin önü resmen ana baba günü gibiydi. Kalabalığı yarıp otele girmeyi başaran ekibi, Başkomiser Timur karşıladı. Amirlerinin peşinden, 14 numaralı odaya çıkan ekip, belki de hayatları boyunca bir daha asla unutamayacakları bir manzarayla karşılaştılar. El bileklerinden tavan lambasına asılmış, midesi dışarı çıkarılmış, çıplak bir kadın cesedi karşısında hepsi de donup kalmıştı. Daha da kötüsü üç gündür bu şekilde, burada olan cesedin etrafa yaydığı o korkunç kokuydu. Dora; otel görevlilerinin odaya girmesinin de sebebi olan bu koku karşısında, ağzını kapatarak, kusmamak için hızla başını çevirdi. Bahar, "Allah'ım, bu nasıl bir şey?" diye haykırınca memurlardan biri açıklama yapmaya başladı: "Maktulün adı Saadet Esra Akçay, 25 yaşında. Üç gün önce otele geldiğinde, bir haftalık ödeme yapmış ve kapısına 'Rahatsız Etmeyin' uyarısını asmış. Bu yüzden de çalışanlar üç gün odaya hiç girmemişler, ta ki koku iyice yayılmaya başlayana kadar..."

Gözleri dolan Ela, "Kim yapmış peki? Belli mi?" diye sordu. Büro amiri başını sağa sola salladı. Bunun üzerine Asil, "Kamera kayıtları incelendi mi?" diye bir soru yöneltince olay yeri inceleme ekibinden Çisel kısık bir sesle, "Böyle bir otelde kamera olacağını pek sanmıyorum açıkçası." dedi ki dediği de doğru çıktı. Kameralar uzun süredir çalışmıyordu. Timur Amir, ekipteki birkaç polisi, etraftaki dükkânların oteli gören kameraları olup olmadığını soruşturmaları ve kamerası olanlardan da görüntüleri almaları için görevlendirdi. Bahar, inceleme yapan Adli Tıp Uzmanı Neslihan'a dönüp "Ölüm sebebi ve zamanı hakkında ilk düşünceniz nedir?" diye sorunca kadın, "Aslında maktulün boğularak öldürüldüğünü, öldürüldükten sonra diğer şeylerin yapıldığını düşünüyorum ama tabii net sonuç otopsiden sonra belli olur. Zaman kısmına gelecek olursak vücut sıcaklığındaki artış ve koku gösteriyor ki vücut çürümenin ilk evresine girmiş, ölüm soğukluğu geçmiş. Tahminimce otele geldiği gün öldürülmüş ama dediğim gibi otopsiden sonra daha net şeyler söyleyebilirim." dedikten sonra amir, olay yeri inceleme ekibine, "Kadını bu hâle getirmek için ne kullanmış peki? Cinayet veya işkence aletini buldunuz mu?" diye sordu. Ekipten bir memur başını iki yana sallayıp "Yok Başkomiserim, odanın her yerine baktık." deyince Timur Amir, "Otelin her yerine ve çevresine de bakın. Bulduğunuz en ufak şeyi de bize haber edin." diye emretti. Otel sahibinden, resepsiyona kadar tüm çalışanların ve müşterilerin ifadelerini, ilk olay yeri inceleme bilgilerini ve birkaç dükkânın kamera kayıtlarını alan ekip ofise gider gitmez, kayıtları incelemeye başladı. Gördüklerinin etkisinden kurtulamayan Ela Nur ve Dora birbirlerini sakinleştirmeye çalışırcasına konuşuyor, sürekli biri diğerine su uzatıyordu. Oldukça komik, bir o kadar da masum görünüyorlardı. Bu hâlleri kıdemlileri istemsizce güldürmüştü. Timur Amir ikisinin de omuzlarını sıkıp "Alışacaksınız çocuklar… Tuhaf bir şekilde zaman geçtikçe alışacaksınız. İlki en zorudur. Onu atlattıktan sonrası bizler için her şey daha da kolaylaşıyor." diye mırıldandı. Alışmak mı? Bir insan gerçekten de böyle bir şeye alışabilir miydi? Bahar o anda, cinayet bürodaki ilk saha deneyiminden sonra kokunun sanki ellerine ve üzerine sindiğini, bundan aylarca kurtulamadığını ve o ilk vakasını asla unutamadığını anımsadı.

Dükkân kameralarından bir şey çıkmayacak gibiydi çünkü otelin etrafı, bulunduğu sokak, geceleri de gün içinde de oldukça işlekti. Otel girişinin bir kısmını gören bir kamera vardı ama otele giren çıkan pek belli olmuyordu. Görüntüleri izlerken Timur Amir, "Dur!" diye bağırınca, bilgisayar başındaki polis memuru Harun, hemen görüntüyü durdurdu. Tamamen siyah giyinmiş, kapüşonlu, saçları omuzlarında, siyah güneş gözlükleriyle kombinini tamamlamış bir adamın otele girişini gösteren bu görüntü karşısında, tüm ekip bilgisayara doğru eğildi. Bahar, "Oldukça şüpheli görünüyor." deyince Asil, "Başka bir noktadan görüntüsü var mı?" diye sordu. Harun, bu şüpheli adamın görünebileceği tüm kamera kayıtlarına baktı. Lakin adam sanki bütün kameraların yerini biliyormuş gibi kör noktalardan otel girişine gelmişti. Amir alnını ovalarken mırıldandı, "Ya çok akıllı ve planlı ya da tamamen şanslı…"

Bunun üzerine Ela, "Onun yaptığından nasıl bu kadar eminiz? Başkası da olabilir. Sırf siyah giyindi diye adam katil olacak değil ya." deyince Başkomiser, "Haklısın ama şu ana kadar en dikkat çekici şüpheli o. Neyse araştırmaya devam edelim. Elbet bir şeyler çıkacak," demiş ama bu kamera kayıtlarından hiçbir şey çıkmamıştı. Sokağa yakın yerlerde bulunan mobese kameralarını da incelediler ama şüphelendikleri adam başka hiçbir yerde karşılarına çıkmamış, şüpheli bir durum da gözlemlememişlerdi. O sırada elinde bir dosyayla içeri giren polis memuru Metehan, "Maktulün telefon kayıtları geldi." deyince Asil hemen dosyayı alıp incelemeye başladı. Bahar, "Önemli bir şey var mı?" diye sordu. Komiser başını sallayarak konuştu, "Evet, erkek arkadaşıyla ciddi bir kavga etmiş. Bir kız arkadaşına birkaç gün kafa dinlemek için ortadan kaybolacağını söylediği bir mesaj atmış."

Timur Amir, "Erkek arkadaşını sorguya alalım. Kayıtlarda ona karşı kullanabileceğimiz, onu sıkıştırabileceğimiz bir şeyler var mı?" diye sordu. Asil onu onaylayıp "Fazlasıyla... Eğer telefonunu açmazsa büyük olay çıkacağını, ortalığın karışacağını söylemiş. Diğer mesajlara bakınca adamın öfke kontrolü olmadığı açıkça görülüyor." deyince Ela, "O zaman baş şüphelimizi bulduk mu yani?" diye atıldı. Komiser, "Şimdilik öyle görünüyor ama sorgudan sonra daha iyi anlayacağız." dedi. Bahar, "Adamın adı ne?" diye sorunca Asil mırıldandı, "Gökhan Karabağ..."

Ardından, "Metehan, hemen adamın adresini bulun!" diye emretti. Metehan emri onaylayıp odadan çıktı. Bahar, "Ailesine haber verildi mi?" diyerek üzüntüyle sordu. Amir başını sallayıp "Evet. Memleketleri Kırıkkale'delermiş, geliyorlar." dedi. Ela, "Hâllerini düşünemiyorum bile. Çok zor... Allah kimseye yaşatmasın." deyince diğerleri de ona hak verdiler. Bir aile için bundan daha büyük bir acı olabilir miydi ki bu hayatta...

Biraz zaman geçtikten sonra Asil, "Nerede kaldı bunlar?" diye söyleniyordu ki o anda içeri giren Metehan, "Adamın adresini bulduk Komiser'im." diyerek elindeki kâğıdı uzattı. Komiser teşekkür ettikten sonra ayağa kalkıp "Gidip şu herifi alalım bakalım." diyerek ofisten çıktı. Ela, hâlâ gördüğü cesedin etkisinde olan Dora'ya dönüp "Ayy, bir kendine gel Dora! Gitsene Asil Komiserle!" diye haykırınca, hızla kendini toparlayan genç polis, Asil'in arkasından gitti.

Arabaya binip Ege Üniversitesi yakınlarındaki apartmana gittiler. Daire 5'e çıkıp kapıyı çaldılar. Orta boylu, esmer bir adam kapıyı açıp "Buyurun!" dedi, Asil de kimliğini gösterip "Cinayet bürodan geliyoruz. Siz Gökhan Karabağ mısınız?" diye sordu. Adam şaşkınlıkla, "Evet de cinayet büro mu? Neden? Ne oldu?" deyince komiser bir soru daha sordu, "Saadet Esra Akçay'ın sevgilisisiniz değil mi?" Adam korkuyla haykırdı, "Esra'ya bir şey mi oldu?"

Asil şüpheli gözlerle onu süzüp "Bu sabah bir otel odasında ölü bulundu. İfadenize başvurmak için sizi emniyete götüreceğiz" deyince Gökhan bir anda ağlamaya başladı. Hıçkırarak "Kim yapmış? Nasıl olmuş?" diye art arda sorular sorarken Asil, "Detaylı bilgi alacaksınız. Şimdi lütfen bizimle gelin." diyerek adamı susturdu. Ardından arabaya binip yola çıktılar. Emniyete geldiklerinde onu hemen sorgu odasına aldılar. Asil ve Bahar da sorgu için içeri girdi. Timur Amir, Ela, Dora ve Polis Memuru Nihat camın arkasından izliyorlardı. Bahar, "Avukat ister misiniz?" diye sorunca adam başını sallayıp "Neden bir avukat istemek zorunda olayım ki?" dedikten sonra korkuyla bağırdı, "Benden mi şüpheleniyorsunuz? Ben yapmadım, ben ona âşıktım. Allah aşkına, nasıl böyle bir şey yapabilirim?"

Bahar, "Siz yaptınız demiyoruz ama elimizde bazı tehdit mesajlarınız var. Aynı zamanda siciliniz de…" derken Gökhan onun sözünü kesip haykırdı, "Onların bununla ne alakası var? Gençken yaptığım bazı hatalar yüzünden bana katil diyemezsiniz! Hem de sevdiğim kadının katili! Aşk öldürmez!"

Asil, "Aşk öldürmez ama hasta zihniyetin, hasta kıskançlığı öldürür. Her gün, oradan buradan kaç tane şerefsizi topluyoruz. O yüzden aptal aptal konuşmayı kes ve sadece sorulara cevap ver! Esra telefonlarını açmadı. Kötü şeyler olacağını söyledin. O kötü şeylerden biri, onun midesini deşmek miydi?" diye bağırıp masaya bir yumruk indirince, Bahar onun kolundan tutup sessizce sakin olmasını söyledi. Gökhan hıçkırıklar içinde, "Ben yapmadım! Ben değildim! Sadece telefonu açsın diye öyle şeyler söyledim. Bir şey yapmayacaktım ki yapamam, yapmam!" dedikten sonra başını masaya eğip hüngür hüngür ağlamaya başladı. Bahar, "Çıkalım." deyince, adamı odada yalnız bırakıp çıktılar. Ayna arkasına geldiklerinde Ela, "Sizce o mu yaptı?" diye sordu. Bahar omuzlarını silkti, "Bilemiyorum."

Timur Amir, "Beden dili doğru söylüyor gibi." diyerek çenesini ovalarken, Asil başını sallayıp "Ya da iyi bir oyuncu…" diye karşılık verdi, Başkomiser mırıldandı, "Beden dili asla yalan söylemez!"

Dora, "E peki, şimdi ne yapıyoruz?" diye sordu. Amir, "Biraz daha konuşturmayı deneyelim. Cinayet saatinde nerede olduğunu bir öğrenelim. Azıcık sıkıştırmaktan zarar gelmez. Kendi yapmamış olsa bile belki bildiği, şüphelendiği bir durum veya bir kişi vardır." Tekrar sorgu odasına girdiler. Birkaç saat süren ifade ve yapılan bazı araştırmalardan sonra adamın, ön raporla belirlenen cinayet saatinde, maktulün evinin önünde kapıyı açması için beklediği -görgü tanıklarının da onayıyla- belirlendi. Esra'nın otelde olduğunu, yakın arkadaşı Aylin dışında Gökhan da dahil kimse bilmiyordu. Kadını da emniyete çağırmışlardı. Onun ifadesi de Gökhan ile benzerdi. Adam ona Esra'nın nerede olduğunu sormuş, o ise bilmediğini söylemişti.

İfadelerinde ikisi de aynı şeyi dile getirmişti. Aylin'in otel mevzusunu bilen tek kişi olması onu da şüpheli listesine sokuyordu ama telefon kayıtlarıyla da kanıtlandığı üzere Esra, ona otele gittiğini söylemiş ama hangi otel olduğunu belirtmemişti. Ayrıca cinayet saatinde Aylin işten yeni çıkmıştı. İş yeri Alsancak'taydı ve iş sonrası arkadaşlarıyla bir kafeye gitmişti. Yani katil, o da olamazdı. Geçen saatler yine sonuca ulaşmalarını sağlamamıştı. İfadelerini imzalatıp Aylin ve Gökhan'ı gönderen ekip kendi ofislerine geri döndü. İlk gün yoğun geçmiş ama sonuçsuz bitmişti. Gece yarısı olduğunda Timur Amir, ekibi evlerine yolladı.

Asil Efe ARSLAN

Kafası cinayete takılan Asil, eve gitmek yerine bir bara gidip içkisini söyledi. Bir yandan da telefonundan kamera kayıtlarını tekrar kontrol ediyordu. Yanına oturan uzun, kızıl saçlı, ince belli kadın, "Beyefendi ne içiyorsa, ondan alayım." diyene kadar onu fark etmemişti bile. Çapkın bir gülümsemeyle, "Benden olsun." diye karşılık verip göz kırptı. Kadın elini uzatıp "Aslı..." deyince yakışıklı polis de aynı ritüelle, "Asil..." dedi. Aslı mırıldandı, "Asil..."

"Güzel isim," dedikten sonra telefona doğru eğilip "Barda kamera kayıtlarına bakacak kadar da enteresan." diyerek küçük bir kahkaha attı. Telefonunu kilitleyip masanın üstüne bırakan Asil, "Normallik sıkıcıdır." dedikten sonra kadının gözlerinin içine baktı. Uzun boylu, koyu kahverengi saçları ve aynı koyulukta gözleri olan güzel vücutlu adamın, dipsiz bir kuyuya bakıyormuş hissi veren bakışı karşısında heyecanlanan kadın ne diyeceğini bilemeyerek içkisinden bir yudum aldı. Derin bir nefes alıp verdikten ve sordu, "İş mi?"

Asil anlamayan gözlerle tekrar kadının gözlerinin içine baktı. Aslı, "Kamera kayıtları... İşle mi ilgili?" diyerek, sorusunu daha net bir şekilde tekrarladı. Asil, hiçbir şey demeden sadece başıyla onayladı. Kadının sohbeti devam ettirme istediği çok açıktı. Bu yüzden hiç düşünmeden, "Bekar mısın?" diye sordu. Soruyu sorar sormaz saçmaladığını düşünüp utanmıştı. Asil birkaç saniye bekleyip "Evliyim." dedikten sonra içkisini bir dikişte bitirdi. Kadın önce şaşırdı, sonra yüzünü düşürdü. Bu tepki karşısında dayanamayan Asil kahkaha atıp "İşimle evliyim." diyerek göz kırpınca, yüzündeki rahatlama açıkça belli olan Aslı, "Çok kötüsün!" diye haykırdı. Komiser alaycı bir gülümsemeyle devam etti, "Hepimiz kötüyüz. Öyle ya da böyle... Değil miyiz?"

Kadın omuz silkip "İyi insanlar da var." deyince Asil, "İyi insan... Artık dünyada bu türün var olduğunu sanmıyorum," diye mırıldandı. Aslı, "Kötü insanlar kadar, iyi insanlar da var." diye yineledi. Bunun üzerine sinirlenen Asil, "İyi insan diye bir şey yok. İki yüzlü yalancıların, iyi insan rolünü oynaması diye bir şey var. Yıllardır cinayet büroda görmediği kalmayan biri olarak konuşuyorum. Hayal dünyasında yaşamayın." deyince kadın heyecanla, "Cinayet büro mu?" diye bağırdı. Komiser bir kahkaha atıp "Neden bu kadar heyecanlandın?" diye sordu. Aslı, "Kriminal vakaları çok severim. Sürekli suç belgeselleri falan izliyorum. Gerçek bir olay yeri görmeyi çok isterdim." Asil bir saniye düşünüp hızla yerinden kalktı, güzel bir bahşişle birlikte hesabı ödedi. Kadın şaşkınlıkla "Ne oldu?" diye sorarken komiser, elinden tutup "Gel benimle!" diyerek onu bardan çıkarttı. Arabaya binerken Aslı, "Ne oldu? Nereye gidiyoruz?" diye tekrar sordu, Asil de ona soruyla karşılık verdi, "Gerçek bir olay yeri görmek istiyorum dememiş miydin?"

Kadın başıyla onaylayınca adam, "Dileğini gerçekleştireceğim." dedikten sonra gaza bastı. Aslı şaşkınlıkla karışık bir heyecanla, "Nasıl yani? Olay yerine mi gidiyoruz?"

diye bağırınca komiser hiçbir şey demeden sadece ona baktı ve tekrar yola döndü. Kadın yol boyunca nefesini düzenlemeye uğraştı. Yaşanan vahim olaydan sonra tamamen boşaltılan Flamingo Otel'in önüne geldiler. Cinayet haberi, tüm İzmir'i etkisine almış gibiydi. İğne atsan yere düşmeyecek olan bu sokak, o gün bomboştu. Arabadan indikten sonra, Asil kapıda nöbet bekleyen iki polise hiçbir şey demeden kimliğini gösterdi, polisler selam verip geçmeleri için yolu açtı. Aslı'nın korkudan bacakları titriyor ve korkusu da yüzüne yansıyordu. Yukarı çıkarken bunu fark eden Asil, "İstemiyorsan geri dönebiliriz." deyince kadın hızla başını sallayıp "Hayır, hayır! Sadece ilk kez böyle bir şey yaşayacağım için heyecanlandım. Doğal olarak biraz da gerildim." dedi. Asil sakince kadına dönüp yüzünü ellerinin arasına aldı. Yanaklarından hafifçe bastırıp dudaklarına bir öpücük bıraktıktan sonra, "Ben yanındayım." diye fısıldadı. Asil'in bu hareketi kadının başını döndürmüştü. Devamını istercesine adamın dudaklarına yapıştı-ama Asil, onu durdurup "Sakin ol güzelim, biraz sabret," dedikten sonra, elinden tutup yukarıya çıkmaya devam etti. Odanın kapısına geldiklerinde kadına dönüp "Hazır mısın?" diye sorunca Aslı heyecanla onayladı. Bunun üzerine Asil "Olay Yeri Girilmez" bandını kaldırıp "Bayanlar önden..." diyerek göz kırptı. Aslı derin bir nefes alıp bandın altından geçtikten sonra, komiser de aynısını yaptı. Odadaki iğrenç koku çıkmamıştı ki kadın da kokuyu alır almaz hafif bir öğürtü sesiyle ağzını kapattı. Asil bir kahkaha atıp dirseğiyle ışık düğmesine bastı. Işıkların açılmasıyla yerdeki kan lekelerini gören Aslı, korkuyla yerinden sıçradı. Olay yerine öyle bir bakıyordu ki bu bakışı adamı çok eğlendirmişti, "Ne o? Aptal belgesellerden alışık değil miydin?"

Kadın gözlerini devirip "Aynı şey değil. Bu koku... Nasıl dayanıyorsun?" diye sordu. Komiser ellerini cebine koyup duvara yaslandıktan sonra omuz silkti, "İnsan, her şeye olduğu gibi buna da alışıyor. Bir süre sonra kokuyu almaz hâle geliyorsun."

Aslı başını sallayıp "Bir insan buna nasıl alışır ki? Çok korkunç..." diye mırıldandı. Yakışıklı polis gözlerini, kadının gözlerinden dudaklarına indirip "Bir hibristofili olduğunu düşünmüştüm." diyerek gülümsedi. Aslı, "Hibristofili mi? O da ne?" diye sorunca Asil alaycı bir tavırla, "Aptal belgeseller bundan da bahsetmiyor sanırım." diye karşılık verdi. Kadın tamamen ona dönüp "Neden sürekli aptal belgeseller diyorsun? Belgeseller fazlasıyla keyifli ve öğreticidir." deyince komiser, kadına doğru yavaşça yürümeye başladı. Kısık ama net bir tonla cevapladı, "Birincisi; 'hibristofili' basitçe suç işleyenlere karşı, çekim duyan insanlara denir. İkincisi; gerçek hayat, o belgesellerdeki kadar basit bir anlatıma sığacak düzeyde değil. Çok daha kanlı, çok daha acı..."

Sözünü bitirdiğinde Aslı'nın dibine varmıştı bile. Kadın düzensizleşen nefesini tutmaya çalışırken Asil, "Ve çok daha ateşli..." demesiyle birlikte dudaklarına yapıştı. Bu nefes kesen öpüşme, Aslı'ya nerede olduklarını ve odadaki iğrenç kokuyu hemencecik unutturmuş olacak ki ellerini adamın boynuna dolayıp dudaklarına yapıştı. Gittikçe ateşlenen öpüşmeyle birlikte Asil, onu duvara yapıştırdı. Dudaklarından ayrılıp boynuna inerken, "Parmak izi bırakmamaya dikkat et." diye fısıldadı. Nefesinin değdiği her an, kadın daha da kendinden geçiyordu. Adam, hızla Aslı'nın üstündeki ceketi çıkarıp yere attı. Ardından siyah elbisesinin arkadaki fermuarını indirdi. Sutyenini tamamen çıkarmadan, dolgun göğüslerini açıp onları emmeye başladığında, kadın zevkten kapattığı gözlerini araladı, karşısındaki duvara sıçramış kan izlerini gördü. Bu görüntü, anlayamadığı bir şekilde, onu daha da tahrik etmişti. Asil dudaklarını aşağıya doğru indirdikçe, kadın da gözlerini aşağıya indirip yerdeki yoğun kan izlerini incelemeye başladı. Bu kadın gerçekten de içinde şiddet, vahşet ve kana karşı zevk besliyordu. Asil dil darbelerini yaptıkça o, kanın içine daha çok çekiliyor, çekildikçe de daha çok zevk alıyordu. Adam hızla doğrulup kemerini açtı. Pantolonunun altına sakladığı erkekliğini açığa çıkarırken, kadının zevk içinde odayı inceleyen gözlerini gördü; bu, onu daha da tahrik etmişti. Cebindeki kondomu çıkarıp taktı. Ceketini yere serip kadına, ellerini ceketin üstüne koymasını emretti. Sabah orada asılı olan cesetten akan kanın tam önüne...

Aslı hipnoz olmuş gibi onun dediğini yapınca, Asil arkasına geçip saçlarını kavradı ve git gelini yapmaya başladı. Kadın her öne gittiğinde yerdeki kana daha da yaklaşıyor, iğrenç koku daha da içine işliyordu. Zevk doruk noktaya çıktığı anda Asil, onun çığlıklarını bastırmak için ağzını kapattı. Bu, öfkeli bir seksti. Asil çok öfkeliydi, kadının bu kanlı vahşete karşı duyduğu çekime öfkeliydi. Neden? Neden insanlar korkması, uzak durması gereken olaylara ve insanlara karşı bu kadar çekiliyordu? Git gel çoğaldıkça çoğaldı ve son bir hareketle ikisi de tamamlandı. Asil hızla geri çekilip toparlandı. Duygusuz bir ifadeyle, "Aşağıdaki polisler şüphelenmeden giyin, kapıda bekliyorum." dedikten sonra odadan çıktı. Kadın hipnozun etkisinden kurtulmuşçasına kendine geldi ve hızla giyindi. Yaşadığı, bu iğrenç ve korkunç deneyime karşı duyduğu absürt zevk, onu afallatmıştı. Biri ona bunu yaptığını söylese, belki de onu ayıplar hatta onun hasta olduğunu düşünürdü ama bunu kendisi yapmıştı. O an kendinden utandı. İçindeki bu absürt histen utandı. Bir kadının kanı karşısında aldığı zevkten utandı. Belki de Asil haklıydı. İyi insan diye bir şey yoktu. Belki de kendisi de yıllarca iki yüzlülük yapmış ve bugün gerçek kimliği açığa çıkmıştı. O anda aklından birkaç gün önce izlediği Jeffrey Dahmer'ın mahkeme konuşmasından bir bölüm geçti, "Ya hasta ya kötü ya da ikisi birden olduğumu biliyordum..."

Ömrünün sonuna kadar asla unutamayacağı bu odaya son kez bakıp oradan çıktı. Yüzündeki gerilmiş ifadeyi gören Asil, küçümseyici bir gülümsemeyle, "Söylemiştim, hepimiz kötüyüz. İyiyim diyen herkes, iki yüzlü orospu çocuğundan başka bir şey değil." deyince Aslı utançla yere bakıp "Bunu yaptığıma inanamıyorum." diye mırıldandı. Dolan gözleri yaşların ağırlığını daha fazla kaldıramadı ve dudaklarından, "Kendimi asla affetmeyeceğim." cümlesi döküldü. Asil, kadının sol gözünden akan yaşı silip "Kendine dürüst olduğun an, hayatın şifresini çözdüğün andır. Bu deneyimden sonra hiçbir şey eskisi gibi olmayacak. İnsanlara baktığın her an, içlerindeki kirli tarafı göreceksin ve bu sayede kimse sana zarar veremeyecek. Çünkü gelebilecek her türlü pisliğe, hazır hâlde bekliyor olacaksın. O yüzden kendine yüklenmek yerine, yaşadığın farkındalığın tadını çıkar." dedi. Aslı hiçbir şey demeden merdivene doğru yürümeye başladı. Komiser, 14 numaralı odaya son kez baktıktan sonra, kadının arkasından gitti. Aslı koşar adımlarla gidip arabaya bindi. Asil ise dışarıdaki polislerle başıyla selam vererek, "İyi nöbetler." dedikten sonra durdu, Alçak sesle "Bu, gizli bir olay yeri incelemesiydi. Herkes işini iyi yapmış mı diye bir kontrol gibi. O yüzden de..." derken sağdaki polis, sözünü bitirmesini beklemeden "Sizi burada görmedik Komiseri'm." diye cevap verince, Asil gururla gülümseyip arabasına bindi. Aslı'ya "Evin nerede?" diye sordu. Kadın donuk bir ifadeyle "Karşıyaka..." dedi. Karşıyaka'ya geldiklerinde ise yolu tarif etti. Evin önünde durduklarında Asil, "Her şey için teşekkürler." deyince kadın alaycı bir gülümsemeyle "Sana da!" dedikten sonra hızla arabadan indi ve arkasına bile bakmadan apartmana girdi. Asil ise sakince sigarasından bir dal yakıp evinin yolunu tuttu.

Bahar KARACA

Bahar, evine geldiğinde onu kapıda karşılayan annesine sıkıca sarılıp korkunç bir günün sonunda, huzur bulduğu tek anı yaşadıktan sonra içeri girdi. Nihal Hanım'ın harika yemeklerle dolu sofrasına heyecanla otursa da sabahki manzara gözünün önüne gelince iştahı kaçtı ve çayını alıp koltuğa geçti. Onun bu düşünceli hâlinden üzüntü duyan annesi elini tutup "Kızım ne oldu?" diye sorunca Bahar, "Bugünkü vaka çok korkunçtu anne. Kadının görüntüsü aklımdan çıkmıyor. Bir insan nasıl bu kadar cani olabilir, birine bunu nasıl yapabilir aklım almıyor." derken gözyaşları kendini serbest bırakmıştı bile. Annesi ona sıkıca sarılıp "Annem, kıyamam sana. Ah be kızım, ben sana demedim mi bu meslek çok ağır, zor, öğretmen ol diye." deyince Bahar geri çekilip "Anne, başlama yine. Öğretmenlik çok kutsal bir meslek ve ben hiçbir zaman onun altından kalkabilecek gücü kendimde göremedim. Zaten hep polisliğe ilgim vardı, biliyorsun." diye karşılık verdi. Annesi, "Senin yaptığın iş daha büyük güç istiyor ama neyse bir şey demiyorum, tamam." diyerek ağzı bir fermuarmış da onu kapatır gibi yaptı. Bahar gözlerini devirip kadının ellerini tuttu, "Annem yapma böyle. Bak, zaten çok zor bir gün geçirdim. Bir de sen üstüme gelme. Lütfen!"

Nihal Hanım dayanamayıp gülümsedi. Kızının yanaklarından öpüp "Sen her şeyin üstesinden gelebilecek güçte bir kızsın. Sen benim kızımsın. O yüzden bu davayı çözüme ulaştırıp rahmetli kadının kanını yerde bırakmayacağına, o pis katili yakalayıp ailesinin içinin bir nebze olsun rahatlamasını sağlayacağına eminim. Seninle gurur duyuyorum, güzel kızım benim." dediğinde Bahar kendini çok daha iyi hissetmişti. Annelerin dudaklarından dökülen kelimelerin böyle bir etkisi vardır işte. Sihir gibi… En berbat günü yaşayan bir insan için bile bir ilaçtı anne sözleri. Nihal Hanım, kızını daha da neşelendirmek için

"Babanı arayalım mı? Meraktan çatlıyordur şimdi. Emeklilik hiç yaramadı hiç. İyice meraklı, huysuz bir şey oldu." diyerek güldü. Söyledikleri Bahar'ı da güldürmüştü ve hemen eline telefonu alıp emekli Başkomiser Tahsin Bey'i aradı. Babası heyecanlı bir sesle, "Kızım!" diye telefonu açınca Bahar, "Başkomiserim nasılsınız?" diye sordu. Tahsin Bey, "Hiç iyi değilim. Annen, beni burada yalnız bıraktı. Kafa dinleyecekmiş hanımefendi. Ben ne yapıyorsam artık!" diye çıkıştı. Nihal Hanım, "Aman sus be! Bütün gün dırdır, başımın etini yiyorsun. Vallahi burada çok iyiyim." diyerek omuz silkti. Annesiyle babasının bu şakalaşmalarıyla birlikte daha da iyi hissetmişti Bahar. Babası, "Bırak şu anneni de anlat bakayım vaka ne?" diye sorunca Bahar, annesine bakıp "Hemen yetiştirdin değil mi?" diye fısıldadı. Annesi ise onu duymazlıktan gelircesine hareketler yapınca babası, "Hadi ama!" diye seslendi. Bunun üzerine Bahar kısaca vakadan bahsetti. Yılların tecrübesine sahip olan Tahsin Bey düşünceli bir ses tonuyla, "Bu katil işini biliyor. Planlı bir cinayet. Öfke cinayeti olsaydı mutlaka delil bırakırdı." deyince Bahar, "Doğru söylüyorsun baba. Bütün gün, bunu yapmış olabilecek herkesi sorguladık. Herkes temiz. Tüm telefon kayıtları, iş yeri, her şey incelendi. İnsanlarla görüşüldü. Sanki maktulün çevresinde bunu yapabilecek kimse yok gibi," diye karşılık verdi. Babası, "Altı yedi ay önce ciddi bir profil oluşturma eğitimi aldınız. Gerekirse elinde olan her şeyi defalarca tek tek incele ve bir profil oluştur. Bu, katile ulaşmaya giden yolu büyük ölçüde kısaltacaktır." dedi. Bahar onu onayladı: "Haklısın babacığım. İnşallah en kısa zamanda da katili yakalarız."

Türkiye'nin en bilinen seri katillerinden biri olan ve Tornavidalı Katil lakaplı Yavuz Yapıcıoğlu'nun yakalanmasında başarılı bir rol üstlenen babası, "Eğer yardımıma ihtiyacın olursa söylemen yeterli kızım, biliyorsun." deyince Bahar, "Biliyorum babacığım ve eğer öyle bir şey olursa ilk geleceğim insan da sensin zaten." dedikten sonra bir müddet de havadan sudan konuştular ve telefonu kapattılar. Ardından bir süre televizyon izleyip uyumaya geçtiler.

Ela Nur METEOĞLU

Ela eve geldiğinde kendini bir garip hissetti. İçinde bir ürperti oluşunca evin tüm ışıklarını açtı. Ne yapacağını bilmez bir hâldeydi. Cesedin kokusu burnundan gitmiyordu. Kendini duşa attı, derisini yüzercesine çitilese de sanki koku ona yapışmış gibiydi. Dayanamayıp ağlamaya başladı. İlk cinayet vakasının unutulmaz olduğunu ve zor atlatıldığını söylemişlerdi ama bu kadarını da beklemiyordu. Akan suya karışan gözyaşları dinince duştan çıktı. Giyinip yatağına yattı ama gözlerini kapattığı her an kadının cansız bedeni zihninde canlanıyordu, "Bu böyle olmayacak." diyerek kalktı ve oturma odasına geçti. Bir komedi filmi açıp koltuğa uzandı, bir süre sonra uyuyakaldı.

Dora CANDAŞ

Dora, çok değişik duygular içerisindeydi. Zaten normal hayatında da duygusal olan genç polis, bu vakadan, diğer arkadaşlarına oranla çok daha fazla etkilenmişti. O da aynı ritüeli gerçekleştirip duşa girdi. Kafasından atamadığı görüntü onu rahatsız ediyordu. Hele ki koku… Buzdolabını açıp alt kısımda duran biralardan bir tane aldı. Ardından bir sigara yakıp televizyonun karşısına oturdu. Aklından binbir türlü şey geçiyor, karşısında dönen filme odaklanamıyordu. Kafasını dağıtmak için birkaç arkadaşıyla mesajlaşıp sosyal medyada dolaşmak istedi ama herkes ona bu cinayeti soruyor, sosyal medyada ise bununla ilgili paylaşımları dolaşıyordu. Dayanamayıp telefonu da kapattı. Tekrar televizyona dönüp filmi izlemeye çalıştı. Derken bir süre sonra bedeni de zihni de iyice yorgun düştü ve uyuyakaldı.

Timur TANDOĞAN

Timur Amir eve geldiğinde eşinin telaşlı yüz ifadesiyle karşılaştı. Kadın hemen ona sarıldı ve nasıl olduğunu sordu. Amir, işini eve getirmeyen birisiydi. Bu yüzden sadece iyi olduğunu söyleyip lavaboya gittikten sonra eşinin hazırladığı yemekler masasına oturdu. Ardından duş alıp hazırlandıktan sonra kızının odasına gitti. Melekler gibi uyuyan kızının saçlarını okşarken içinden, "Orada asılı olan da birinin kızıydı. Allah'ım, kimseye bu acıyı yaşatma." diye geçirirken gözlerinden birkaç damla yaş döküldü. Düşüncesi bile korkunç olan bu şeyi yaşayan insanların duygu durumunu hayal bile edemezdi. Derin bir nefes aldı ve kızının alnına ufak bir öpücük bırakıp odadan çıktı. Ardından oğlunun odasına girdi. Onun da üstünü örtüp alnından öptü ve odadan çıktı. Salona döndüğünde eşi de yatmıştı. Çok huzursuz olan adam, huzur bulmak için Yaradan'a sığınmak istedi ve abdestini alıp namaz kıldı. Secdede Allah'tan, bu adamı yakalayabilmek için onlara yardım etmesini istedi. İçi bir nebze olsun huzurla dolmuştu. Bunun üzerine sakince yerinden kalkıp odasına geçti ve kendini uykunun kollarına bıraktı.

Ertesi gün, gece çok da iyi uyuyamadıkları gözlerinden belli olan, ekip ofise gelir gelmez, dün kaldıkları yerden çalışmalarına devam etti. Ela, "Esra'nın ailesi nerede? Hiç ses seda çıkmadı." deyince Asil gerindiği yerden, "Bu sabah cesedi teşhis etmişler. Ardından otopsisi yapılmış. İlk rapora göre katilin önce kadını boğup sonra diğer işlemleri faaliyete geçirmiş olduğu düşünülüyor. Tabii daha detaylı inceleme sonucunda, son rapor yazılacak." dedi. Amir, "Kriminal laboratuvarıyla da görüştüm. Şimdilik bulunabilen bir parmak izi veya DNA yok. Yani anlayacağınız, işini bilen bir katille karşı karşıyayız." deyince, Bahar derin bir nefes alıp verdikten sonra "Aslında ailesinin de ifadesine başvurmamız gerekiyor ama en sevmediğim kısım bu. Zaten insanların acısı var, sanki biz de sorularımızla onların yaralarını deşiyormuşuz gibi geliyor." diyerek dudak büktü. Ela ve Dora da ona hak verdi. Asil ifadesiz bir şekilde, "Yarın gelecekler. Ben konuşurum." deyince Ela, "Kusura bakmayın Komiser'im ama siz, bazen bana çok duygusuz geliyorsunuz." diyerek çekingen gözlerle Asil'e baktı. Adam ciddiyetle, "Bu birimde duygusallığa yer yok. Çocuk parkında değil, cinayet bürodasınız. O gördüğünüz ceset, eğer burada kalmaya devam edecekseniz, karşılaşacağınız birçok cesede göre hafif bile sayılabilecek bir boyutta. O yüzden eğer buradaysanız, bu kapıdan girmeden önce duygularınızı dışarıda bırakın." diye net bir konuşma yaptı. Onun bu sözleri karşısında kimse hiçbir şey demedi. Timur Amir sessizliği bozup "Otel çalışanlarının tekrar ifadesini alın ve şu siyahlı adamı onlara da gösterin. Belki biri, bir şey hatırlar. Ben, Emniyet Müdürü'yle görüşmeye gidiyorum." dedikten sonra ofisten çıktı. Asil, Dora'ya dönüp "Ara şunları da gelsinler. Başkomiser'in emrini yerine getirelim." deyince, genç polis hemen oteldekilere ulaştı. Çalışanlar geldikten sonra da tekrar ifadelerine başvurup şüphelendikleri adamın kamera görüntülerini gösterdiler. Resepsiyonda duran Orhun dışında kimse bu adamı görmemişti. Onun şüpheliyi hatırladığını öğrenen ekip heyecanlandı. Asil, "Tüm detaylarıyla..." diyerek Orhun'a döndü. Adam suyundan bir yudum alıp "Lütfen patronuma söylemeyin, işimden olurum." deyince iyice meraklanan ekip şaşkınlıkla birbirine baktı. Orhun, "Komiser ağabey, zaten zar zor buldum bu işi. Lütfen... Bu devirde iş bulmak..." derken sinirlenen Asil, "Oğlum vıdı vıdıyı kes de anlat!" diye kükreyince adam korkuyla, "Akşam sekiz gibiydi, Esra Hanım'ın otele girişinden on, on beş dakika sonrası... Simsiyah giyinmiş, siyah güneş gözlüklü ve uzun saçlı bir adam otele girdi. Resepsiyona gelip 'Esra hangi odayı tuttu?' diye sordu. Sesi boğuk ve ürkütücü bir adamdı. Ben de ona bu bilgiyi veremeyeceğimi söyledim. Bunun üzerine yüklü bir para çıkartıp 'Hangi oda?' deyince ben de şey sandım... Komiseri'm bizim otele genelde iş için gelirler. Ben de öyle bir şey diye düşündüm. Paraya da ihtiyacım vardı. Ben... Ben böyle olacağını bilseydim..." derken ağlamaya başladı. Bu sayede katilin siyahlı adam olduğu kesinleşmişti. Bahar, "Peki bu adam ne zaman çıktı?" diye sorunca Orhun gözlerini silip "Çıkmadı, yani çıkışını görmedim." dedi. Bunun üzerine kadın, "O zaman tahmin ettiğimiz gibi mutfaktan arka sokağa çıktı. Orayı gören hiçbir kamera olmaması ve o saatte mutfakta kimsenin olmaması da işini kolaylaştırdı." Asil onu onayladı. Ağlamasını durduran Orhun, "Çok pişmanım Komiser'im. Size yemin ediyorum bir daha önüme trilyonlar serilse böyle bir şey yapmayacağım. Affedin beni, ne olur? Patronuma da söylemeyin lütfen. O otelden kazandığımla ailemi geçindiriyorum." diyerek başını eğdi. Artık dayanamayan Asil, "Ne oteli oğlum? Otel mi kaldı artık? Siktirtme otelini bana! Lan senin o aldığın para yüzünden bir kadın öldü. Al o parayı şimdi..." diye bağırırken Bahar, "Asil Komiserim..." diyerek sert bir şekilde onu durdurdu. Bunun üzerine Asil sakinleşmek için hızla sorgu odasını terk etti. Orhun ağlayarak, "Kendimi asla affetmeyeceğim. Allah'ım ben ne yaptım?" diyerek ellerini başına götürüp ileri geri sallanmaya başladı. Bahar, "Birazdan polis arkadaşlardan biri gelip yazılı ifadeni alacak, imzalayıp çıkarsın." dedikten sonra adamın gözlerine bakıp "Bunun sana hayatın boyunca büyük bir ders olacağına inanıyorum Orhun." deyip odadan çıktı ve adamı hıçkırıklarıyla baş başa bıraktı.

Ofise geri döndüğünde Asil'in, Timur Amir'e olup biteni anlattığını gördü. Dora, "İnsanların şu rüşvet sevdasını anlayamıyorum." diye söylenince Ela onu onaylayıp "Yalnız, adam bir insanın çekebileceği en büyük cezayı aldı. Ömrünün sonuna kadar bu vicdan azabıyla yaşayacak." dedi. Asil alaycı bir gülümsemeyle, "Vicdan azabı mı? Güldürme beni. İki gün... Sadece iki gün sonra aklına bile gelmeyecek." diyerek elindeki kahveden bir yudum aldı. Saate bakan büro amiri; "Çok geç oldu, hadi artık gidelim. Günlerimiz yoğun ve yorucu geçiyor, enerji toplamamız lazım. O yüzden herkes evine gidip dinleniyor, tamam mı? Bu bir emirdir!" deyince polisler hiçbir şey demeden emri yerine getirmek için ofisten çıktı. Binanın önünde herkes birbirine iyi geceler dileyip arabalarına giderken Asil, Bahar'ın durup telefonla birini aradığını gördü. Kadının yanına geri döndü, Bahar taksi durağına ulaşmaya çalışıyordu. Asil, "Ne oldu, araban nerede?" diye sordu. Kadın oflayıp "Geçen gün servise vermek zorunda kaldım, hâlâ çıkmadı. En yakın taksi durağını arıyorum, onlar da açmıyor." deyince Asil, Bahar'ın elindeki telefonu alıp kapatma tuşuna bastı. Ne yaptığına anlam veremeyen Bahar şaşkınlıkla, "Ne yapıyorsun?" diye sordu. Asil, "İki gündür taksiyle eve gitmek yerine neden bana söylemiyorsun, beni bırak diye?" şeklinde sorgularcasına sorunca, Bahar'ın yüzünde istemsizce bir tebessüm oluştu, "Çok teşekkür ederim ama gerçekten gerek yok. Zaten saat çok geç oldu. Bir de benim yüzümden yolunu uzatma. Git sen, ben başka bir taksi durağını ararım."

Duydukları karşısında oflayan Asil, "Çok uzattın. Hadi!" deyip Bahar'ın elinden tuttuğu gibi arabaya doğru yürümeye başladı. İzledikleri manzara karşısında, yan yana park ettikleri araçlarından birbirine bakan Dora ve Ela, deyim yerindeyse pişmiş kelle gibi sırıttılar. Dora hemen telefonunu alıp Ela'yı aradı. Kadın gülerek telefonu açınca, "Sen de benim düşündüğümü mü düşünüyorsun?" diye sordu. Dora bir kahkaha patlatıp "Olur mu olur! Hatta mis olur!" diye haykırdı. Ela da gülerek, "Deli!" dedikten sonra kapattı. Ardından yola çıktı, arkasından da Dora yola koyuldu. Bahar, Asil'in arabasına binerken, "Hiç gerek yoktu, gerçekten. İşin gücün vardı belki, alıkoymuş gibi oldum." diyerek omuz silkti. Asil arabayı çalıştırdıktan sonra kadına etkileyici bir bakış atıp "Çok güzel bir kadının arabası servisten gelene kadar şoförlük işim var. Başka da bir işim yok." diyerek göz kırptı. Bahar çok tatlı, utangaç bir gülümsemeyle ona baktı, "Çok teşekkür ederim ama sadece bu akşamlık..."

Asil hiçbir şey demeden başıyla onayladı ve yola koyuldu. Bahar'ın, Bornova'daki evine geldiklerinde, Nihal Hanım da apartmana girmek üzereydi, arabayı fark edip durdu. Bahar şaşkınlıkla arabadan inip "Anne, bu saatte ne yapıyorsun dışarıda?" diye sorunca, merakla arabanın içindeki erkeğe bakan kadın gözlerini kızına çevirdi, "Canım çok tatlı istedi. Evde de pek malzeme kalmamış. Hemen aşağıdaki bakkala gidip çikolata, bisküvi falan aldım kızım." dedikten sonra, gözleriyle arabadan inmek üzere olan Asil'i işaret edip kısık bir sesle, "Bu kim?" diyerek imalı bir bakış attı. Bahar gözlerini devirip "Neden bana söylemiyorsun? Gelirken alırdım. Bir daha gece tek başına bir yere çıkmanı istemiyorum. Zaten işim gerginlikle dolu, bir de aklım sende kalmasın anne, lütfen!" deyince annesi, "Ne zaman geleceğini bilemedim kızım. Onca işinin arasında bir de tatlı mı isteseydim? Neyse, bir daha olmaz merak etme. Yarın toplu bir alışveriş yapacağım zaten." derken Asil, adı gibi asil bir şekilde onlara yaklaşıp "Merhaba efendim. Siz, Bahar'ın dilinden düşüremediği, güzeller güzeli annesi Nihal Hanım olmalısınız. Bu arada geçen günkü sarmalar için tüm ekip adına teşekkür ediyorum, harikaydı. Ben Bahar'ın ekip arkadaşı Asil." diyerek elini uzattı. Kadın tatlı bir patavatsızlıkla, "He, sen şu ruhsuz, yakışıklı Asil'sin." derken Bahar, "Anne!" diyerek onu durdurmaya çalışsa da artık çok geçti. Adam hoş bir gülümsemeyle, "İş sınırları içerisinde ruhsuz olmak zorunda olan diyelim. Normal hayatımda o kadar da kötü biri olmadığımı düşünüyorum." diyerek Bahar'a sempatik bir bakış attı. Güzel komiser utanarak başını eğdi, "Kusura bakma. Sosyal hayatın içinde seni tanımadığım için ortamımızı anlatırken öyle bir şey demiş olabilirim."

Asil, "Demek ki sosyal hayatta da tanışmamız gerekiyor ki yanlış izlenimleri yıkabileyim, değil mi Nihal Hanım?" diyerek tekrar kadına döndü. Nihal Hanım büyük bir gülümsemeyle, "Tabii oğlum. Hep iş hep iş nereye kadar değil mi?" deyip onu onayladı. Bahar kendi kendine, "Oğlum mu? Ah anne, ah anne…" diye söylenirken, annesinin, "E, buraya kadar geldin. Kızımı da gecenin bu vakti yalnız bırakmamışsın. Teşekkür borcumuz için yukarı gel de bir çayımızı iç oğlum. Yeni demledim vallahi." deyince Bahar, "Anneciğim saat çok geç oldu. Bırakalım da Asil Komiser evine gidip dinlensin. Yarın yine iş var." şeklinde onu durdurmaya çalışsa da adamın, "Açıkçası demli bir çaya hayır diyemeyeceğim." demesiyle Nihal Hanım aldığı cevaptan memnun bir şekilde gülümsedi, "Hadi gelin."

Nihal Hanım kapıyı açıp içeri girdikten sonra Bahar ve Asil de arkasından girdi. Ev küçük ama çok şirin görünüyordu. Normalde tek başına yaşayan Bahar için fazlasıyla yeterli ve güzel bir evdi. Salona girer girmez adamın dikkatini çeken ilk şey, kitaplık oldu ve merakla önüne gidip kitapları incelemeye başladı. Mutfağa giden annesinin yanına gitmeden önce, "Sen keyfine bak, hemen geliyoruz," diyen Bahar'a başıyla onay verip tekrar kitaplığa döndü. Asil'de tuhaf bir takıntıydı bu. Gittiği bir evde kitaplık varsa eğer, hemen başına gider kitapları incelemeye başlardı. Okudukları kitapların, insanların kişiliğini, isteklerini, yetersizliklerini, tamam olmak için arayıp da bulamadığı şeylerin ne olduğunu, ilgi alanlarını ve daha birçok şeyi anlattığına inanırdı. Kitaplar, onun için insan okuma rehberi gibi bir şeydi.

Bu sırada annesinin hemen ardından mutfağa giren Bahar, "Anne, sen ne yaptığını sanıyorsun ya? Bir de adama kalkmış ruhsuz yakışıklı falan diyorsun." diye tıslayınca Nihal Hanım, "Onu ilk ben değil, sen dedin bir kere! Çocuğu başka şekilde tarif etseydin sen de. A, bu da her şeye kızıyor. Kurt kocayınca kuzunun maskarası olurmuş. Babana söyleyeceğim, alsın biletimi. Haftaya kadar bekleme-yemem. yarın dönüyorum ben." diye söylenerek bardakları hazırlamaya başladı. Bahar oflayıp "Anne bunun kurtla, kuzuyla ne alakası var. Yapma Allah aşkına. Niye sürekli trip atıyorsun?" diye sorunca Nihal Hanım, "Sen niye sürekli anneni tersliyorsan ondan." dedi. Bahar, kadının elinden tutup onu kendine çevirdi: "Tamam annem. Sert çıkıştığım için çok özür dilerim. Niyetim seni kırmak veya terslemek değildi. Sadece rezil olmuş gibi hissettim o kadar."

Annesi dayanamayıp hemen yumuşadı. Ardından hınzır bir ifadeyle, "Hiç de ruhsuz bir çocuğa benzemiyor. Maşallah ne efendi ne yakışıklı o öyle. Nereliymiş?" diye sordu. Bahar da istemsizce gülerek, "Ah annem ah... Asla aklından geçirdiğin şey olmayacak. Biz iş arkadaşıyız. Hem... Ne bileyim, değişik bir adam. Beni biraz ürkütmüyor değil." deyince annesi, "Değişik mi değil mi bilmem ama efendi biri gibi. Hem iş ortamında eminim sen de olduğundan farklı görünüyorsundur. Sana git, adamla evlen demiyorum ama küçüklüğünden beri öğrettiğimiz şeyi unutma..." derken Bahar araya girip "Kimseye hemen güvenme ama kimseye karşı da ön yargılı olma! Biliyorum, merak etme. Sadece çok bariz, klasik anne tavırlarını, bu gecelik yapmasan olur mu anneciğim?" deyince dudak büken kızını onayladı. "Hadi sen geç içeri. Çocuğu yalnız bıraktık, çok ayıp. Ben çayları koyup gelirim."

Bunun üzerine Bahar salona geçti. Asil'in hâlâ kitaplarını incelediğini görünce, "İlgini çeken bir kitap varsa alabilirsin." dedi. Adam yüzünde bir gram alaycılık olmadan, "Eline alıp keyifle okuduğun her kitaba ruhundan bir parça bırakırsın. Artık o sen, sen o olmuşsundur. Kendine ait bir parçayı, insanlara bu kadar kolay dağıtma. Sonra zaman geçer ve bir bakarsın sen diye bir şey kalmamış. Kitaplar insanın en özel alanıdır 0çünkü hayal gücüyle gelişirler. Hayal dünyası da insanın gerçek kimliğini gizlemediği en dürüst alandır." dedikten sonra Agatha Christie'nin Cesetler Merdiveni kitabını eline aldı. "Mesela Bantry Konağı Hanımı Dolly gibi heyecanlı bir karaktere mi bağlanmıştın yoksa Arthur gibi kızgın birine mi? Lorrimer gibi ağzı sıkı biri misin yoksa Ruby gibi iyi rol kesen biri mi? Veyahut Miss Marple gibi kendinden emin bir kadın mısın yoksa kütüphanede, yerde yatan sarışın kadın gibi bir kurban mı? Ya da hepsinden bir parça mı var içinde?" diye devam ederken kitabı aldığı yere geri koydu. Koltukta oturan Bahar dikkatli ve etkilenmiş bir şekilde onu dinliyor, her hareketini izliyordu. Asil yavaş adımlarla koltuğun önüne geldi ve kadının yanına otururken, "Kısacası okuduğumuz her kitaptaki en az bir karaktere yoğun bir çekim hissederiz. Sanki yazar, bizi tanıyormuş da yazmış, sanki o karakterleri anlattığı kelimelerle bize göz kırpıyormuş gibi... İşte bu yüzden insanların seni anlatan, senin ruhunun değdiği sayfaları, kendi karmaşıklıklarıyla kirletmesine izin verme. Bırak, hoşlarına giden bir kitap varsa kendileri alsın, kendi hikâyelerini yaşasınlar." diyerek göz kırptı. Bahar, Asil'in sözlerinden o kadar etkilenmişti ki içinden, onun aslında göründüğü gibi duygusuz biri olmadığını, aksine duygusal bir ruha sahip olduğunu, dışarıdan görünen buz dağının arkasında hisli bir kalp yattığını, onu bu zamana kadar çok yanlış tanıdığını ve daha önce hiç bu kadar çekici biri olduğuna dikkat etmediğini geçirirken annesinin, "Ay maşallah oğlum, şiir gibi konuştun." diyen sesiyle irkilip kendine geldi. Asil sinsi bir gülümsemeyle, "Ruhsuz yakışıklıdan anca bu kadarı çıkıyor."

diyerek ufak bir dil çıkarttı. Bu sözleri Bahar'ı yeniden utandırmıştı, "Lütfen artık bu konuyu kapatabilir miyiz?" diye isyan edince annesi gülerek "Hadi bakalım çaylarınızı için. Asil oğlum aç mısın? Yemek de var, hemen ısıtırım." dedi. Adam saygıyla, "Yok Nihal Hanım, aç değilim, çok teşekkür ederim." diye karşılık verdi. Çaylarını içerlerken kadın, Asil'in tüm şeceresini öğrendi. Bahar, onu durdurmak için çok uğraşsa da Asil saygıda kusur etmeden, kadının tüm sorularına cevap verdi. Bir süre sonra saatin çok geç olduğunu fark edince, müsaade isteyerek kalktı. Nihal Hanım'la vedalaştıktan sonra kapıya doğru giderken Bahar da ona eşlik etti. Adam ayakkabılarını giydikten sonra içten bir gülümsemeyle, "Her şey için çok teşekkür ederim. Uzun zamandır bu kadar keyifli, doğal ve içten bir vakit geçirmemiştim." deyince Bahar, "Asıl ben her şey için çok teşekkür ederim ve annemin soruları için de kusura bakma lütfen. Ayrıca ona karşı bu kadar saygılı olduğun için de çok teşekkür ederim." dedi. Asil, "Harika bir annen var. Neyse ben gideyim artık, yarın görüşürüz. İyi geceler." dedikten sonra Bahar da ona iyi geceler dileğinde bulundu ve adam evinin yolunu tuttu. O gittikten sonra kumral güzeli polis, kendini uykunun huzurlu kollarına bıraktı. Asil de aynısını yapıp evine gelir gelmez uyudu.

Sabah kahvaltısını yapan Bahar, hızla hazırlanıp evden çıktığında, aşağıda arabasına yaslanmış, Stephan King'in Fairy Tale kitabını okuyan Asil'i gördü. Şaşkınlıkla, "Asil! Burada ne işin var?" diye sordu. Adam sakin bir şekilde kitabı kapatıp "Sana da günaydın güzellik." deyince Bahar, "Günaydın ama ne yapıyorsun burada? Bir şey mi oldu?" diye tekrar bir soru yöneltti. Asil, "Birkaç gün şoförlük yapacağımı söylemiştim." diyerek göz kırptı. Bu centilmenlik karşısında hem heyecanlanan hem de utanan kadın, "Sana inanmıyorum. Çok mahcup oldum şu an. Bari arasaydın, yukarı gelseydin. Kahvaltı yapmış mıydın?" diye karşılık verdi. Adam çekici gülümsemesini yüzüne yerleştirip "O zaman bana bir kahvaltı sözün olsun." deyince, Bahar iyice utandı. Asil başını hafifçe kaldırdığında, camdan onları izleyen Nihal Hanım'ım gülen yüzüyle karşılaştı. O da gülümseyerek selam verince Bahar da o yöne baktı. Camda sırıtan annesini görüp "Anne..." diye mırıldanarak gözlerini devirdi ve Asil'e dönüp "Gidelim mi?" diye sordu. Adam tüm centilmenliğiyle, kadının kapısını açtı. Kendi de arabaya binmeden önce, Nihal Hanım'a tekrar başıyla selam verdi.

Onların emniyete beraber geldiğini gören Dora ve Ela yine imalı imalı bakışırken Ela, "Onlara bir isim bile buldum, BahAs... Ne dersin?" diyerek kikirdedi. Dora, "AsBah daha güzel sanki ama bilemedim." şeklinde konuşmalarına devam ederken arabadan inip yanlarına gelen Bahar ve Asil'i fark etmemişlerdi bile. Asil, "AsBah da ne?" diye sorunca iki polis de korkuyla yerlerinden sıçradı. Dora kem küm edince olayı hemen anlayan Bahar, adamın onlara kızmasını engellemek için, "Yeni neslin, yeni jargonları... Önemli bir şey değil." diyerek Dora ve Ela'ya imalı, sert bir bakış attı. İkili utanarak başlarını eğince Asil, "Daha dün ne dedim? Biraz ciddiyet!" diye bağırıp hızla içeri girdi. Bunun üzerine Ela, "Çok özür dileriz Bahar Komiserim. Biz sadece şakalaşıyorduk." deyince Dora da "Ve bizi kurtardığınız için teşekkür ederiz." diye atıldı. Bahar onlara doğru bir adım atıp kısık ama sert bir tonla konuştu, "Arabam serviste, her daim taksi bulamıyorum. Bu yüzden Asil Komiser de sağ olsun bana yardımcı oluyor. Bir daha böyle bir şey duymayacağım. Anlaşıldı mı?"

İki polis de gerçek anlamda utanmıştı. Ela, "Anlaşıldı Komiser'im ve tekrardan özür dileriz. Arabanızın durumunu da bilmiyorduk. Eğer isterseniz arabanız servisten çıkana kadar benimkini size verebilirim. Dora'yla evlerimiz çok uzak değil, beraber gidip gelebiliriz." deyince Dora da onu onaylayıp "Benimkini de alabilirsiniz." dedi, Bahar'a kendilerini affettirmeye çalışıyorlardı. Komiser, "İnce düşünceniz için çok teşekkür ederim ama gerek yok. Bugün yarın arabam gelecek." dedikten sonra bir iki saniye durdu ve alaycı bir gülümsemeyle konuşmaya devam etti, "Tabii eğer aynı arabada gitmek için bahane aramıyor veya arkanızdan DorEla veya ElDor falan gibi isimlerle dedikodunuzu yapmamızı istemiyorsanız."

İkili iyice utanıp başlarını eğdi. Bahar küçük bir kahkaha attıktan sonra, "Bu kadar gevezelik yeter. Hadi ofise…" diyerek binaya girdi. Ela ve Dora da arkasından onu takip etti. Ofise girdiklerinde Asil ve Timur Amir'in, kurbanın ailesiyle konuştuğunu görünce hemen yanlarına gittiler. Kadın perişan hâlde, "Gökhan'ın yapmadığı kanıtlandı diyorsunuz. Peki, kim? Kim, niye benim kızıma böyle bir şey yapsın? Dünyalar tatlısı, iyi kalpli bir kızdı. İnanın bunu kendi kızım olduğu için demiyorum. Kime sorsanız aynı şeyi söyler. Anlayamıyorum neden?" diyerek hıçkırıklara boğuldu. Gözündeki ışık sönmüş baba ise, kendinde hiçbir şey diyecek gücü bulamıyordu. Asil tüm soğukkanlılığıyla, "Acınızı anlamam mümkün değil ama tahmin etmek de zor değil. Şu an acının etkisiyle net düşünemiyor olabilirsiniz. Lakin kızınıza bunu yapanı bulmamız için somut bazı şeylere ihtiyacımız var. O yüzden eğer aklınıza en ufak bir şey gelirse lütfen bizi arayın." diyerek elindeki kartı babaya uzattı. Adam yine bir şey demeden başıyla onaylayıp kartı aldı. Onların bu hâli karşısında soğukkanlı kalamayan Bahar, sandalyede oturan annenin önünde çömelip ellerini tuttu. Dolu gözleriyle kadına bakıp "Yaşadığınız acıyı anlayabilmemiz çok zor ama size söz veriyoruz, o canavarı yakalayacağız. Allah size sabırların en büyüğünü versin." dedikten sonra Ela dolan gözlerini saklamadan kadının sırtını sıvazladı. "Bahar Komiserim çok haklı. Asla bu işin peşini bırakmayacağız."

Bu destek karşısında kendini tutamayan anne, birden Bahar'a sarılıp hıçkırıklar içerisinde, "Lütfen... Lütfen onu bulun. Kızımın kanını yerde bırakmayın." diye haykırdı. Daha fazla dayanamayan baba ise başını eğip sessiz çığlıklarıyla ağlamaya başladı. Timur Amir, onun yanına gidip omzunu sıktı, "Ben de bir babayım. Şu an içinde olduğunuz acıyı düşünemiyorum bile. Biz ne desek boş ve içinizdeki yangını söndürmemiz imkânsız ama emniyete ve adalete güvenin. Elimizden geleni yapacağımıza da emin olabilirsiniz. Er ya da geç, bunu yapanı bulacağız."

Dora kenarda oturmuş, gözlerindeki yaşı gizlemeye çalışarak onları izliyordu ki Asil'in buz gibi bakışlarıyla karşılaştı. Anlaşılan, elde bir şey olmadan verilen sözlere karşı alerjisi olan adam, aile gittikten sonra büyük olay çıkaracaktı. Genç polis telaşla gözlerini sildi ve elinden geldiğince ifadesiz bir şekilde durmaya çalıştı. Bildiği her şeyi anlatan aile, Başkomiser'le birlikte ofisten çıktıktan sonra beklenen olay vuku buldu. Asil sonsuz ciddiyetle ve öfkeli bir sesle, "Siz neyin kafasını yaşıyorsunuz?" diye tısladı. Ne olduğunu anlamayan diğerleri, tuhaf bakışlarla adama döndüler. Asil, "Elinizde bir tane kanıt yok. Bir tane şüpheli yok. Ne bok olduğu veya nereye çıkacağı belli olmayan, muhtemelen faili meçhul olarak rafa kaldırılacak bir vakada, söz vermek ne demek? Ben, size daha kaç kere diyeceğim, şu siktiğim duygularınızı bu işe karıştırmayın diye!" derken masasına bir yumruk vurdu. Onun bu tavrı karşısında sinirlenen Bahar, "Birincisi; ağzını topla Asil Komiser!" diye kükredikten sonra parmağını sallayarak, "İkincisi; evet ne pahasına olursa olsun, er ya da geç o şerefsizi yakalayacağız. O masum kızın kanını yerde bırakmayacağız. Üçüncüsü ve en önemlisi, insanı insan yapan şey duygularıdır ve aynı zamanda insanı hayata karşı güçlü kılan şey de duygularıdır. Kontrollü korku duygusu önlem almamızı sağlar, kontrollü öfke duygusu içimize atıp hasta olmamızı engeller... Yani senin bir zayıflık olarak gördüğün o duygular var ya, asıl acısıyla tatlısıyla onları yaşamaktan korkmayan insan güçlüdür. Duygularından kaçan, buzdolabı gibi yaşayan insanlar... Asıl korkaklar ve güçsüzler onlardır!" diye devam ettiğinde, kadının bu sözleri karşısında Dora ve Ela şok olmuştu. Bu, açık bir meydan okuma gibiydi. Dora, "Şimdi sıçtık." diye mırıldanınca, Ela onu dürtüp susmasını söyledi. Duydukları karşısında boynundaki damarlar belirginleşen Asil, "O korkak ve güçsüz ben mi oluyorum?" diye çıkışınca Bahar umursamaz bir tavırla omuz silkti. "Ben ortaya söyledim. Üzerine alınıyorsan bu senin problemin."

Asil derin bir nefesten sonra, "Madem kendine bu kadar çok güveniyorsun..." deyip Ela ve Dora'ya döndü. Eliyle onları işaret ederek, "Siz de öyle... Verdiğiniz sözü tutun. Bu siktiğimin davasını, duygusal mastürbasyonlarınızla birlikte kendiniz çözün. Ben yokum!" dedi ve hızla ofisten çıktı. Onun bu tavrına ve küfürlü konuşmasına daha da sinirlenen Bahar, o anda eline geçen kalemliği kapıya doğru fırlattı, Dora ve Ela iyice korkmuştu. Küçük çocuklar gibi çıt çıkarmadan köşede olanları izliyorlardı. Yaptığı hareketten kendi de hemen rahatsız olan Bahar ise, "Kusura bakmayın çocuklar. Kendime hâkim olmam gerekiyordu ama ben de insanım işte. Sizin karşınızda böyle bir olay yaşandığı için üzgünüm." dedikten sonra o da ofisten çıkıp lavaboya gitti. Ela şaşkınlıkla, "Az önce bu ofiste ne oldu?" diye sordu. Dora omuz silkip "Ne olacak, boğazımıza kadar boka battık." deyince güzel polis onun koluna vurup "Düzgün konuş ve ağzını hayra aç." diye çıkıştı. Dora, "Ne hayrı kızım, hayırlık hâlimiz mi kaldı? Başımızda karman çorman bir cinayet var zaten, bir de üstüne Asil Komiser vakadan çekildi. Üstüne Bahar Komiserle birbirlerine girdiler. Bahar Komiser uzatmaz belki ama Asil Komiser... Bilemiyorum... Bunu asla unutmayacaktır. Bu da demek oluyor ki daha çok başımız ağrıyacak. Mezun olduktan sonra ilk birimim cinayet büro diye sevinirken, şimdi koşarak kaçasım var." deyince Ela da ona hak verip "Yalnız Asil Komiser de fazla egolu ve duygusuz bir adam. Bu kadarı da biraz fazla." diye söylendi. Dora, "Haklı olduğu noktalar da çok ama. Birincisi, bence de bu vaka çözülemeyecek. İkincisi ise galiba gerçekten de burası için fazla duygusal insanlarız. Tamam, Bahar Komiser de duygular konusunda haklıydı ama cinayet bürodayız be kızım. Bence biraz toparlanmamız ve bu konuda gelişmemiz lazım." dedikten sonra Ela'ya baktı. Güzel polis bir iki saniye düşünüp "Galiba sen de haklısın. Of, bilemiyorum. Herkes bir noktada haklı ama inşallah bu konu daha fazla uzamadan çözülür ve barışırlar. Yoksa tüm kabak bizim başımıza patlar. Günlük azar dozumuz yetmezmiş gibi..." dedi ve Bahar'ın fırlattığı kalemlikten yerlere dağılan kalemleri toplamak için eğildi. Dora da ona yardım etti. O sırada içeri giren Timur Amir şaşkınlıkla yere bakıp "Ne oldu burada?" diye sordu. Ela, Dora'ya dönüp olanları söylemesin diye başını iki yana salladıysa da Dora ona aldırış etmeyip amire olanı biteni anlattı. Duydukları karşısında sinirlenen Başkomiser "Ah Asil! Ah Asil!" diye söylenerek çıktı. Dora, Ela'nın öfkeli bakışlarına aldırış etmeden, "Nasılsa öğrenecekti." diyerek omuz silkti ve masasına geçti. Bunun üstüne Ela da bir şey demeden yerine oturdu.

Bahar elini, yüzünü yıkayıp lavabonun aynasında kendiyle göz göze geldi. "Bir an... Gerçekten bir an aslında içinde duygusal, iyi bir insan olduğunu düşünmüştüm. Salak kafam... Ruhsuz herif..." dedikten sonra derin nefeslerle kendini sakinleştirmeye çalıştı. Kısa bir süre sonra bu nefes egzersizi işe yaramıştı. Ardından kendine kahve almaya gitti. Bir süre oyalandıktan sonra ofise geri döndü. İçeride sadece Ela ve Dora'yı görünce bir yandan rahatlarken diğer yandan Asil'i merak etti. Genç polislere başıyla selam verip yerine oturduğunda gözü istemsizce Asil'in masasına kaydı. Acaba neredeydi? Birden kendine sinirlendi. Yaptığı şeye rağmen neden hâlâ onu düşünüyordu ki? İçinden, "Ne hâli varsa görsün!" diye geçirirken Timur Amir kapıyı açıp "Bahar, seninle iki dakika konuşalım," diyerek kadını dışarı çağırdı. Bahar hemen kalktı ve amiri takip edip odasına girdi. Başkomiser eliyle masasının önündeki tekli koltuklardan birini işaret edip "Otur lütfen." dedikten sonra, "Asil'le yaşananları biliyorum. Açıkçası içerik olarak ikinize de hak veriyorum ama ikinizin kontrolsüz davranışlarından rahatsız da oldum..." diye devam ederken Bahar araya girip "Sinirlerime hâkim olmam gerekirdi. Çok özür diliyorum amirim." dedi. Adam onu başıyla onaylayıp anlayış dolu gülümsemesiyle, "Biliyorum. Bak, şimdi sana söyleyeceklerimin aramızda kalacağından yüzde yüz emin olarak konuşuyorum ki Asil ekibimde çalışmaya başladığı ilk zamanlarda, onun bu tavırları benim de çok dikkatimi çekmişti. Bu hareketlerinin altında başka bir şey olduğundan emindim. Zamanla onunla aramızdaki bağ güçlendi, tıpkı seninle olduğu gibi ve bana biraz içini açtı. Bu sayede zor bir çocukluk geçirdiğini öğrendim. Bu, tabii ki kaba tavrının bahanesi olamaz ama onu hepinizden iyi tanıyan biri olarak söylemek istiyorum ki aslında göründüğü kadar kaba ve sert biri değil. Sadece pozitif duygularını göstermekte zorlanır. O yüzden yaptıklarından dolayı sizlerden özür dilemeyeceğini ama içten içe bunun pişmanlığını yaşayacağını da biliyorum. Sadece bunları söylemek istedim." deyince Bahar üzüntüyle, "Ne yaşamış ki çocukluğunda?" diye sordu. Amir, "O, onun özeli. Bir gün sana kendisi anlatmak isterse anlatır. Zor bir çocukluk yaşadığını söylememin tek sebebi, sadece onun aslında iyi biri olduğunu ama neden böyle davrandığını anlayabilmen içindi, sana güveniyorum. Bu aramızda kalacak bir konuşma. Başkasından duyarsam bozuşuruz." dedi. Bahar sadece başıyla onayladı, aklı takılmıştı. Duygularını göstermekten bu denli korkacak ne yaşamış olabilirdi ki? Ailesi ona kötü şeyler mi yapmıştı acaba? Düşünceler içinde sessizliğe bürünen Bahar, amirin, "Bahar?"

diye seslenmesi bir anda kendine geldi. "Peki şu an nerede biliyor musunuz? Artık vakaya bakmayacağını söyledi. Gerçekten davayı bıraktı mı?" diye sorunca Başkomiser, "Asil biraz inattır. Benim emrimi yerine getirmek için ondan istediğim her şeyi yapar ama bir süre eskisi kadar ilgili davranmayacaktır. Zamana bırak. İşine âşık biri zaten, zamanla eskiye döner." diyerek sevgiyle gülümsedi. Onun gülümsemesi, Bahar'ı da gülümsetmişti ama hâlâ Asil'in nerede olduğunu öğrenememişti. Belli ki amir biliyor ama söylemiyordu. Artık konuşacak bir şey kalmadığını anlayınca müsaade isteyerek odadan çıktı, ofise döndü. "Evet gençler, nerede kalmıştık? Bir gelişme var mı?" diye sorduğunda onun, Başkomiser'le ne konuştuğunu merak eden ama tavrından bunu asla öğrenemeyeceklerini anlayan genç polislerden olumsuz yanıt aldı. Bunun üzerine ellerinde olan her şeyi sil baştan incelemeye başladılar ama yine hiçbir şeye, hiçbir ize rastlamadılar.

Adam sanki bir hayalet gibiydi. Gelmiş, işini bitirmiş ve hiçbir iz bırakmadan kaybolmuştu. O gün yapacak başka işleri olmadığı için, günün sonunda normal saatlerinde mesaiyi bitirdiler. Asil hâlâ piyasada yoktu. Binadan çıkarlarken Dora, "İzin verin, sizi bugün ben bırakayım Komiser'im." diyerek Bahar'a döndü. Güzel komiser bu nazik teklifi, itiraz etmeden kabul etti ve birlikte yola çıktılar. Genç polis, "Bugün yaptığınız şey için çok teşekkür ederiz ama bizim yüzümüzden Asil Komiserimle aranız bozulduğu için de çok üzüldük." deyince Bahar, "Sizlik bir durum yok. Ben üslubuna sinirlendim. Siz bunu kafanıza takmayın, sorun yok." diyerek konuyu kapattı. Eve varana kadar da havadan sudan konuştular. Dora, onu eve bırakıp arkadaşı Okan'la buluşmaya gitti.

Bahar'ın eve geldiğini duyan annesi, hemen koridora çıktı ve kızına sarıldı. Güzel komiser o gün bu sarılmaya her zamankinden daha çok ihtiyacı varmış gibi hissetti ve o da annesini sımsıkı sardı. Annesi ondan ayrılmadan, "Güzel kızım... İyi misin? Bir şey mi oldu?" diye sordu. Bahar olumsuz bir şekilde başını salladı, "Hiçbir şey yok... Sorun da bu zaten..." dedikten sonra annesinden ayrılıp "Bugün maktulün ailesi geldi. O acı dolu hâlleri gözümün önünden gitmiyor ve hiçbir şey yok anne. Katile dair elimizde hiçbir şey yok..." deyince annesi onun kollarını sıvazlayıp "Üzülme annem... Üzülme kızım... Allah büyüktür. Elbet bir şey çıkacak. Elbet o katili yakalayacaksınız. Sabret benim güzel kızım, sabret..." deyip kızına tekrar sarıldı. Onun kafasını dağıtmak için şirin hareketlerle, "Hem bil bakalım bugün sana ne yaptım?" diye sordu. Bu tavrı Bahar'ı gülümsetmeyi başarmıştı. Annesinin, en sevdiği yemek olan musakka yaptığını duyunca daha da mutlu olmuştu. Yemekten sonra, babasıyla, çoğunlukla dava üzerine, uzun bir konuşma yaptı. Hava iyice kararmıştı, Bahar'ın telefonu çaldı. Arayanın Asil olduğunu görünce heyecanlanıp hemen açtı. Adam buz gibi bir ses tonuyla, "Ofisten kaçta çıkaçaksınız? Ona göre geleceğim." deyince kadın, "Aynı birimdeyiz ve ister istemez birbirimizi görmek, katlanmak zorundayız. Kovalamaca oynamaya gerek yok ama yine de rahat olabilirsin, ofiste değilim." diye çıkıştı. Sessizce onu dinleyen Asil, "Anladım. Eve ne ile gittin?" diye sordu. Bahar, "Dora getirdi de ne alaka?" diye sorgulayınca Asil, "Erken çıkacağınızı düşünmemiştim. O yüzden bugün sözümü tutamadım, kusuruma bakma. Sabah yedi buçukta aşağıda olurum" dedi. Durumu anlayan Bahar, "Bir dakika! Sen ofisten kaçta çıkacağımızı, beni eve bırakmak için mi sordun yani?" deyince Asil, "Nihal Hanım'a selamlar, iyi akşamlar." diyerek telefonu kapattı. Bahar aniden gelen pişmanlık hissiyle bağırdı, "Off!" Annesi kötü bir şey oldu zannedip koşarak salona geldi. Annesine sakin olmasını, bir şey olmadığını söyledikten sonra biraz rahatlamak için koşuya çıkmak istediğini belirtti. Nihal Hanım hava karardığı ve ortada yakalanmayan bir katil olduğu için buna itiraz etse de Bahar, "Silahımı da yanıma alacağım anne, merak etme." deyince kadın istemeyerek de olsa razı olmak zorunda kaldı. Hemen spor kıyafetlerini giyip yakınlardaki ormanlık alana koşmaya gitti. Kafasından geçen tüm kötü şeyleri atmak istercesine, hiç durmaksızın koşarken, etrafın çok ıssızlaştığını fark edip durdu. Sağa sola baktığında, çok uzaklaştığını anlamış ve inin cinin top oynadığı bu karanlık yerde biraz daha durmadan geri dönmeye karar vermişti ki karanlığın içinden siyahlar içinde bir adamın üstüne atlamasıyla yere serildi. Kadın silahına uzanmak istediyse de adam bunu fark etmiş, hemen silahı kapmıştı. Bahar çaresiz bir şekilde yerden kalkmaya çalışırken saldırgan ona izin vermemiş, üzerindeki spor ceketini çıkartmaya çalışmıştı. Bu işin korkunç bir yere varacağını anlayan kadın, adama karşı direnmeyi sürdürdü. Fırsat bulduğu anda da dizini adamın kasıklarına geçirdi. Saldırgan acıyla kıvranırken Bahar onu üstünden atmayı başardı. Kafasındaki maskeyi çıkartmak için yeltendiğinde adam elindeki silahı ona doğrultup "Geri çekil!" diye bağırdı. Kadın korkuyla bir iki adım geri atınca, saldırgan yavaşça yerinden kalkıp "Arkanı dön!" diye emretti. Çaresiz bir şekilde arkasını dönen Bahar, artık sonunun geldiğini düşünüyordu ki hızla uzaklaşan ayak seslerini duyunca temkinli bir şekilde arkasına döndü, adamın koşarak uzaklaştığını gördü. Adam silahı da alıp gitmişti. Sinirleri boşalan kadın, kurtulduğu için gelen rahatlamanın da etkisiyle dizlerinin üstüne çöküp ağlamaya başladı. İleride yerde duran telefonunu görünce, hızla kendine gelip onu aldı. Aklına gelen ilk ismi aradı…

Kafası atık olan Asil, her zamanki barında içkisini içerken telefonu çaldı. Bir iki saniye arayan isme baktıktan sonra, telefonu açıp soğuk bir ifadeyle cevapladı, "Evet?" Ağlamasını durduramayan Bahar, "Asil!" dediği anda bir sorun olduğunu anlayan adam, hızla yerinden kalkıp telaşla, "Bahar? Ne oldu?" diye bağırdı. Kadın hıçkırıklar içinde,

"Saldırıya uğradım." deyince komiser, "Neredesin? Konum at, hemen geliyorum!" dedikten sonra polislere haber verip vermediğini sordu. Kadından olumsuz yanıt alınca hızla bardan çıkıp devriye gezen polislere telsiz bildirimi yaptı. Olabildiğince hızlı bir şekilde konuma gelen Asil, Bahar'ı köşede bir taşın üstünde görünce ona doğru koştu. Adam yanına gelir gelmez kadın ona sarıldı ve ağlamaya devam etti. Asil ondan ayrılıp vücudunu ve yüzünü kontrol edercesine bakarken, "İyi misin? Sana bir şey oldu mu?" diye art arda sorular sormaya başladı. Bahar başını iki yana salladıktan sonra, tüm olup biteni anlattı. Asil, "Orospu çocuğu!" diye bağırdıktan sonra kadına kızdı, "Nasıl bu kadar düşüncesiz davranabilirsin? Dışarıda gezen bir katil ve onca sapık varken senin burada tek başına ne işin var?" Perişan bir hâlde

"Silahım yanımdaydı, bir şey olmaz diye düşündüm. Kafamı dağıtmam gerekiyordu." diyen Bahar'ın üstüne gitmek istemeyen Asil, kendini sakinleştirip yavaşça kadının yanağını okşadı. Derin bir nefes verdikten sonra "Sana bir şey olsaydı..." deyip durdu. Bahar çekinerek yüzüne baktı, "Ne olurdu?" diye mırıldandı. Komiser kısık bir tonla, "Kendimi asla affetmezdim." dediğinde, ikisinin de gözleri birbirine kenetlenmişti. Yavaşça birbirlerine yaklaşan yüzlerini, bir arabanın farları aydınlatınca toparlanıp hızla birbirlerinden uzaklaştılar. Devriye arabası sonunda gelmişti. Asil, arabadan inen polislere, "Nerede kaldınız? Asayişe haber verildi mi?" diye çıkışınca, polislerden biri bir kazadan dolayı geldikleri yolun kapandığını ve yolu uzatmak zorunda kaldıklarını, diğerlerinin de gelmek üzere olduğunu söyledi. Timur Başkomiser, Ela ve Dora da haberi almıştı. Bir süre sonra o karanlık ormanlık alan, kırmızı mavi ışıklarla ve bir sürü polisle doldu. Ekibindekileri gören Bahar, "Sakin olun! İyiyim." derken Ela ona sarıldı. Hepsi de çok korkmuştu. Onlar artık bir aileydi. Ela, sarılmasına karşılık veren komiserine, "Bahar

Komiserim, iyisiniz değil mi? Duyunca çok korktum." dedikten sonra geri çekilip yüzüne baktı. Gözleri doluydu. Bahar içten bir şekilde gülümsedi, "Gerçekten iyiyim. Çok teşekkür ederim. Sizleri de korkuttum, kusuruma bakmayın." Büro amiri, "Yaşadığın korkunç olay için çok üzgünüm Bahar. Saldırganı bulmak için elimizden geleni yapacağız. Merak etme tamam mı?" deyince kadın onu başıyla onayladı. Dora da geçmiş olsun dileğinde bulunduğu sırada, olay yerinde inceleme yapan polislerden biri, poşet içine koydukları silahla birlikte yanlarına geldi. "Bahar Komiser'in silahını bulduk Başkomiserim." Amir, "Hemen kriminal laboratuvarına gönderin, incelemeye alınsın," deyince polis memuru onu onaylayıp gitti. Bahar, "Parmak izi olacağını sanmıyorum. Ellerinde siyah eldivenleri vardı." diyerek omuz silkti. Başkomiser, "Olsun. Yine de bir incelesinler." dedikten sonra, Asil'e dönüp, "Asil, sen Baharla birlikte emniyete git. Yazılı ifadeden sonra onu evine bırakırsın." deyince adam, "Emredersiniz Başkomiserim." deyip Bahar'a döndü, "Hadi gidelim." Kadın, diğer herkese teşekkür edip Asil'in arkasından arabaya yürümeye başladığı anda telefonu çaldı. Arayan Nihal Hanım'dı. Bahar telaşla, "Eyvah!" deyince Asil ona dönüp ne olduğunu sordu. Güzel komiser telefonu gösterdi, "Ne diyeceğim ben şimdi?" Asil telefonu hızla elinden aldı ve neşeli bir sesle, "Nihal Hanım nasılsınız?" diyerek açtı. Kadın şaşkınlıkla, "Asil, oğlum, sen misin?" "Benim Nihal Hanım, şu an bir olay yerindeyiz. Bahar, bir kadının ifadesini alıyor da o yüzden telefonu ben açtım." deyince iyice meraklanan kadın "Yine bir cinayet mi var oğlum?" diye atıldı. Asil, "Yok yok, merak etme. Aksine kızınız bu gecenin kahramanı oldu. Koşmaya geldiği ormanda bir kadının, erkek arkadaşı tarafından şiddete uğradığını ve adamın ona bıçak çektiğini görmüş. Herifi bir güzel paket yapıp enselemiş. Birazdan kadını ve adamı emniyete götürüp detaylı ifadesini alacağız. İş biraz uzayacak gibi.

Bahar'ın da işi olduğu için telefonu ben açayım da merakta kalmayın diye düşündüm." diyerek durumu çok güzel bir şekilde kurtardı. Nihal Hanım, "İyi yaptın oğlum. Allah senden razı olsun. Ama Bahar iyi değil mi?" diye sordu. Asil onu onaylayıp "İyi iyi. Turp gibi maşallah." diyerek ufak bir kahkaha attı. Bu, Bahar'ı da güldürmüştü. Kadın, "Yine de işi bitince beni bir arasın olur mu oğlum? Sesini bir duyayım, içim rahat etmez." deyince Asil, "Tamamdır, siz hiç merak etmeyin. Söylerim, arar sizi." dedikten sonra Nihal Hanım teşekkür edip telefonu kapattı. Bahar, "Sana inanmıyorum, harikasın! Çok teşekkür ederim." diyerek gülümsedi. Asil, "Rica ederim. Bilerek olayın burada olduğunu söyledim. Çünkü evin buraya yakın ve muhtemelen çevreden polislerin buraya geldiğini duyacak. Yalanımız ortaya çıkmasın. Ona göre konuşursun sen de tamam mı?" deyince, bir yandan karşısındaki adamın ustalıkla ve çok kolay bir şekilde yalan söylemesinden rahatsız olan ama bir yandan da annesinin üzülmesini engellemek için elinden geleni yapmasından dolayı ona duyduğu hayranlık duygusuyla boğuşan Bahar sadece başını salladı. Ardından arabaya binip emniyete gittiler. Bahar yolda annesini arayıp kadının içinin daha da rahatlamasını sağladı. Emniyete geldikten sonra yazılı ifadesini verip imzaladı ve tekrar dışarı çıktılar. Asil, "Yanlış anlamazsan sana bir teklifim var." deyince Bahar merakla adama baktı. Yakışıklı komiser, "Annen muhtemelen işinin uzayacağını düşündüğü için uyumuştur. Senin ise eve gidince uyuyamayacağına eminim. Açıkçası böyle bir gecede de benim seni yalnız bırakasım gelmiyor." dedikten sonra durdu. Yanlış anlaşılmamak için kıvrandığı belliydi. Bahar, "Yani?" diye sorunca, Asil bir nefes verip "Bana gidelim, film falan izleriz. Sabah da ofise beraber geçeriz. Hem şoförlüğümü de yapmış olurum." diyerek sevimli bir ifadeyle cevabı bekledi. Ne diyeceğini bilemeyen Bahar bir iki saniye durunca adam hemen atıldı, "Yanlış anlama lütfen. Sadece yanında olmak için... Aklına başka bir şey gelmesin." Bunun üzerine Bahar mahcup bir şekilde gülümsedi ve teklifi kabul etti. Bu kabulden hoşnutluk duyduğu her hâlinden belli olan Asil, kapıyı açıp "Buyurun hanımefendi." diyerek göz kırpınca Bahar iyice utanmış, aynı zamanda da çok etkilenmişti. Memnuniyetini belli olan gözlerle Asil'e bakıp teşekkür etti ve arabaya bindi. Asil'in evi Mavişehir'de lüks bir sitedeydi. Adamın arabası da pahalı bir arabaydı zaten. Bahar içinden, "Polis maaşıyla nasıl bu kadar lüks içinde yaşayabiliyor ki?" diye düşünürken yüzündeki ifadeden aklından geçeni anlayan Asil, "Polis maaşı ve tüm bunlar... Anlatacağım." diyerek göz kırptı. Kadın şaşkınlıkla baktı. Asil küçük bir kahkaha atıp güvenliğin önünde durdu. Güvenlik kulübesinden çıkan adam, ona bir paket uzatıp "Hoş geldiniz Asil Komiserim. Tembihlediğiniz gibi kitapları aldım efendim." dedikten sonra Bahar'a da selam verip "Siz de hoş geldiniz hanımefendi." dedi. Bahar içten bir gülümsemeyle teşekkür etti. Asil de adama teşekkür ettikten sonra iyi geceler dileyip sitenin otoparkına girdi ve arabayı park etti. Ardından ikili, 24 numaralı daireye çıktı. Oldukça geniş, modern döşenmiş, iki büyük duvarı boydan boya kitaplıkla kaplanmış bu evin karşısında Bahar'ın şaşkınlığı daha da artmıştı. Asil mutfakla bir arada olan salondaki koltuğu işaret edip "Otursana." dedikten sonra, "Ne içersin? Sıcak, soğuk, alkollü, alkolsüz..." diyerek Bahar'a baktı. Kadın, "Kahve olur, teşekkür ederim." deyince Asil hemen iki tane kahve hazırlayıp yanına oturdu. Kahvesinden bir yudum aldıktan sonra, "Annemin babası olan dedemin maddi durumu çok iyiydi. Annem ise tek çocuktu. Dedem, Babamdan pek hazzetmediği için evlenmelerine karşı çıkmış ama annemin aşktan gözünün kör olduğunu anlayınca, tek evladını da kaybetmemek için razı gelmiş. O da evlilik sözleşmesi şartıyla... Babam da kabul etmiş. Annem öldükten sonra tüm mal varlığı bana kaldı. Ardından dedem de vefat edince sonuç bu." diyerek elleriyle evi işaret etti. Çok ifadesiz bir şekilde anlatmıştı. Bahar üzüntüyle, "Başın sağ olsun." deyince Asil gülerek, "Üzerinden çok uzun zaman geçti. Sorun yok." diyerek göz kırptı ama gözleri tam tersini söylüyordu. Annesini deli gibi özlediği ve acısını dün gibi kalbinde taşıdığı belliydi. Kadın konuyu dağıtmak için "Kitaplığına bayıldım. Bize geldiğinde çok okuduğunu anlamıştım ama bu kadarını beklemiyordum." deyince Asil omuz silkip "Sana söylemiştim. İnsanın en özel alanı kitaplığıdır. Benim de tek özelim onlar." dedi. Bahar başını sallayıp "Yanılıyorsun. Sen tanıdığım herkesten çok daha gizemli ve kusuruma bakma ama ketum birisin. O yüzden de hiçbirimizin bilmediği birçok özelin olduğuna eminim." diyerek adama baktı. Asil bir kahkaha atıp ağzını fermuar yaptıktan sonra "Annene bir mesaj at istersen. Sabah evde olmadığını görünce merak etmesin." dedi. Bahar, "Çok haklısın, delirir vallahi." dedi ve telefonu eline alıp Nihal Hanım'a iyi olduğunu ama sabaha kadar emniyette kalmak zorunda olacağını yazdı. Kahvelerini bitirdikten sonra adam lavaboyu işaret edip "Duş almak istersen alabilirsin. Lütfen rahatına bak." deyince Bahar, "Aslında çok ihtiyacım var, leş gibiyim ama sabah ofise gitmeden yarım saat eve uğrar hallederim." diye karşılık verdi. Asil gözlerini devirdi, "Saçmalama. Git, gir. Rahat hissetmeyeceksen de kapıyı kilitle. Alınmam merak etme."

Kadın istemsizce güldü, "Ne alakası var? Sana güvenmesem buraya gelmezdim zaten ama hiç eşyam yok. Duştan sonra bunları giyemem ki sabah da ofise de bunlarla gidemem."

Komiser başını hafif geriye atıp "O, işin en kolay kısmı. Kıyafetleri ben hallederim. Sen git duşunu al." dedi. Bahar bir kaşını kaldırıp "Evinde kadın kıyafetleri olduğuna göre, çok fazla gelip gidenin var ama takıldığın kadınların kıyafetlerini giyecek değilim." diye çıkışınca Asil komik bir kahkaha atıp "Ben de bunu yapacak bir adam değilim. Az önce bana güvendiğini söylemedin mi? Yine güven." diyerek banyoyu işaret etti. Kadın şüpheli bir tavırla yerinden kalkıp "Pekâlâ, dediğin gibi olsun." dedi ve banyoya girdi. Asil hemen mağaza müdürü olan bir arkadaşını arayıp ondan S/M beden, şık ama günlük bir takımın yanında kıyafete uyumlu, düz, otuz sekiz numara bir ayakkabı ve güzel bir iç çamaşırı takımı ayarlamasını, sonra da kapıdaki güvenliğe bıraktırmasını rica etti. Ona çok değer verdiği ve kendini borçlu hissettiği belli olan arkadaşı itirazsız bir şekilde hemen isteğini yerine getirdi. Bir süre sonra duştan çıkan Bahar, kapıyı açmadan "Kıyafetleri ayarlayabildin mi?" diye seslenince Asil, "Daha değil. Ben balkona çıkıyorum, sen yatak odasına geç. Yatağın üzerine benim temiz eşofman takımlarımdan birini koydum. Diğer kıyafetler de tamam olunca haber veririm. Banyo dolabında temiz havlu var." diye karşılık verdikten sonra balkona çıktı. O gün hava çok temizdi. Derin bir nefesle havayı soluyup güvenliğin olduğu tarafa baktı. Siyah bir araba istediklerini getirmiş, güvenliğe teslim ediyordu. Bundan hoşnut olan Asil, yavaşça arkasına döndüğü sırada Bahar'ın yatak odasına girişini gördü. Bunun üzerine tekrar içeri girip kapıyı açtı. İki dakika sonra güvenlik, elinde torbayla kapıdaydı. Cüzdanından güzel bir bahşiş çıkaran Asil bunu genç adama uzatıp "Çok teşekkür ederim Ahmet, seni de yordum." deyince adam, "Olur mu Asil Komiserim, asıl ben teşekkür ederim. İyi geceler." diyerek gitti. Asil poşetin içindekileri merak etti ve göz ucuyla kontrol etti. Arkadaşı ona güzel bir kıyak olacağını düşünerek normal iç çamaşırı takımı yanında, çok seksi bir şeyler de ayarlamıştı. Komiser sinsice gülerek onları eline aldı. Kapı sesini duyan Bahar, "Kim geldi?" diye seslenince elindeki seksi çamaşırları, ofis olarak kullandığı küçük odaya attıktan sonra yatak odasının kapısına gelen Asil, "Kıyafetlerin geldi, kapının önüne bırakıyorum. Ben de bir duş alacağım. Sen giyin ve keyfine bak." deyip poşeti kapıya bıraktı ve duşa girdi. Bahar yavaşça kapıyı açıp etrafa baktıktan sonra kıyafetleri aldı. İyi bir markanın poşetiydi bu. Poşetin içindeki salaş ama çok kaliteli siyah takımı; düz, beyaz tişörtü ve yine beyaz spor ayakkabıları görünce çok şaşırdı. Onları torbadan çıkarırken en alttaki iç çamaşırlarını gördü. Bu onu utandırmıştı. Çok hoş ve kaliteli bir seçim yapılmıştı. Kadınların dilinden anlayan bir seçim... Bahar hemen kurulanıp iç çamaşırlarını, ardından da Asil'in siyah eşofman takımını giyip odadan çıktı. Adam hâlâ duştaydı. Merakla etrafa bakındı ve tıpkı Asil'in, onun evinde yaptığı gibi kitaplığı incelemeye başladı. Dinî eserlerden tut, kriminal romana kadar her türlü kitap vardı. Bahar kitaplara dalmışken Asil'in, "Çıkıyorum haberin olsun." demesiyle irkilip banyo kapısına baktı. Islak saçlarından su damlayan adam kafasını uzatmış, ona bakıyordu. Onun bu görüntüsü Bahar'ı anlam veremediği bir şekilde heyecanlandırmıştı ki Asil'in gülerek, "İzlemeye devam edeceksen çıkıyorum." demesiyle kendine gelip hızla arkasını döndü, "Özür dilerim."

Bunun üzerine Asil, beline sardığı havluyla birlikte yatak odasına doğru giderken "Yakışmış." deyince kadın, "Ne yakışmış?" diyerek ani bir refleksle tekrar ona baktı. Adamın nefes kesen vücudu karşısında birkaç saniye donup kaldıysa da hemen toparlayıp "Özür dilerim." diyerek tekrar arkasını döndü. Asil bir kahkaha attı, "Çok fazla özür diliyorsun."

Bahar, "Sen de çok ağır kanlısın. Artık gidip üstünü giyer misin lütfen." diye karşılık verdi. Bunun üzerine komiser, bir şey demeden yatak odasına girdi. Kapının kapanma sesini duyan Bahar, tuttuğu nefesini saldı. Elini kendine yelpaze yapıp içinden, "Sakin ol Bahar. Sanki hiç çıplak erkek görmemiş gibi, bu ne böyle?" dedikten sonra kısık bir sesle, "Ama bu bambaşka bir şeydi. Maşallah..." diyerek sırıttı. Bir süre sonra eşofmana benzeyen bir takımla odadan çıkan Asil'i görünce, "Seni ilk kez bu kadar salaş görüyorum, yakışmış." diyerek gülümsedi. Adam kendi dudaklarına ufak bir ısırık bıraktı, "Senin kadar değil..."

Bahar çok utanmıştı. Hem konuyu dağıtmak hem teşekkür etmek hem de mahcubiyetini anlatmak için, "Yalnız getirdiğin kıyafetler çok pahalı. Beni çok mahcup ettin. Bunların parasını ödeyeceğim. Bu kadarını kabul edemem. Hem sen benim bedenimi ve ayakkabı numaramı nereden biliyorsun?" deyince Asil, "Birincisi mahcupluk bir durum yok. İkincisi ödeme vesaire gibi cümleleri duymazlıktan geliyorum ve bir daha da duymak istemiyorum. Üçüncüsü ise buraya çıplak ayak gelmedin sonuçta, ayakkabılarına baktım." diye bir cevap verdi. Bahar, "Kıyafetler peki?" diye tekrar bir soru yönetince Asil çapkın bir gülümsemeyle, "İyi bir gözlemciyim diyelim." diyerek göz kırptı. Bahar alaycı bir tavırla, "Ya da kadınlardan fazla iyi anlayan biri..." dedi. Adam çok tatlı bir ifadeyle dudak büküp omuzlarını kaldırdı. Ardından, "Bugün senin için çok zor bir gündü. İstersen uyu biraz, hatta uyumalısın da. Dinlenmeye ihtiyacın var." deyince Bahar, "Aslında duş çok iyi geldi. Belki biraz uyuyabilirim," dediği anda Asil hızla yerinden kalkıp "Seni işte tanıdığım kadarıyla titiz birisin. Bana iki dakika ver. Şu çarşafları değiştireyim." derken "işte" kısmını vurgulayarak bir imada da bulunmuştu. Bahar gözlerini devirip "Saçmalama, zaten kaç gündür sana yük oluyorum, bir de yatağına çökecek değilim. Sen git yat. Ben burada yatarım. Koltuğun da belli ki zengin işi, bayağı rahat." diyerek güldü. Bu, adamı da güldürmüştü ama tabii ki de bunu kabul etmeyecekti. Bu, yüzündeki ifadeden de açık bir şekilde belliydi. Bahar, "Asla kabul etmeyeceksin değil mi?" diye sorunca Asil omuz silkip "Bakın, beni tanımaya başladınız Bahar Komiserim. Güzel... Çok güzel... Neyse ben çarşafları değiştirip geliyorum." derken kadın onu durdurdu, "Tamam, orada yatacağım ama çarşafları değiştirmene hiç gerek yok. Sorun değil."

Aslında normal hayatında bu, Bahar'ın asla yapmayacağı bir şeydi. Tamam, titizlik hastası değildi ama kimsenin çarşafını da kullanmazdı. Lakin o gün bunu yapmak istedi çünkü Asil'i merak ediyordu ve en çok da kokusunu... Parfümünü değil, kendi kokusunu... Asil memnuniyetle gülümseyip onunla birlikte yatak odasına girdi. Kendisine bir örtü ve yastık alıp, güzeller güzeli kadına iyi geceler diledi ve odadan çıktı. Bahar yatağa girdiği anda adamın kokusu burnuna geldi. İstemsizce derin bir nefes çekip gülümsedi. Ona ne oluyordu böyle? Sadece iş sınırlarında tanıdığı, hatta çoğu kez gıcık olduğu, bazen boğmak istediği bu herifin, sorgusuz sualsiz evine gelmiş; yatağında uyuyor, bir de üstüne kokusunu içine çekiyordu. Bir an kendini kötü hissetti. Acaba Asil, onun hakkında kötü bir şey düşünmüş müydü? Ya onu da, evine geldiği için, takıldığı kadınlar gibi gördüyse? Öyle biri olduğunu düşündüyse? Hızla başını iki yana salladı. Bu düşünceler saçmaydı çünkü Bahar onunla sevişmemişti. O, Asil'in yardımcı olduğu bir iş arkadaşıydı sadece. Peki ya polisler gelmeden önce, ormanlık alandaki yakınlaşmaları? Bahar onu az kalsın öpüyordu. Hızla yattığı yerden doğrulup sessizce, "Siktir! Az daha onu öpecektim. Kesin beni kolayca tavlayabileceği kadınlardan biri olarak görüyor. Aptal kafam!" diyerek hafifçe başına vurdu. Sonrasında kendini teselli etmek istercesine mırıldandı, "O an doğru düzgün düşünemediğimi biliyor. Eğer beni öyle görseydi, evine kadar gelmişim, bir atak yapardı. Baksana duştan çıkarken rahatsız olmayayım diye odadan bile çıktı. Yok yok, boş yere kuruntu yapıyorum." Aklından bu sorular geçerken uyuyakaldı.

Siyahlar içindeki adam... Boğazına yapışmış onu boğuyordu. Çığlık atmak istiyor atamıyor, hareket etmek istiyor edemiyordu... Nefesinin sonlarına yaklaştığını hissettiği anda, bir çığlıkla yerinden fırladı. Sesini duyan Asil, hemen odaya koşup ışığı açtı. Korkuyla, "Bahar! İyi misin?" diye sorduğu anda, kadının boğazını ovalayarak ağladığını gördü. Hemen yanına oturup onu göğsüne yatırdı. Saçlarını okşarken, "Korkma, ben buradayım. Sadece bir kabustu, geçti." diyerek onu sakinleştirdi. Kendini biraz toparlayan Bahar, adamın göğsünden ayrılırken. "Özür dilerim. Seni de korkuttum. O kadar gerçekçiydi ki..." deyince Asil, "Bir problemimiz var. Çözmemiz gerekiyor." diyerek başını salladı. Kadın şaşkınlıkla, "Ne problemi?"

Komiser omuz silkip "Çözümü buldum. Kelime dağarcığından "özür" ve "dilemek" kelimelerini çıkartıyoruz. Her kullandığında da sana bir ceza veriyoruz." diyerek yüzünü buruşturdu. Bahar, onun bu hâline dayanamayıp gülünce Asil mırıldandı, "Heh şöyle! Senin gibi bir kadına ağlamak hiç yakışmıyor."

Bahar gittikçe bu adama karşı çekildiğinin farkındaydı ama kendini durduramıyordu da. Son bir denemeyle konuyu değiştirmek istedi ama pek başarılı olamadı. "Peki, cezam ne olacak?"

Asil kendini işaret ederek "Bu ruhsuz, güçsüz, korkak, pislik herifle yemeye çıkmak zorunda kalacaksın." dedi. Sabah olanların intikamıydı bu. Bahar'ın yüzündeki ifadeye daha fazla dayanamayan adam gülmeye başladı. Bahar da koluna vurup "Çok kötüsün." deyince Asil kısık bir sesle, "Hepimiz kötüyüz. Öyle ya da böyle. Değil miyiz?" derken

bir anda aklına barda tanışıp olay yerinde seviştiği Aslı geldi. Aynı cümleyi ona da kurmuş, o ise bunu kabul etmemiş, iyi insanların olduğunu söylemişti. Bahar'ın vereceği cevaptan korkarak kadına baktı çünkü vereceği cevaba göre ya ondan nefret edecek ya da ona hayranlık duyacaktı. Bu kadın hangi taraftaydı? Kendini olduğu gibi gören mi yoksa iki yüzlü mü? Bahar derin bir nefes alıp "Doğru." dedi. Asil şaşırmıştı. Duyduğu şeyden memnuniyetini saklamaya çalışarak "Nasıl yani? Bunu kabul ediyor musun?" diye sordu. Kadın başıyla onayladı, "Tabii ki de... Sağlıklı bir hiçbir insan yüzde yüz iyi veya yüzde yüz kötü değildir. Kötülük hep var olan bir şeydir. Aslında insan, iyilik yaparken bile bencil bir varlıktır. Sonuçta yaptığın iyilik, sana iyi hissettirir veya inançlı biriysen Allah'ı memnun ettiğini düşündürür, e bu da cennete açılan kapı demektir. Yani her şekilde, öyle ya da böyle bencil, çoğu zaman da kötü varlıklarız."

Adam hayranlıkla ona bakıyordu. Asil'in gözlerinde ilk kez böyle bir ışık gören Bahar şaşkınlıkla "Ne oldu?" diye soracaktı ki Asil, dayanamayıp onu öpmeye başladı. Kadın başta şok olsa da sonra tepki gösterecek gücü kendinde bulamayıp adamın öpüşüne karşılık verdi. On on beş saniye süren bu ateşli öpüşme, Asil'in yavaşça geri çekilip onun gözlerine bakmasıyla son buldu. Kadın düzensiz nefesiyle ne olduğunu anlamaya çalışırken, adam yüzünü ellerinin arasına alıp "Dürüstlüğün için teşekkür ederim." deyince Bahar'ın kafası iyice karışmıştı. Bu da ne demekti? Asil'in bu işi sevişmeye götüreceğini düşünmüştü ama adam sakince onun başını göğsüne yatırıp yanına uzandı. Saçlarına bir öpücük bırakıp "Şimdi uyu. Korkma, ben yanındayım." diye fısıldayınca Bahar onun bu tavrından oldukça etkilenip hoşnut kalmıştı. Sessizce, derin ve inanılmaz huzurlu bir şekilde uykuya daldı. Sabah alarmın çalmasıyla birlikte uyanan kadın, hâlâ omzunda yattığı adama baktı. Belli ki Asil bayağıdır uyanıktı. Yakışıklı komiser hoş bir gülümsemeyle "Günaydın güzellik." dedi. Bahar da ona, "Günaydın." dedikten sonra hızla yerinden kalkıp "Hadi gidelim, çözülmeyi bekleyen bir cinayet var." diyerek odadan çıktı. Asil arkasından "Ben de iyiyim. Sorduğun için teşekkürler." diye ufak bir sitemde bulundu ama kadın bunu duymamıştı. Komiser de yataktan çıkıp giyeceği kıyafetleri aldı ve salona geçti. Bahar lavabodan çıktıktan sonra yatak odasında hazırlanırken Asil de banyoda giyindi ve evden çıktılar. Ofise giderken, bir pastanenin önünde durup boyoz ve gevrek aldılar.

Uyandığında kızının mesajını ve hâlâ eve gelmediğini gören Nihal Hanım merakla Bahar'ı aradı. Bahar iyi olduğunu, tüm gece olayla ilgilendiklerini, birazdan da mesaiye başlayacaklarını, o yüzden eve gelemeyeceğini söyledi. İkili ofise girince, Ela yerinden fırlayıp "Komiserim otopsi raporu tamamlanmış. Düşünüldüğü gibi kadın önce boğulmuş, sonra soyulup tavana asılmış ve av bıçağı ile midesi deşilmiş. Herhangi bir tecavüz belirtisi yok. Maalesef bıçağa da ulaşılamadı ama bir şey var..." dedikten sonra tuhaf bir şekilde Asil'e baktı. Ne olduğunu anlamayan adam sordu, "Ne var?"

Ela çekinerek "Timur Başkomiser, her katilin bir gün olay yerine tekrar döneceğini, bu yüzden de otelin girişini gösteren dükkândan kamera kayıtlarını tekrar almamızı ve incelememizi emretti." deyince Asil ne olduğunu anladı. Bahar'a saniyelik bir bakış atıp "Timur Amirim odasında mı?" diye sordu. Genç polis onu başıyla onaylayıp "Sizi bekliyor komiserim." dedikten sonra Asil, hemen ofisten çıkıp amirin odasına gitti. Bahar şaşkınlıkla "Biri bana da ne olduğunu söyleyebilir mi?" diye isyan edince Dora, "Olaylar, olaylar Bahar Komiserim..." dedikten sonra kısık bir tonla "Kamera kayıtlarında, bizim cesedi bulduğumuz günün gecesinde Asil Komiserin, bir kadınla birlikte otele girdiği görülüyor." diye devam etti. Bahar'ın, duydukları karşısında resmen kanı çekilmişti. "Bu ne demek? Ne diyorsunuz siz? Gösterin bana şu kayıtları!"

Dora hemen bilgisayardan kayıtları açıp kadına izletti. Bahar büyük bir şaşkınlık ve hayal kırıklığı yaşıyordu çünkü Asil'in otele bir kadınla gitmesine mantıklı bir açıklama bulamıyordu. Ela, "Orada ne yapıyor olabilirler ki?" diye sorunca Dora, "Sevişecek hâlleri yok ya kızım. Vardır elbet bir açıklaması" dedi. Ela omzuna vurup "Salak salak konuşma!" diyerek Bahar'ı işaret etti. Kadın gözlerinin dolmasını engellemek istercesine kırpıyor, dudaklarını ısırıyordu. Bu neydi şimdi? Asil'in orada, o saatte, yanında bir kadınla ne işi vardı ki?

Başkomiser, kapısı çalınınca, kamera kayıtlarına baktığı bilgisayarından gözlerini ayırmadan "Gel!" diye seslendi. Asil sakince odaya girip "Günaydın Başkomiserim." deyince amir eliyle sandalyeyi işaret edip oturmasını söyledi. Ardından bilgisayarı Asil'e doğru çevirip sordu, "Bu ne demek oluyor Asil?"

Komiser sakince "Aklınıza yanlış bir şey gelmesin amirim. Her şeyin bir açıklaması var." deyince Başkomiser yerinden kalkıp Asil'in karşısındaki sandalyeye oturdu. "Bak Asil! Yıllardır yanımdasın, oğlum sayılırsın. O yüzden sana açık konuşacağım. Bazı davranışların beni korkutuyor. Başını belaya sokacağından ve hatta işinden olacağından korkuyorum. Senin çok başarılı bir komiser olman dışında, aslında kocaman bir kalbe sahip olduğunu da biliyorum ama kontrolsüz davranıyorsun ve böyle giderse bu, senin sonun olacak." diyerek Asil'in gözlerine baktı. Amirin söylediklerinde ve duyduğu korkuda samimi olduğu apaçık belli oluyordu. Asil, göz kontağını kesip "Kafam davaya çok fazla takılmıştı. Siz bizi evlere gönderdikten sonra içim içimi yiyordu. Bir bara gidip deyim yerindeyse köpek gibi içtim. Olay yerinde bir şeylerin gözden kaçtığına emindim. Nasıl hiçbir şey olmazdı ki? O sırada Ceyda'ya rastladım, kayıtlarda gördüğünüz arkadaşım. Biraz sohbet ettik ve artık dayanamayacak noktaya geldim. Olay yerine gideceğimi söylediğimde Ceyda, beni asla bu hâlde bırakmayacağını, eğer gideceksem de benimle geleceğini söyledi. O an mantıklı düşünemiyordum ve kabul ettim. Otele girdik. Benimle birlikte yukarı çıktı ama onu olay yerine sokmadım, kendim girdim. Etrafa iyice baktım. İpucu aradım ama hiçbir şey bulamadım. Ceyda birkaç kere gitmemiz gerektiğini söyledi ama ben direnince sinirlendi ve basıp arabaya gitti. O an kendime geldim. Saçmaladığımı fark ettim ve ben de hemen arkasından gittim. Kapıdaki polislere de bunun gizli bir olay yeri incelemesi olduğunu, kimseye bunu bildirmemelerini söyledim. Yani tüm olayda tek suçlu benim. Dediğiniz gibi kontrolsüz davrandım ve tüm sorumluluğu alıyorum. Bunu kolay kolay söyleyebilen biri değilim ama siz bana babamdan öte birisi olduğunuz için..." dedikten sonra durdu ve Timur'un gözlerine bakıp tüm samimiyetiyle, "Ağabey, sana böyle hissettirdiğim ve seni zor duruma soktuğum için özür diliyorum." diyerek sözlerini bitirdi. Ondan bunu belki de ilk kez duyan Timur Amir şaşırmıştı. Onun bu denli değişim göstermesinin bir sebebi olmalıydı. O an aklına olası bir sebep gelen Başkomiser sordu, "Bir kadın mı?"

Soruyu anlamayan Asil, başını yana çevirip kaşlarını çattı. Başkomiser gülümseyerek "Seni bu kadar yumuşatıp, sana özür dilemeyi öğreten bir kadın mı?" diye sorusunu yineledi. Asil, bu sefer onun ne demek istediğini anlamış, Yüzündeki tebessümü de saklayamamıştı. Timur Amir, "Beni o kızla tanıştırmalısın. Ona madalya takacağım. Yıllardır uğraşıp asla başaramadığım şeyi, hemen halletmiş." diyerek bir kahkaha attı. Bunun üzerine, Asil'de yine ilk kez karşılaştığı utanma duygusunu görünce keyfi daha da yerine geldi. Komiser bu utanç verici durumdan bir an önce kurtulmak için "Ben artık gideyim. Ceza belli olunca emriniz doğrultusunda hareket ederim." diyerek yerinden kalkınca Timur Amir de yerinden kalkıp onun yanında durdu. Omzunu sıkıp "Cezan belli oldu bile. İlgilenmeyeceğim dediğin davayla ilgileneceksin ve bir daha ekibindeki insanlara küfürlü konuşmayacaksın.

Gerekirse onlara kız ama saygısızlık yok. Başka bir ceza da yok. Kimseye bildirmedim, bu seferlik görmezden geliyorum. Bu konu ekibimiz arasında kalacak ve kapanacak. Ama bir daha böyle bir şey yaptığını görür ya da duyarsam, oğlum demem yakarım başını. Anlaşıldı mı?" deyince Asil başıyla onaylayıp "Emredersiniz Başkomiserim ve teşekkür ederim." dedikten sonra odadan çıktı. Kapıda rahatlamanın etkisiyle derin bir nefes verip kendi kendine söylendi. "Kafamı sikeyim! Bunu nasıl düşünemedim? Timur Amir sonraki kamera kayıtlarına da her zaman bakar hâlbuki. Sikimin bokuna az daha başım yanıyordu, ucuz atlattım."

Asil'in gidişinden sonra ekibin ofisine geçen amir, onlara olanı biteni anlatıp kayıtları silmelerini ve bu olayı unutmalarını emredip tekrar ofisine döndü. Dora bir kahkaha atıp "Manyak lan bu Asil Komiser!" deyince diğerleri de istemsizce gülmüştü. Ela "Yemin ediyorum üzerimden bir yük kalktı. Mala dönmüştüm resmen; ne, nasıl, neden diye düşünmekten." diyerek yerine oturdu. Bahar duyduğu şeylerden sonra ne kadar rahatlamış olsa da içini kemiren bir şeyler vardı. Mesela Asil'in çok rahat bir şekilde yalan söylediğine şahit olmuştu. Aynı zamanda sadece bakışıyla, bir kadının beden ölçülerini anlayabilen biriydi. Belki de her şeye sahip olduğu için hayatına biraz renk katmak amacıyla değişik fanteziler geliştirmiş bir adamdı. Belki de Dora'nın şakasını yaptığı şey gerçekti ve o kamera kayıtlarında yüzü belli olmayan kadınla, bu fantezilerini yaşamıştı. Böyle bir şey olabilir miydi gerçekten? Bir anda kendine kızdı çünkü Asil'e büyük bir haksızlık yaptığını düşündü. Daha önce de onu yanlış değerlendirip sonra pişman olmuştu. Dün kalbini ve ruhunu bu kadar yakından hissettiği adam için, bugün sapık mı acaba diye düşünüyordu. Bu çok saçmaydı. Sapık bir kişiliği olsa dün akşam elinde onca fırsat varken değerlendirirdi. Hemen toparlanıp Timur Amir'in söylediği şeylere inanmayı tercih etti. O sırada sigaradan dönen Asil ofise girdi. Kimsenin konudan bahsetmediğini ve herkesin normal davrandığını görünce, Başkomiser'in onlara her şeyi anlattığını ve onların da buna inandığını anladı. Masasının üzerindeki boyoz ve gevrekleri görünce Ela ve Dora'ya bakıp "Kahvaltı yaptınız mı?" diye sordu. Ondan ilk kez böyle bir soru duyan genç polisler şaşırmıştı. İlk şoku atlatıp başlarını iki yana salladılar. Bunun üzerine Asil, "Dora, beş çay söyle de şunları yiyelim. Timur Amir'e de haber verin." diyerek yerine oturdu. Genç polis mutlulukla onun isteğini yerine getirdi. Çaylar geldikten sonra boyoz ve gevreklerle birlikte keyifli bir kahvaltı yaparlarken Ela, tekrar otopsi sonuçlarını anlattı. Vakada bunun dışında hiçbir gelişme yoktu. Bu dava karşısında gitgide umutlarının tükendiğini hissediyorlardı. Ela, "Asil Komiserim anlaşılan yine haklı çıkacaksınız. Bu vaka sonuçlanmayacak gibi." diyerek üzüntüyle adama baktı. Asil, "O işler hiç belli olmaz Ela. Bazen öyle bir şey oluyor ki çok alakasız bir yerden olay sonuçlanıyor. O yüzden umudunuzu yitirmeyin. Bu işte umut yoksa sonuç da yoktur." deyince herkes şaşkınlıkla adama döndü. Asil omuz silkip sordu, "Ne var? Ne oldu?"

Gülümsemelerini bastırmaya çalışan ekip bir şey olmadığını söyleyip kahvaltılarına devam etti. O sırada Timur Amir'in telefonu çaldı. Telefonu açan adamın yüzü bir anda soldu. Bir sorun olduğu belliydi. Başkomiser, "Tamam, hemen geliyoruz." dedikten sonra telefonu kapatıp "Kalkın çocuklar, cinayet var." diyerek hızla yerinden kalktı. Diğerleri de onu takip etti.

Eşrefpaşa'ya geldiklerinde eski bir evin önünü sarmış olan polisler, halkı uzaklaştırmaya çalışıyordu. Ekip hızla olayın gerçekleştiği eve girdi. Oturma odasında, başından ve karnının sol tarafından kanlar akan bir adamın cesedi incelenmeye başlanmıştı. Fotoğraflar çekiliyor, delil olabilecek her şey toplanıyordu. Olay yeri incelemeden bir polis,

"Maktul Yakup Yılmaz. Yaşı otuz beş. Kimliği belirsiz kişi veya kişiler tarafından, evinde saldırıya uğramış. Eşi Nurgül Yılmaz, işten geldikten sonra onu bu hâlde bulmuş." deyince Timur Amir, "Kapıda veya pencerede zorlama var mı?" diye sordu. Polis, "Yok Başkomiserim. İçeri giren kimse ya anahtarı varmış ya da maktul onu tanıyormuş." dediği sırada ilk gözlemini yapan adli tabip Neslihan, "Rigor mortis yani ölü sertliği başlamış, muhtemelen üç ila beş saat önce öldürülmüş ve ölüm sebebinin de yaralanmalardan kaynaklı kan kaybı olduğunu düşünüyorum. Otopsiden sonra raporu hemen gönderirim." dedi ve odadan çıktı. Bahar, "Aralarında boğuşma olmuş gibi. Baksanıza adamın çevresinde dağınıklıklar var. Lamba ve telefon da yerde." deyince Asil, "Ya da adam onları can çekişirken devirdi." diye karşılık verdi. O sırada başka bir polis, "Başkomiserim, ev telefonunun fişi yerinden sökülmüş ve maktulün telefonu da ortalarda yok." dedi. Dora, daha diğerleri bir şey demeden, "Hemen sinyal takibinden telefonun yerini tespit etme işini hallediyorum amirim." diyerek odadan çıktı. Ela, "Bahar Komiserim, biz de eşiyle bir konuşsak mı?" diye sorunca komiser onu onaylayıp "Haklısın Ela. Hadi!" dedikten sonra, dışarıda, bir taşın üstüne oturmuş; komşularından birinin omzuna başını yaslamış, ağlayan kadına yaklaştılar. Nurgül onları görünce doğruldu. Bahar, "Başınız sağ olsun Nurgül Hanım. Kaybınızdan dolayı çok üzgün olduğunuzu biliyoruz lakin size birkaç soru sormamız gerekiyor. Bize olup biteni en başından anlatır mısınız?" deyince yanındaki komşuları hızla kalkıp polislere yer verdiler. Kadın gözyaşlarını sildi, "Temizliğe gittiğim evlerden birinin sahibi Zuhal Hanım, bahar temizliği yapmak istediğini söyleyince bu sabah onun evine gittim. İş yerinde küçülmeye gidildiği söylendiği için dün Yakup'la birkaç kişi işten çıkarılmıştı. Canı çok sıkkındı. Zaten kıt kanaat geçiniyorduk. İşe giderken üzülmemesini ve Allah'ın mutlaka bir kapı açacağını söyledim ama aklım onda kalmıştı. Aradım, telefonuna ulaşılamıyordu. Meraklandım, birkaç saatliğine izin alıp eve geldim. Zuhal Hanım Bostanlı'da oturuyor. Otobüsün gelmesi, eve gelmem bir saati aldı. İçeri girdiğimde ise Yakup'umu o şekilde buldum. Ne yapacağım ben şimdi? Ocağıma ateş düştü."

Bahar elini kadının sırtına koyup sıvazlarken Ela, "Peki, geldiğinizde dış kapı kapalı mıydı?" diye sordu. Nurgül başıyla onayladı. Bunun üzerine Bahar, "Dediğiniz saatlerde Zuhal Hanım'ın evinde olduğunuzu kanıtlayabilir misiniz?" deyince kadın, "Evet, tabii ki. Zuhal Hanım'a sorabilirsiniz. Kendisi de evdeydi. Adresini ve telefon numarasını verebilirim." dedikten sonra Ela, hemen bir kâğıt kalem çıkardı. Kadının söylediklerini yazdı. Bahar, "Peki, eşiniz nerede çalışıyordu? Orada ona düşman olabilecek biri var mıydı veya normal hayatında bir düşmanı var mıydı?" diye sorunca Nurgül başını sallayıp "Asla! İstediğiniz kişiye sorun, herkes onun çok iyi bir insan olduğunu söyler." dedikten sonra, eşinin bir süt fabrikasında işçi olarak çalıştığını söyledi. Polisler ona teşekkür edip yanından kalktılar. Bahar, "Zuhal Hanım dediği kişiye ulaşın. O saatlerde, Nurgül Yılmaz'ın yanında olduğunu onaylayacak mı bakalım. Sonra da şu iş yerine bir uğramalı." deyince Ela, "Emredersiniz komiserim." diyerek kadının yanından uzaklaştı. O sırada Bahar, kapıya yaslanmış onları izleyen Asil'i görünce istemsizce gülümsedi. Bu karmaşanın içinde adamın gözleri, bir anda kalbini ısıtmıştı sanki. Gülümsemeleri eşliğinde gerçekleşen bakışmalarını, Timur Amir'in evden çıkıp Bahar'a, "Eşinden önemli bir şey öğrenebildiniz mi?" diyen sesi sonlandırmıştı. Hızla kendini toparlayan kadın, tüm olup biteni Başkomiser'e anlattı. Başkomiser tam bir şey söylemek için Asil'e dönmüştü ki onun artık orada olmadığını gördü. Bahar'a, "Sen Dora'yı da al, maktulün iş yerine git. Yakın zamanda iş yerinde herhangi bir olay yaşanmış mı, bir düşmanı var mı öğrenin. Biz de komşularla konuşalım, bakalım bir şey gören, duyan olmuş mu? Sonra büroda buluşuruz." deyince Bahar, "Emredersiniz Başkomiserim." dedikten sonra, Dora'ya seslenip amirin emrini söyledi. İkili hızla arabaya binip maktulün iş yerine gitmek için yola koyuldular.

Bu sırada Asil'i bulmak için yeniden eve giren Timur Amir, olay yerinde onu göremeyince salondan çıkıp diğer odalara bakarken adamı yatak odasında buldu. Yatağın çarşafını kaldırıp koklayan Asil'i görünce şaşkınlıkla, "Oğlum ne yapıyorsun sen?" diye sordu. Komiser, "Çarşaf yıkanıp yeni mi serilmiş yoksa bir süredir kullanılıyor mu diye anlamak için kokluyorum amirim." deyince hâlâ ne demek istediğini anlamayan Başkomiser, "E, yani?" diyerek ellerini açtı. Asil çarşafı hızla çekip koluna doladı ve "Yanisi bir süredir kullanılıyor." deyip odadan çıktı. Amir, "Oğlum, sen beni çıldırtacak mısın? Ne diye aldın çarşafı?" derken arkasına takılıp onu takip etmeye başladı. Genç komiser, elindeki çarşafı olay yeri incelemeden birine uzatıp "Üzerinde deri, sperm ve benzeri herhangi bir şey var mı diye bakılıp, maktulünkiyle karşılaştırılsın. Çıkan sonucu da hemen haber verin." dedi ve amirine dönüp "Nurgül, maktulün eşi, az önce Bahar'la konuşurkenki tavırları, bakışı... Bilmiyorum Başkomiserim. İçime sinmeyen bir durum var. Bir baksınlar bakalım." deyince Timur Amir onu onayladı. "Senin iç güdülerin kuvvetlidir. İyi yaptın. Neyse Bahar ve Dora'yı adamın iş yerine yolladım. Gel, biz de bir komşularla konuşalım. Belki bir şeyler çıkar."

Ardından komşularla konuşmaya, ifadelerini almaya başladılar. Bir kişi hariç hiç kimse bir şey görmemişti. O bir kişi de sadece evden çıkan, altında kot pantolon, üstünde kapüşonlu, beyaz sweatshirt olan, uzun boylu bir adam gördüğünü; adamın kapüşonu başına geçirdiğini ve bu yüzden yüzünü, saçının rengini hiç göremediğini, zaten adamı arkasından gördüğünü söylemişti. Yani muhtemelen katil o adamdı ama ortada elle tutulur bir şey yoktu.

Amir, "Yakınlardaki tüm kamera kayıtlarını da inceleyelim. Komşunun tarifine uyan bir adam olup olmadığına bakalım. Belki kameralara yakalanmış olabilir." dedi. Ardından emniyete döndüler. Arabadan inerken, Bahar ve Dora'nın da geldiğini gördüler. Başkomiser, "İş yerinden bir şey çıktı mı?" diye sordu. Bahar başını sallayıp "Yok amirim. Maktul, sessiz, sakin; kimsenin etlisine, sütlüsüne karışmayan; çok uyumlu biriymiş. İşten çıkarıldığında da sakin bir şekilde kaderine razı gelmiş." deyince tüm ekibin kafası iyice karışmıştı. Böyle bir adamı kim, niye öldürmek isterdi ki? Asansöre binip beşinci kattaki ofislerine çıktılar. İçeri girdiklerinde Dora, "Adam o kadar temiz ki acaba diyorum, onu da bizim siyahlı adam öldürmüş olabilir mi?" diye sordu. Ela, "Bu maktul bir erkek, diğeri ise bir kadındı. O yüzden sanmıyorum." deyince Asil, "Her iki cinsiyetten de öldüren seri katiller var. İlla aynı cinsiyettekileri hedef alacak diye bir kural yok lakin bu cinayetin, siyahlıyla alakası yok. Çünkü her seri katilin mutlaka bir imzası olur. Bu imzaya göre maktullerin bir ortak noktası olması gerekir. Ya belirli mesleklerde olmaları ya benzer dış görünüşleri ya da cinayet işleme biçiminde bir imza olur. Bir şekil, amblem veya bir çizim ya da bunlara benzer herhangi bir şey... Yakup ve Esra'nın cinayetlerinin hiçbir ortak noktası yok. Hem burası Amerika değil gençler, sakin olun. Her çözülemeyen cinayeti, seri katil cinayeti olarak düşünürsek o zaman ülke seri katillerle dolu." diyerek güldü. Doğru söylüyordu. Timur Amir, "Şimdi şu kamera kayıtlarını inceleyelim de adamın tarifine benzer birini bulabilecek miyiz bakalım." deyince Ela ve Dora bu işe odaklandı. Bahar telefon kayıtlarını inceliyor; Başkomiser emniyete gelen eşten tekrar ifade alıyordu. Asil ise maktulün yakın arkadaşlarıyla görüşmeye gitmişti.

Kameralardan verimli bir sonuç alınamamıştı. Maktulün telefon kayıtlarında eşinin söylediği saatte, onu defalarca aradığı görülmüş, böylece kadının bu söylediği de doğru çıkmıştı. Nurgül, Timur Amir'e de Bahar'a anlattıklarının aynısını anlatmıştı. Asil ise maktulün iki yakın arkadaşı olduğunu öğrenmişti. Birinin adı Cihan Kapıkulu, diğeri ise Ömer Paşalı'ydı. Lakin Ömer, bir haftadır memleketi Samsun'daydı. Bunun üzerine Asil, Cihan'la görüşmeye gitti. Cihan, maktulün hem yakın arkadaşı hem de iş arkadaşıydı. O da aynı gün işten çıkarılmıştı. Adam, "Ben çok sinirlendim komiserim. Bunca emeğimiz, yılımız bir çöp gibi kenara atıldı. Ama Yakup öyle biri değildi. 'Vardır bunda da bir hayır. Rızkı Allah verir.' deyip hemen kaderine razı geldi. Onun bu iyi niyeti beni de olumlu etkilerdi. Allah gani rahmet eylesin. Bir düşmanı falan var mıydı diye soruyorsunuz ya o, tanıyıp tanıyabileceğiniz en iyi kalpli, en mütevazı adamdı. Onu kim, niye öldürsün ki?" deyince Asil omuz silkti. "Biz de bunu öğrenmeye çalışıyoruz."

Adamla biraz daha sohbet ettikten sonra büroya döndü. Amir onu görünce "Bir şey çıktı mı?" diye sordu. Asil tüm olup biteni ekibe anlattı. Onlar da sonuçsuz sonuçlarını... O sırada Polis Memuru Metehan içeri girip "Kriminal laboratuvarından sonuçlar geldi Başkomiserim." diyerek elindeki dosyayı amire uzattı. Hemen dosyayı inceleyen adam, "Evde birçok kişiye ait parmak izi çıkmış. Belli ki gelenleri gidenleri çok oluyor. Birçok kayıt da komşulara ait." dedikten sonra birden kaşları çatıldı. Bir anda kafasını dosyadan kaldırıp Asil'e baktı. Asil, "Bir şey mi oldu?" diye sorunca amir devam etti. "Şüphelerinde haklı çıktın. Çarşafta başka bir erkeğe ait sperm örneği bulunmuş."

Asil masaya oturup "Biliyordum! O kadında bir tuhaflık vardı." deyince Bahar, "Yani Nurgül, Yakup'u aldatıyordu. Peki ya adam kim?" dediğinde eşleşen bir DNA olmadığını öğrendi. Bunun üzerine Başkomiser, "Dora, Metehan'a söyle Nurgül Hanım'ın da telefon kayıtlarını incelesinler. Bir bakalım kimlerle konuşmuş." diye emir verince komiser yardımcısı hemen ofisten çıkıp söyleneni yerine getirdi. Ela, "Vay be... Kadın ne kadar üzgün ne kadar masum görünüyordu hâlbuki. Gerçekten şaşırdım. Peki, siz nasıl anladınız komiserim? Nereden aklınıza geldi çarşafa baktırmak? Cidden hayran kaldım." deyince Asil hoş bir gülümsemeyle, "Zamanla sen de anlamaya başlayacaksın. Bizim birimde her şey kanıttır. Kanıtsız hiçbir şey yapamazsın ama kanıta giden yolun kapısını da sezgiler açar. Sezgilerine güven." diyerek göz kırptı. Ela da ona hoş bir gülümsemeyle karşılık verdi. Bir süre sonra Metehan telefon kayıtlarını getirdiğinde gördüler ki Nurgül o gün üç kere, onun dışında diğer günlerde de sık sık maktulün yakın arkadaşı Cihan Kapıkulu'yla görüşmüştü. Sonuca şaşıran Dora haykırdı, "Oha! Kocasının en yakın arkadaşıyla mı?"

Asil'in omuz silkip "Nedense hiç şaşırmadım. Kadınlara asla güvenilmez." diye mırıldandığını duyan Bahar tek kaşını kaldırıp "Bir tek kadın suçlu zaten! Yakın arkadaşı olacak adamın hiçbir suçu yok. Erkek ya, çok normal değil mi?" diye çıkışınca adam sakince, "Saçmalama, ben öyle bir şey mi dedim? İkisi de ayrı şerefsiz. O zaman cümlemi şöyle değiştiriyorum, 'İnsanlara asla güvenilmez.' Şimdi sorun çözülmüştür umarım Bahar Komiserim." dedikten sonra gülümseyerek kadına etkileyici bir bakış attı. Bu tavrıyla istediğini elde etmiş, Bahar'ı yumuşatmıştı. Flört ettikleri üç yüz metre öteden belli olan bu hâlleri, Timur Amir'i resmen şoka uğratmıştı. Asil'e özür dilemeyi öğreten kadının kim olduğunu o an anladı. Dora ve Ela ise imalı bir şekilde bakışıp gülümsediler. Başkomiser bu imayı da yakalamıştı. Yani kendisi dışında herkes, bu ikili arasındaki durumun farkındaydı. "Asil, flörtleşmeniz bittiyse sen git, şu Cihan'ı sorguya al bakalım." diyerek gülünce Dora ve Ela da dayanamayıp güldü. O an çok utanan Bahar, ne yapacağını bilemez bir hâlde "Flörtleşmek mi?

Amirim yanlış anladı..." derken adam onu durdurdu. "Şaka yapıyorum evladım. Sakin ol!"

Bahar utancından ne yapacağını bilemezken Asil ise gülerek ofisten çıktı. Amir, "Ben de odama gidiyorum. Adamdan bir şey öğrenirseniz bildirin." dedikten sonra Bahar'a bakıp "Sen de git, bir elini yüzünü yıka istersen kızım, kıpkırmızı oldun." deyip kıkırdayarak ofisten çıktı. Bahar, bu konuşmalar karşısında hiç çekinmeden gülen Dora ve Ela'ya parmak sallayarak "Siz benim elime düşersiniz." dedikten sonra hızla lavaboya gitti. Amirin emrini yerine getiren Asil, sorgu odasına tek başına girmişti. Cihan, "Ne oluyor komiserim? Daha yeni ifade verdim." deyince Asil elindeki telefon kayıtlarını adama doğru uzattı. "Çok şerefsiz tanıdım ama en yakın arkadaşının karısıyla işi pişirmek... Ağır haysiyetsizmişsin."

Eli ayağı birbirine dolanan adam, "Siz ne diyorsunuz? İftira davası açacağım size." diye bağırınca iyice sinirlenen komiser bu sefer kâğıtları yere fırlatıp elini masaya vurdu. "Lan, şerefsiz köpek! Kim arkadaşının karısını günde beş kez arar?"

Cihan iyice panikleyerek, "Nurgül de benim arkadaşım. Yakup'a ulaşamadığım zamanlarda onu arardım. Ne var bunda?" diye sordu. Asil derin bir nefes verip "Madem kendinden bu kadar eminsin, çık buradan." diyerek kapıyı gösterdi. Adam şaşkınlıkla, "Nasıl yani?" deyince komiser yüzündeki küçümseme ifadesiyle "Çıkabilirsiniz diyorum Cihan Bey. Yalnız bir dakika... Çıkışta arkadaşlar sizden bir DNA örneği alacak. Bir sorun olmaz herhâlde değil mi?"

Gerildiği her hâlinden belli olan adam umutsuzca başını sallayarak çıktı. Asil de ofise döndü. Ela, "İtiraf etti mi komiserim?" diye sorunca Asil omuz silkti, "Artistlik yapıyor şerefsiz. DNA bir uyuşsun, göstereceğim ona Hanya'yı Konya'yı!"

Bahar, "Lakin biraz sakin ol Asil. Eğer adam suçsuzsa, sen sıkıntı yaşayabilirsin." deyince komiser hoş bir gülümsemeyle, "İnsanlar hakkında kolay kolay yanılmam. Sen merak etme." diyerek göz kırptı. Ela ve Dora birbirlerine bakıp gülerken, Asil onlara dönüp "Siz ikiniz, dedikodudan başka bir işe yarayın da laboratuvarı biraz sıkıştırın. İşi hızlandırsınlar. Hadi!" deyince gençler hemen harekete geçti.

Biraz zaman geçmişti ki Metehan sonuçları getirdi. Bahar heyecanla "Sonuç ne?" diye sorunca Asil, "Tam da tahmin ettiğim gibi, Çarşaftaki sperm Cihan'a ait. Ben Başkomiser'e söyleyeyim, kadını tekrar bir sorguya alalım." diyerek ofisten çıktı. Amirin de onayıyla Nurgül Yılmaz tekrar sorguya çağırıldı. Asil, hafifçe kadına doğru eğilip "Kocanın en yakın arkadaşıyla ilişki yaşıyor olmak, kocanı ortadan kaldırmak için yeterli bir sebep gibi görünüyor." deyince Nurgül korkuyla, "Siz ne diyorsunuz? Kim uyduruyor bunları? Yok öyle bir şey!" diye çıkıştı. Asil elindeki sonuçları kadına gösterip "Bak kızım, elimizde ilişki yaşadığınıza dair kanıtlar var. Biraz daha araştırınca zaten her şey ortaya dökülecek. Kocanı senin öldürmediğini biliyorum. Peki, her şey açığa çıktığında Cihan sana sahip çıkacak mı zannediyorsun? Adam, sorguda seni satmaya dünden razı gibiydi. Aklını kullan. Eğer sen de bu işe karıştıysan itiraf et, ceza indirimi al, kendini kurtar. Yoksa Cihan senden önce davranıp tüm suçu üstüne yıkacak. Olan sana olacak." deyince Nurgül korkuyla bağırdı. "Cihan bir şey mi dedi?"

Asil, kadının yemi yuttuğunu anlayınca daha da üstüne gidip ciddi bir ifadeyle başını salladı. "Cinayeti senin işlediğin imasında bulundu. Biraz daha zorlasam seni suçlayacak ama ben bunca yıllık polis içgüdülerime güvenerek bunu, senin yapmadığını düşünüyorum. O yüzden

Cihan'ı sıkıştırmak yerine, önce seninle konuşmak istedim. Bundan sonrası sana kalmış."

Nurgül iyice korkmuş, Asil'e ise sonsuz bir güven hissetmişti. Bunun üzerine hemen, "Vallahi benim suçum yok Komiser Bey." dedikten sonra durdu. Utançla başını eğip "Beş altı ay kadar önce bir an şeytana uyduk, kaptırdık kendimizi, bir yanlış yaptık. Sonra buna devam etmek istemediğimi söylesem de çeşitli bahanelerle bizi bir araya getiriyor, sonra da olan oluyordu. Bir iki derken öyle devam ettik. Her defasında kendimden çok utanıyor ama bir yandan da buna engel olamıyordum. Yakup... O, dünyanın en mükemmel insanı ama Cihan da ne bilim.... Engel olamadım işte kendime..." dedikten sonra gözünden akan yaşı sildi. Burnunu çekip anlatmaya devam etti "Bir hafta önce Cihan yine geldi. Bu sefer onda farklı bir şeyler vardı. Şirket küçülmeye gideceği için yakın zamanda Yakup'un da kendisinin de işten çıkarılacağını söyledi. Sonra da birikmiş bir miktar parası olduğunu belirtip onunla kaçmamı istedi. Bunu yapamayacağımı, ne kadar iyi biri olsa da Yakup'un peşimize düşebileceğini söyledim." dedi ve durdu. Yavaşça gözlerini kaldırıp Asil'e baktı. Adam başını sallayarak, "Siz de çözüm olarak onu öldürme kararı aldınız." deyince Nurgül bağırarak "Asla!" dedi.

Önündeki sudan bir yudum alıp "Cihan bana bu olayı çözeceğini, Yakup'un bizim için bir problem olmayacağını, sadece ona güvenmem gerektiğini söyledi. Onu öldüreceği aklımın ucundan dahi geçmemişti. Ben Zuhal Hanımlara gidince o da bizim eve gelmiş. Söylediğine göre konuşmaya başlamışlar. Sonra aralarında bir kavga çıkmış ve onu öldürmüş. Ardından beni aradı, olanları anlattı. Arkasında delil bırakmadığını, polislere hiçbir şey söylememem gerektiğini tembihledi. Her şey bitince de buradan beraber kaçacaktık." diye ifade verdi. Asil'in içine sinmeyen bazı durumlar vardı ama hiçbir şey demeden sakince yerinden kalkıp odadan çıktı. Bu itirafı duyan Bahar, "Bu kadar mı? Bu mu yani? Bu işte başka bir iş var gibi sanki." deyince Asil onu onaylaydı, "Bence de."

Başkomiser "Cihan Kapıkulu birazdan burada olur. Onu da sorgulayınca anlarız." diyerek Ela'ya döndü, "Cinayet silahından hâlâ ses seda yok değil mi?"

Ela başını sallayıp "Yok amirim. Sorguda onu da soralım." dedi. Asil bir süre sonra sorgu odasına geri girdi. Adama, "Nurgül öttü, geçmiş olsun. Kasten adam öldürmeden bir müebbet patlar artık sana, böylece şerefsizliğinin cezasını çekmiş olursun." diyerek bir kahkaha attı. Cihan şaşkınlıkla biraz da sesini yükselterek "Nurgül öttü de ne demek? Ne söyledi ki?"

Asil, "Bittin oğlum sen. Nurgül bütün suçu sana attı, kendi sıyrıldı. En fazla bir yıl, o da yatarsa tabii ama sen... Boku yedin." dedi. Adam, "Tüm suçu bana mı attı yani? Size ne anlattı?" diye tekrar sorunca Asil, kadının anlattığı her şeyi Cihan'a aktardı. Adam öfkeyle, "Yalan söylüyor orospu!" diye bağırdı. Komiser zaten bunu bekliyordu. Bu işin altında başka bir iş olduğunun farkındaydı. Cihan'a doğru eğilip "O zaman sen doğrusunu anlat." deyince adam ağlamaya başladı. Ardından kendi başına vurarak, "Aptal! Aptal kafam! Nasıl kandım ona?" dedikten sonra derin bir nefes alıp "Anlattıkları Yakup'un peşimizi bırakmaz dediği yere kadar doğru komiserim ama sonra bana kendisi, onu öldürmemiz gerektiğini, böylece ömür boyu rahat olacağımızı söyledi. Bunu yapamayacağımı söyleyince de eğer yapmazsam, bir daha onu asla göremeyeceğimi, tamamen kaybedeceğimi söyledi. O an ne düşündüm bilmiyorum... Kabul ettim. Sabah etrafta kimsenin olmadığı bir vakitte kapıyı çaldım. Yakup beni görünce hemen içeri davet etti. Birlikte salona geçtik, arkası dönükken bıçağı çıkardım ama elim titredi. O da bunu fark ettiği an ufak bir boğuşma yaşadık ve sonunda onu bıçakladım.

Bıçağı ve telefonunu cebime koyup evden çıktım. Sonra onları denize attım. Ben evden çıkmadan önce henüz ölmemişti, can çekişiyordu. Kimseye ulaşmasın diye ev telefonunun kablosunu çektim. Cep telefonunu da bu yüzden aldım. Ama ben bu cinayeti planlamadım komiserim. O kadın, yaptırdı bana her şeyi. Çok pişmanım." diyerek tekrar ağlamaya başladı. Camın arka tarafından izleyen Dora, "E, şimdi hangisi doğru söylüyor?" diye sorunca Ela, "Bir de bunu nasıl kanıtlayacağız?" diyerek amire baktı. Başkomiser, "Ben kadını tekrar sıkıştıracağım. Dora, siz de Ela'yla birlikte Nurgül ve Cihan'ın telefon kayıtlarını iyice inceleyin. Belki bir mesaj, şifreli bir konuşma ne bilim bir şeyler çıkar." deyince genç polisler emri yerine getirmek için hemen harekete geçti. Timur Amir de Nurgül'ü sorguya aldı. Asil Cihan'a bu söylediklerini kanıtlayıp kanıtlayamayacağını sordu. Adam heyecanla, "Mesaj! Mesaj vardı komiserim. Telefonumda duruyor." deyince Asil adamın telefonunu getirtti. Lakin telefonda mesaj yoktu. Cihan şaşkınlıkla, "Allah'ım bu nasıl olur? Ben hiç mesaj silmem ki…" derken durdu. Başına hafifçe vurup "Salak kafam! Olaydan birkaç gün önce buluştuktan sonra uyumuştum. Kesin o zaman sildi. Her ihtimale karşı kendini korudu." diyerek ofladı. Asil birkaç saniye ifadesizce adama bakıp elinden telefonu aldı ve odadan çıktı. Camın arkasına geçen komiser, Bahar'ı tek başına görünce gülümseyip "Cinsiyetçi olarak anlamayacaksanız bir şey söyleyeceğim Bahar Komiserim." diyerek göz kırptı. Bahar gözlerini kısıp tısladı, "Asil…"

Komiser yavaşça ona yaklaşıp bakışlarını gözlerinden dudaklarına indirdi: "Efendim Bahar…"

Nefesi anında düzensizleşen kadın, "Ne yapıyorsun? Biri gelecek şimdi." diyerek bir adım geri atmak isteyince Asil, hızla onu belinden kavrayıp kendine çekti. Yüzleri birbirine iyice yaklaşmıştı. Birkaç saniye öyle durdular. Adam,

Bahar'ın heyecanından çok keyif alıyordu ki birden Dora içeri girdi. Çift hızla birbirinden ayrıldı ama bu Dora'nın gözünden kaçmamıştı, "Çok pardon! Komiserim özür dilerim. Ben... Şey... Telefon kayıtları..." diyerek hızla elindeki kâğıtları masaya bırakıp odadan çıktı. Bahar, "Of Asil! Ne dedim sana? Rezil olduk." diye söylenmeye başlayınca Asil kahkaha atıp hiçbir şey demeden kâğıtları incelemeye başladı. Silinen bir mesaj olduğu belliydi. Yani belki de Cihan doğru söylüyordu. Bahar, "Cihan doğru söylüyor, değil mi?" diye sordu. Asil omuz silkip "Bana öyle geliyor ama her hâlükârda Yakup'u öldüren Cihan. Onun cezası belli de eğer kadın azmettiriciyse o da cezasını çekmeli ve bizim bunu kanıtlamamız lazım." deyince Bahar "Silinen mesajlara ulaşabiliriz, hemen o işi hallediyorum." diyerek odadan çıktı. Asil camın arkasında, sorgu odasındaki suçluya son kez bakıp ofise döndü. Dora, Ela'ya her şeyi anlatmış; kendi aralarında kikirderlerken Asil'in içeri girince hemen toparlandılar. Komiser, "Ağzınızı açarsanız ceza olarak sizi bir sonraki cinayette sahaya çıkarmam." Korkan genç polisler ağızlarına fermuar yapıp önlerine döndüler. Başkomiser Timur, Nurgül'ü ne kadar sıkıştırsa da kadın, söylediği şeyden vazgeçmiyor; sürekli suçsuz olduğunu dile getiriyordu. Dosya kapanmadan kesin sonuç isteyen ekibin zamanı daralmış lakin beklemek zorundalardı. O gün bunlar dışında herhangi bir şey yaşanmadı ve mesaileri bitti. Asil, "Hemen eve gitmek zorunda mısın?" diye sorunca Bahar, "Dün gece de gitmedim. Annem çıldırıyordur. O yüzden gitmek zorundayım. Bu arada yarın beni almana gerek yok." diyerek arabaya bindi. Adam da sürücü koltuğuna oturup "Neden?" diye sordu. Bahar "Arabam servisten çıktı da o yüzden." diyerek gülümseyince Asil bir şey demeden yola koyuldu. Yol boyunca da pek konuşmadılar. Eve vardıklarında Bahar, "Yukarı gelmek ister misin? Bütün gün bir şey yemedin. Annem yemek yapmıştır." deyince Asil gülümsedi. "Bu harika teklif için çok teşekkür ederim ama gitsem iyi olacak. Bir iki tek atıp yatacağım."

Güzel polis aniden, "Dışarı mı çıkacaksın?" diye sordu. Merakını gizleyememiş ama yaptığı bu patavatsızlıktan da utanmıştı. Asil imalı bir gülümsemeyle, "İyi geceler Bahar Komiserim." deyince kadın da iyi geceler diledi, ayrıldılar. Bahar'ın içi içini yiyordu. O birini sevdiği zaman kıskanır, merak ederdi. İlişkide sırları sevmez, özen beklerdi; Asil ise hesap vermekten asla hoşlanmaz, kendinden kesinlikle ödün vermezdi. Ayrıca hep gizemli kalacak bir yanı vardı. Böyle biriyle bir ilişki yaşayabilir miydi gerçekten? İçinden, "Belki de daha fazla ileriye gitmeden bu muhabbet bitmeli. Ben böyle biriyle yapamam." diye kendi kendine konuşurken kapıyı açtı. Onu merakla bekleyen annesine yaşadıklarından bahsetti ve yemeğini yiyip kitap okumak için odasına geçti.

Asil ise her zamanki barına gidip bir bira söyledi. Kahverengi, dalgalı saçları omuzlarında güzel bir kadının, "Asil!" diye seslenmesiyle arkasına baktı. Sesin sahibi, otel cinayetinin haberini aldığı gün yanında uyuyan kadındı ama adını hatırlayamıyordu. Boğazını temizleyip "Selam." diyerek hafifçe doğrulunca kadın birden dudaklarına bir öpücük kondurup "Sana da selam kaçak." dedikten sonra yanına oturdu. Komiser utanmış gibi yapıp "Bir şey içer misin?" diye sorunca, "Hande!" dedi. Bunun üzerine Asil gerçek bir kahkaha atıp "Çok belli ettim değil mi? Bu arada yeni saçlar yakışmış." diyerek dudaklarını ısırdı. Hande de gülerek "Seni bir şartla affederim." dedikten sonra elini adamın bacağının iç uyluğuna koyup gözlerine baktı. Adam çapkın bir gülümsemeyle cebinden cüzdanı çıkartıp barın üstüne hesabı bıraktı ve ayağa kalktı. Kolunu Hande'nin beline doladı ve beraber bardan çıkıp eve gittiler. Ateşli bir öpüşmeyle birlikte, kadını tamamen soydu ve ona yatağa uzanmasını söyledi. Ardından mutfağa gidip bir bira, bir de sandalye alıp yatak odasına geri döndü. Onun ne yapmaya çalıştığını anlamayan Hande, şaşkınlıkla hareketlerini izliyordu. Adam sandalyeyi yatağın ucuna koyup oturdu. Birasından bir yudum alıp kadına kendiyle oynamasını emretti. Hande başta şaşırsa da hemen sonra bu fikir ona da zevkli gelmişti ve adamın dediğini yapmaya başladı. Manzara tam anlamıyla Asil'in keyfini yerine getirmişti. İzlediği şeyden öyle zevk alıyordu ki Bahar aklına bile gelmemişti. Hande hızlandıkça Asil'in bakışları değişiyor, kadın bunu gördükçe daha da hızlanıyordu ki adam artık dayanamayıp hızla yerinden kalktı ve pantolonunu bir kenara atıp atağını yaptı. O kadar yükselmişlerdi ki Hande çığlıklarını tutamıyordu. Sonunda ikisi de orgazmın zirvesini yaşayıp yatağa yığılmışlardı. Kadın nefes nefese, "Sen manyaksın! Bir önceki de harikaydı ama bu..." deyince adam hiçbir şey demeden bir sigara yaktı ve Hande'ye uzattı. O sırada Asil'in telefonu çaldı. Yataktan kalkıp pantolonun cebinden telefonunu çıkardığında arayanın Bahar olduğunu gördü, hızla odadan çıkıp kapıyı kapattı. Bahar, "Asil rahatsız ediyorum kusura bakma ama silinen mesaj vardı ya, ortaya çıktı. Cihan doğru söylüyor." deyince Asil, "Nasıl bu kadar çabuk oldu bu?" diye sordu. Bahar, "Bilişimci bir arkadaşımdan rica etmiştim. Sağ olsun kırmayıp hızla halletti. Ne yapalım? Biz mi gidelim yoksa ekip yollayıp kadını aldıralım mı? Başkomiser'i sen mi ararsın, ben mi arayayım?"

Asil hâlâ düzensiz olan nefesini düzeltip "Ben ararım Başkomiser'i, Kadını da aldırırım. Sen dinlen, dün doğru düzgün uyuyamadın. Yarın ofiste görüşürüz olur mu?" deyince sesindeki tuhaflığı fark eden kadının içine iyice huzursuzluk çökmüştü. Bu adamdan gerçekten de arkadaştan öte bir şey olmazdı. Başka bir şey demeden "Tamam, teşekkür ederim." deyip telefonu kapattı. Asil kapatırken Bahar'ın sesindeki soğukluğun farkına varmış ama çok da umursuyor gibi davranmamıştı. Amire haber verdi.

Ardından yatak odasındaki kadını öpüp mahcup bir şekilde yüzüne baktı. Hande gülerek "Yine mi?" deyince Asil dudak büküp "Bazen ben de keşke normal bir işim olsaydı diyorum. Böyle bir güzelliğe doyamadan gitmek..." derken kadın onun omzuna vurup "Hadi oradan! Bu hilelerinle git, başka kadınları kandır. Neyse ben istediğimi aldım zaten. Benim de gitmem lazım, yarın erken kalkacağım." diyerek yataktan çıktı ve hızla hazırlandı. Asil önce onu evine bıraktı, ardından Nurgül'ü tekrar emniyete aldı. Kadın, "Yine ne var? Hem de gecenin bu saatinde... Bir bırakmadınız ki acımı yaşayayım." deyince komiser bir kahkaha atıp "Vallahi pes! Bir de pişkin pişkin acımı yaşayamadım diyor." dedikten sonra birden ciddileşip "Sen benimle dalga mı geçiyorsun lan! Adamı en yakın arkadaşıyla aldattığını söyleyen sen değil misin? Öldürme fikri de senden çıktı. Senin gibi o..." derken kendini zorla durdurdu. Nurgül, "Ben yapmadım. Kaç kere daha anlatacağım size? Yeter ama! Biraz daha zorlarsanız..." şeklinde kendini savunmaya çalışırken iyice sinirlenen Asil hızla yerinden kalkıp kadının kulağına eğildi, "Dilimizde 'orospu' diye bir kelime var ya hani, aslında çok yanlış kişiler için kullanılan, o kelimenin tam karşılığı sensin."

Mesajın işaretli olduğu kâğıdı kadının önüne koydu. Nurgül yavaşça kâğıda eğildiğinde gördüğü şey karşısında gözleri fal taşı gibi açıldı, "Ben... Ben..." derken Asil, "Ben... Ben... Ben ne lan, ne ben? Sevgiline resmen kocanı ortadan kaldırmazsa bir daha yüzünü göstermeyeceğini yazmışsın. Yakup'u öldürmesini sen istemişsin. Kocanı lan kocanı! Adam götün teki olsa yine anlayacağım diyeceğim ama..." dedikten sonra derin derin nefes alıp vererek sakinleşmeye çalıştı, yerine oturdu. Nurgül ağlayarak, "Çok pişmanım..." diye sayıklıyordu. Başkomiser Timur yanında iki polis memuruyla birlikte içeri girip "Asil!" diyerek başıyla dışarıya gelmesini işaret etti. İkisi çıktıktan sonra polisler de Nurgül'ü alıp nezarethaneye götürdüler.

Böylece bu vakayı çözmüşlerdi. Cihan Kapıkulu, kasten ve planlayarak adam öldürme suçundan ağırlaştırılmış müebbet; Nurgül ise cinayete azmettirmekten yirmi beş yıl hapis cezasına mahkûm edildi.

9 Mayıs 2023

Bahar'ın ofiste olmadığı bir anda, Ela Asil'e dönüp "Yarın Bahar Komiser'in doğum günü. Konak'ta çok güzel bir mekân açılmış. Orada yer ayırttık, ailesine de haber verdik, sürpriz yapacağız. Siz de gelirsiniz değil mi komiserim?" dedi. Ela, bir süredir Bahar'la aralarında bir soğukluk olduğu belli olan adamdan olumsuz bir yanıt almaktan korkuyordu lakin komiser ifadesiz bir şekilde, "Konum atarsın." deyince şaşkınlıkla birlikte gelen sevincini gizlemeden el çırptı. O sırada Timur Amir de ofise girip "Yarın geliyorsun değil mi Asil?" diye sorunca Ela mutlulukla, "Geliyor amirim, geliyor." diye karşılık verdi. Asil gözlerini devirip "Kesin bir şey söylemedim ama gelmeye çalışırım. Neyse izninizle ben çıkıyorum." diyerek ayağa kalkınca Başkomiser, "Tamam." dedikten sonra Asil'le birlikte kapının önüne çıktı. Omzuna elini koyup "Ne olursa olsun, sakinliğini koru evlat ve saat kaç olursa olsun, en ufak bir şeyde beni arıyorsun, tamam mı?" deyince Asil onu başıyla onayladı ve hızla gitti. Bu sırada lavabodan dönen ve konuşmaya kulak misafiri olan Bahar, merakla amire, "Asil iyi mi? Bir şey mi oldu?" diye sordu. Başkomiser omuz silkip "Ailevi bir durum..." deyince kadın atıldı, "Ailevi mi? Babasıyla ilgili bir şey mi?"

Çok merak etmişti. Timur Amir şaşkınlıkla, "Sen babasını nereden biliyorsun?" diye sorunca Bahar, "Asil biraz ailesinden bahsetmişti, dedesinin ve annesinin öldüğünü söylemişti. Bir tek babası var diye biliyorum. O yüzden..." derken Başkomiser onu durdurup "Sana karşı bir zaafı olduğunu anlamıştım ama bu kadarını beklemiyordum." diyerek çenesini ovaladı. Onun ne demek istediğini anlayamayan Bahar şaşkınlıkla amirine baktı. Adam derin bir nefes verip "Babaannesi rahatsızlanmış, Asil'i görmek istemiş. Dışarıdan taş kalpli görünür ama kıyamadı ve şimdi onu görmeye gitti. Babası, eşi ve kızları da oradaymış. Yanında gitmek istedim ama kabul etmedi." deyince Bahar, "Peki, adresi biliyor musunuz?" diye sordu. Amir bir saniye düşündükten sonra sinsice gülümseyip "Benden almadın." diyerek cebinden telefonunu çıkardı ve Bahar'a adresi gönderdi. Güzel polis utangaç bir gülümsemeyle teşekkür edip hızla aşağıya indi. Arabasına binip amirin yolladığı adrese doğru yola çıktı.

Asil, babaannesinin evinin önünde durup derin bir nefes verdikten sonra arabadan indi. Son ana kadar geri dönsem mi diye düşündü ama üvey kardeşi Buse'nin kapıyı açmasıyla birlikte artık kaçmak için çok geçti. Buse korku, şaşkınlık ve merakla karışık bir mutlulukla "Asil ağabey..." der demez cümlesini büyük bir pişmanlıkla birlikte "Özür dilerim." diyerek bitirdi.

Asil, "Ne için?" diye sordu. Genç kız omuz silkip "Sana ağabey dememi istemiyormuşsun ya." diyerek başını eğdi. Adam kaşlarını çatıp "Eminim başka istemediğim şeyler de vardır. Bu konuda beni bir aydınlatır mısın?" diye cevap verince Buse çekinerek açıkladı "Asla beni görmek, benimle muhatap olmak istemiyormuşsun. Çok kez sana yazmak, ulaşmak; seninle görüşmek istedim ama annem bunu yaparsam senin bana çok kötü şeyler söyleyeceğini, kalbimi kıracağını, onlara bunu yapmamamı tembihlediğini söyledi. Hayattaki tercihlerine saygı duyuyorum lakin benden neden bu kadar nefret ettiğini anlayamıyorum."

Asil'in yarım bir gülümsemeyle, "Peki, sezgilerin anneciğinin bu söyledikleri için ne diyordu? Söylenenlere inanıyor muydun?" diye sormasıyla gözleri dolan kız, "Nasıl yani? Yoksa böyle şeyler söylemedin mi? Benden nefret etmiyor musun?" diye heyecanla sordu. Adam ifadesiz bir şekilde, "Ben öyle şeyler söylemedim. Sadece bir soru sordum." dedi. Buse üzüntüyle, "Kalbim inanmadı ama aklım ebeveynlerimize olan nefretinin bana da yansıyor olma ihtimalini mantıklı buldu." diye bir cevap verdi. Komiser yine aynı ifadesizlikle, "Sezgilerin?" diye tekrarladı. Genç kız, cevabı onun gözlerinde arar gibi bakarken "İçimde hep bir 'acaba' vardı. Hep bir şüphe..." deyince Asil gülümsedi. "Meslek hayatım boyunca beni doğruya, gerçeğe götüren şeyler hep sezgilerim olmuştur. Onları dinlemeyi ilkem hâline getirdim. Arada sen de dene. İnsanların tercihlerine saygı duymak büyük bir olgunluktur ama sana olgun bir davranış daha söyleyeyim mi?"

Kardeşi merakla evet anlamında başını sallayınca Asil, "Hayatta sana söylenen hiçbir şeyi sorgusuz sualsiz, araştırmadan, gerçeğe yüzde yüz ulaşmadan kabul etme ve tam olarak inanmadığın hiçbir şeyin peşinden gitme." deyip ona doğru bir adım attı. Elini yanağına koyduktan sonra "Bazen gözümüzün önündeki olayın bile arkasında bambaşka bir gerçeklik yatar. O yüzden bu en yakının bile olsa onun bunun dediğine değil, sadece kendine ve kesin gerçekliğe inan. Çünkü insanlar sana hep yalan söyleyecekler güzelim."

Duydukları ve Asil'in davranışı karşısında şok geçiren kızın gözleri doldu. O sırada "Buse, kaç saattir bir kapıya bakamadın mı kızım? Kim gelmiş?" diye söylenerek gelen kadın, Asil'i görünce buz kesildi. Ardından hemen toparlandı, "Sen mi geldin?"

Adam hiçbir şey söylemeden içeri girip babaannesinin odasına çıktı. Gülizar Hanım yatakta yatıyor babası Aytekin ve amcası Tekin yatağın yanındaki sandalyelerde, yengesi Arzu ve onun, Buse'yle aynı yaşlarda olan, oğlu Ayaz ise odadaki koltukta oturuyorlardı. Asil'in içeri girmesiyle birlikte herkes şaşkınlıkla karışık bir gerginlikle yerinden kalktı. Aytekin, "Asil... Oğlum, hoş geldin... Şey... Biz gelmezsin sanmıştık..." diye konuşurken komiser hiçbir şey demeden babaannesinin başucuna geldi. Kadın sanki onun geldiğini hissetmiş gibi gözlerini açıp heyecanla ve titreyen sesiyle birlikte elini kaldırıp "Asil... Geldin mi oğlum?" diyerek elini tutmaya çalıştı. Aslında Asil'in babaannesiyle hiçbir sorunu yoktu. İkisi de birbirlerini çok severdi ama babasıyla yaşadığı sorunlardan sonra baba tarafındaki tüm akrabalarıyla arasına mesafe girmişti. İşte şimdi babaannesi hastaydı ve onu böyle görünce kendini kötü hissetti. Kadının uzattığı elini tutup "Geldim babaanne." deyince Gülizar Hanım gözyaşlarını tutamayarak "Her şey için çok özür dilerim. Çok üzgünüm, çok pişmanım. Hepimiz seni yapayalnız bıraktık. Gelmeliydim, sen git desen bile ben gelmeliydim. Yapmadım, yapamadım. Affet beni oğlum." diyerek ondan af diledi. Asil, duydukları her ne kadar bünyesine ağır gelse de duygularını bastırıp tüm soğukkanlılığıyla "Senin hiçbir suçun yok babaanne. Affedilecek bir şey de yok. Sana kızgın veya kırgın değilim. O yüzden için rahat olsun." deyince kadın hafif bir tebessümle torununu izlemeye başladı. Ne kadar da büyümüş, değişmiş, yakışıklı olmuştu. Komiser, yengesiyle yeğenine selam verip hâlini, hatırlarını sordu. Aile içindeki olaylar yaşanırken amcası evli bile değildi. Bu yüzden onların bu gerginlikte hiçbir yeri yoktu ama amcası... Onu ve babasını öldürmeyi bile düşünmüştü. İkisinden de o derece nefret ediyordu. Tekin boğazını temizleyip "Hoş geldin Asil. Nasılsın görüşmeyeli?" diye sorunca komiser ona dik dik baktıktan sonra gözlerini devirdi, cevap vermedi. O sırada babasının eşi bir hışımla içeri girdi. Asil'i kolundan tutup sarsarak "Seni pislik! Kızıma karşı beni mi doldurdun sen? Yalancı köpek! Sen değil misin yüzünüzü görmek istemiyorum diyen!" diye bağırmaya başlayınca herkes şok oldu. Aytekin şaşkınlıkla "Cavidan ne yapıyorsun? Ne oluyor?" diye sorunca kadın öfkeyle "Senin bu psikopat oğlun, Buse'yi bana karşı doldurmuş." derken Asil bir hareketle kadının elinden kurtulup "Ağzını topla ve haddini bil. Ben, senin gibi birilerini yanıma çekmek için yalan yanlış şeylerle dolduracak kadar aciz bir yaratık değilim. Ben hiçbir zaman Buse'yle görüşmek istemiyorum ya da bana ağabey demesin falan demedim. Siz, üç şerefsiz dışında kimseyle bir problemim yok. O yüzden şimdi o yalanlarını alıp, kıvırıp koca kıçına sokabilirsin!" deyince iyice sinirlenen Cavidan, birden ona tokat attı. Bu hareket karşısında Asil'in öfkeden gözleri kızarmış, boynundaki damarlar belirginleşmeye başlamıştı. Zavallı Gülizar Hanım, o hâliyle olaya müdahale etmek, Cavidan'ı durdurmak istiyor ama bünyesi buna izin vermiyordu. Komiser ateş püsküren gözlerle yumruklarını sıkıp tam kadına dönmüştü ki yumuşak bir elin koluna dokunup aynı yumuşaklıktaki sesin, "Asil..." diye seslenmesiyle kendine geldi. Başını çevirdiğinde Bahar'ın, tüm güzelliği ve masumiyetiyle yanında dikildiğini görünce hem şaşırdı hem rahatladı. Bahar, o anda ona kendisinin can yeleği gibi hissettirmişti. Güzel komiserin gelişiyle konu dağılmış, Cavidan hiçbir şey demeden odadan çıkmıştı. Diğerleri ise bu zarif kadınla selamlaşıp tanıştılar. Babaannesi tatlı bir gülümsemeyle "Dünya gözüyle gelinimi de gördüm ya daha ne isterim ki? Çok şükür..." deyince Asil'in gerçeği söylemesini bekleyen Bahar, adama baktı ama o gülerek "Çok güzel ama değil mi babaanne?" deyince güzel komiser şaşırıp kaldı. Asil'den böyle bir tepki beklemiyordu. Babaannesi büyük bir hoşnutlukla "Evet oğlum, çok güzel bir kız, maşallah." dedi. Bahar ise tatlı bir gülümsemeyle teşekkür etti. İkili biraz daha oturduktan sonra kalktı. Asil, Bahar'ı kendi arabasına bindirirken "Doğruca eve git, geleceğim." diye direktifini verdikten sonra kapıyı kapattı. Kadın artan kalp atışlarıyla derin bir nefes alıp arabayı çalıştırdı. Asil kendi arabasına doğru giderken Buse'nin

"Ağabey!" diye bağırmasıyla durdu. Kız kardeşi koşarak yanına geldikten sonra, cebinden telefonunu aldı. Asil hiçbir tepki vermeden kızın hareketlerini izliyordu. Buse, yüz tanıma için telefonu Asil'in suratına tutup açtıktan sonra kendi numarasını yazıp kaydetti. Ardından kendini çaldırıp telefonunu Asil'e geri uzattı. Adam sakince telefonu aldıktan sonra kız kardeşine baktı. Buse dolan gözlerini gizlemeden bir anda ona sarıldı. Komiser başta ne yapacağını bilemese de sonrasında o da bu sarılmaya karşılık verdi. Buse ondan ayrılırken mutlulukla "Seni arayacağım." deyince ağabeyi gülümsemeyerek "Ara güzelim." dedi, onu alnından öptü ve arabasına binip uzaklaştı.

Bahar evine gelmiş, heyecanla Asil'i bekliyordu. Asil ise yolda bir tekel bayisine uğrayıp birkaç tane bira aldıktan sonra onun evine geldi. Kadın hemen kapıyı açınca komiser hiçbir şey demeden içeri girdi. Bahar merakla onun hareketlerini izliyordu. Adam sakince koltuğa oturdu. Poşetten bir tane bira çıkarıp çakmakla açtıktan sonra kadına bakıp "İçecek misin?" diye sordu. Bahar uzattığı birayı alıp yanına oturdu. Asil kendine de bir bira açıp Bahar'a döndü, "Yerimi Timur Amir mi söyledi?"

Bahar omuz silkip "Hayır. Seni ofisten çıkarken gördüm. İyi görünmüyordun, dayanamayıp takip ettim. Sonra nerede olduğunu anlayınca yanında olmak istedim." diyerek başını eğdi. Asil, "Yaklaşık bir aydır yüzüme bakmıyorsun, benimle muhatap olmuyorsun. Sonra bir anda yanımda olmak istiyorsun. İlginç..." deyince Bahar yutkunup zor duyulan bir sesle mırıldandı, "Ancak bu kadar kaçabildim."

Adam kaşlarını çatıp "Neden benden kaçman gerekiyordu?" diye sorunca güzel polis aniden gelen bir cesaretle itiraf etti, "Çünkü sana âşık olmaktan korkuyorum çünkü bunu yaparsam çok üzüleceğimi biliyorum."

Asil bu itiraftan sonra birkaç saniye hiçbir şey demeden Bahar'a baktı. Sonrasında birasından bir yudum alıp

"Neden seni üzeceğimi düşünüyorsun?" diye sordu. Kadın yarım bir gülümsemeyle "Ben senin çapkınlığınla baş edebilecek biri değilim Asil." deyince komiser ufak bir kahkaha attı, "Neyse ki baş etmeni gerektirecek bir durum yok."

Bahar, onu onaylayıp "O yüzden iş dışında görüşmezsek daha iyi olur." deyince Asil daha büyük bir kahkaha atıp "Dediğim şeyden bunu mu anladın?" diye sordu. Kadın, "Ne anlamam gerekiyordu?" diyerek kaşlarını çattı. Adam, onun çenesinden tutup gözlerine bakmasını sağladıktan sonra neredeyse fısıltı şeklinde çıkan sesiyle "Belki de artık kimseyle bir işimin kalmadığını anlaman gerekiyordur."

Bahar'ın hızlanan kalp atışıyla birlikte nefes alışverişi de derinleşmeye başladı. Gözlerinin birkaç saniye kenetlenmesinin ardından Asil, onu hızla kendine doğru çekip kısa süreli ama tutkulu bir şekilde öptükten sonra durdu. Gerisini tamamen Bahar'a bıraktı. Kadın ne isterse o olacaktı. Git derse gidecek, kal derse kalacaktı. Kadının mantığıyla kalbi arasında verdiği savaşı, kalbi kazandı ve ellerini adamın boynuna dolayıp onu öpmeye devam etti. Öpüşme gittikçe ateşlendi. Asil, bu güzel kadından aldığı olumlu cevapla birlikte onu koltuğa yatırıp üstüne uzandı. Bahar, Asil'in gömleğinin düğmelerini açmaya başladığı anda kapı zili çaldı ve aniden birbirlerinden uzaklaştılar. Kaşları çatılan Asil, "Birini mi bekliyordun?" diye sordu. Kadın başını iki yana sallayıp koltuktan kalktı. Kendini hızla toparlayıp kapıya bakmaya gitti. Asil ise birasına uzandığı anda Bahar'ın, "Anne, baba! Burada ne işiniz var?" diyen şaşkın telaşlı sesini duyan Asil, "Siktir!" diyerek ayağa fırladı. Hızla, açılmış bir iki düğmesini kapatıp kendine çekidüzen verdi. Bahar ise hâlâ şaşkınlıkla karışık korkuyla ailesinin yüzüne bakıyordu. Babası, "Tamam habersiz geldik belki ama bizi içeri almayacak mısın kızım?" diye sorunca kadın hemen kendini toparlayıp "Yok babacığım, olur mu öyle şey? Bir an şaşırdım sadece. Hoş geldiniz tabii ki. Sizi çok özlemişim." diyerek onlara sarıldı. Nihal Hanım ve Tahsin Bey içeri girerken Bahar, ailesinin karşılarında Asil'i görünce onlara uyduracağı yalanı düşünüyordu ki Nihal Hanım'ın, "Aa, Asil oğlum, sen de mi buradaydın?" diyen sesini duyduğunda hâlâ aklında söyleyecek bir yalanı yoktu. Ne derse desin, ailesinin inanamayacağını biliyordu. Panikle oturma odasına girdiğinde şaşkınlıkla dondu. Asil'in elinde birkaç dosya vardı. Bahar hızla kitaplığının en alt rafına baktı. Normalde dosyaları orada duruyordu. Asil onlardan birkaçını eline almış, biraları da ortadan kaldırmıştı. Annesi merakla onlara bakarken yakışıklı komiser, "Nihal Hanım nasılsınız?" diyerek annesinin elini öptü. Ardından Tahsin Bey'e dönüp "Tahsin Başkomiserim, sizinle tanışmak büyük bir onur." diyerek elini uzattı. Adam da onun elini sıkıp "Demek sen de şu meşhur Asil'sin. Nihal seni anlata anlata bitiremedi." dedikten sonra kızına bir bakış atıp tekrar adama döndü. "de senin burada ne işin var?"

Nihal Hanım eşini dürtüp "Tahsin!" diye uyardı. Asil tüm soğukkanlılığıyla elindekileri işaret edip "Bana birkaç dosya lazımdı, onlar da Bahar'daymış. İşten de anca çıkabildik. Dosyaları almak için Dora ile direkt buraya geldik. O da aşağıda, arabada bekliyor; görmüşsünüzdür belki. Bunları aldım, tam çıkacaktım ki siz geldiniz ama iyi de oldu. Hem Nihal Hanım'ı görmüş hem sizin gibi bir efsaneyle tanışmış oldum." diyerek gülümsedi. Sözlerinin adamı etkilediği belli oluyordu. Asil, kime nasıl davranması gerektiğini iyi bilen biriydi. Bu yüzden de insanları çok kolay manipüle edebiliyordu. Nihal Hanım, "Dora da mı burada? Çağır gelsin o da hep beraber bir çay içeriz." deyince Bahar, "Anneciğim işleri vardır. Bırakalım da Asil Komiser gitsin." diyerek durumu kurtarmaya çalışırken Asil onu onaylayıp "Bahar doğru söylüyor Nihal Hanım. Sizinle sohbet etmeyi çok seviyorum ama bugün Dora'yla kız arkadaşının yıl dönümü. İşten de geç çıktık. Biraz daha geç kalırsak muhtemelen ilişkilerinin de son günü olacak." diyerek ufak bir kahkaha attı. Bunun üzerine herkesle vedalaşıp evden çıktı. Arabasına binip evinin yolunu tuttu. Yolda Bahar'a, biraları televizyon sehpasının arkasına sakladığını, kimse görmeden onları oradan alması gerektiğini yazan bir mesaj attıktan sonra Dora'yı arayıp "Bugün işten geç çıktık. Bir kız arkadaşın var, bugün de yıl dönümünüz. Yanına gitmeden önce benimle birlikte Bahar'dan gerekli birkaç dosyayı almaya geldin. Sen arabada bekliyordun, ben çıkıp aldım. Hiçbir soru sormuyorsun. Sadece yarın, doğum gününde Bahar'ın ailesi sana bir şey sorarsa bunları söylüyorsun yoksa yakarım seni. Anlaşıldı mı? Hadi iyi geceler." diyerek telefonu kapattı. Duydukları karşısında heyecanlanan Dora, hemen Ela'yı arayıp Asil'in ona söylediklerini anlattı. İkili uzunca bir süre teorilerle birlikte dedikodu yaptıktan sonra telefonu kapattı.

Asil'in gidişinin ardından, Tahsin Bey biraz tripli bir tavırla "Gelmemize pek sevinmedin gibi." diyerek kızına baktı. Bahar, "Aşk olsun babacığım, olur mu öyle şey? Şaşırdım sadece. Bir de üzüldüm. Keşke söyleseydiniz de bir şeyler hazırlasaydım." diyerek babasına sarıldı. Kızına daha fazla dayanamayan adam da ona iyice sarılarak "O zaman sürprizi kaçardı." dedi.

Annesiyle de sıkı sıkı sarılan Bahar, hemen bir şeyler hazırladı ve uzun süredir yapamadıkları aile yemeklerini gerçekleştirdiler.

Ertesi gün Ela, Bahar'ı dâhil etmediği mesaj grubuna kafenin konumunu attı. Mesai bitimine yakın Bahar'ın yanına gidip ağlamaklı bir ses tonuyla "Bahar Komiserim, bugün bana ayırabileceğiniz birkaç saatiniz var mı acaba?" diye sorunca onun bu hâlini gören kadın telaşlandı, "Tabii ki de ama iyi misin sen? Bir şey mi oldu?"

Genç polis burnunu çekip "Anlatacağım, bunu sizden başka kiminle paylaşabilirim bilmiyorum." diye mırıldandı. Komiser onun elinden tutup "İş çıkışı bir yerlere gidip konuşalım o zaman, olur mu?" deyince tam da istediği cevabı alan Ela mutluluğunu gizlemeye çalışarak onu onayladı. O sırada Timur Amir ofise girip Bahar'a elindeki belgeleri incelemesini, bu yüzden biraz geç çıkması gerektiğini söyledi. Ela da "Ben size yardım ederim. Sonra birlikte çıkarız." diyerek onunla kaldı. O, Bahar'ı oyalarken diğerleri kafeye gitti. Asil de Bahar'ın evine gidip anne ve babasını aldı. Onun bu centilmen tavrı ikisinin de hoşuna gitmişti ama tabii Tahsin Bey hâlâ mesafeli duruyordu. Sonuçta belki de biricik kızını paylaşmak zorunda kalacağı biriydi Asil. Sadece ekiptekiler değil, Bahar'ın özel hayatından başka arkadaşları da gelmişti sürpriz doğum günü için. Selin, Gizem ve Murat; Tahsin Bey'le Nihal Hanım'ı görünce çok mutlu olmuşlardı. Ekiptekilerle de tanışıp oturdular. Herkes kafeye geldikten sonra Dora, Ela'ya gelmeleri için bir mesaj attı. Onları beklerken sohbet etmeye başladılar. Murat, "Seni özlemişim Tahsin amcacığım, bayağıdır gelmiyordun. Arayı çok açma, daha sık gel. Hatta gelince bende de kal, erkek erkeğe takılırız." diyerek göz kırpınca Nihal Hanım ona parmak sallayıp gülerek "Duyuyorum Murat!" dedi.

Adam ellerini kaldırıp "Özür diliyorum Nihal teyze." diyerek dudak büktü. Aralarında gözle görülür bir samimiyet ve yakınlık vardı. Asil bu adamdan hiç hoşlanmamıştı. Komiserin bakışlarını yakalayan Timur Amir onun dikkatini dağıtmak için "Tahsin Bey, elimizde çözülmemiş bir cinayet var. Sizin namınızı da bilmeyen yok. Çözemezsek yardımınıza başvurabiliriz." diyerek gülümseyince duyduklarından gururlanan adam, "Hay hay efendim, memnuniyetle." dedi. Nihal Hanım, "Timur Bey, Tahsin'i hemen alıp götürebilirsiniz. Birkaç gün ben de kafa dinlerim." dedikten sonra amirin eşi Yasemin Hanım'a dönüp "Aman

Timur Bey'in emekli olmasına izin verme. İnan bana çekilmez oluyorlar." deyince herkes çok gülmeye başladı. Selin, "Yapma Nihal teyze, Tahsin amcam bir tanedir." diyerek boynunu büktü. Tahsin Bey de eşini işaret ederek "Ah kızım ah... Kıymetimi bilmiyor bu kadın benim." diye şakalaşırlarken Gizem heyecanla "Geliyorlar!" diye bağırdı. Herkes hemen toparlandı ve Bahar'ı izlemeye başladı. Güzel komiser, Ela onu lafa tuttuğu için, neredeyse masanın önüne gelene kadar heyecanla onu bekleyenleri görmemişti bile. Başını çevirdiğinde karşılaştığı manzara karşısında gözleri doldu. Mutluluğu sesinden belli oluyordu, Ela'ya dönüp "Bunların hepsi senin planındı değil mi?" diye sorunca Ela ellerini kaldırıp "İtiraf ediyorum, suçlu benim komiserim." dedikten sonra Bahar ona sarılıp teşekkür etti. Diğerleriyle de aynı ritüeli gerçekleştirdikten sonra dilek dileyip mumları üfledi. Sıra hediye faslına gelmişti. Murat hemen atılıp "Önce ben." diyerek Bahar'ı yanağından öptü ve hediyesini uzattı. Bu zamana kadar onun yaptığı hareketler Bahar'ı hiç rahatsız etmemişti çünkü bu samimiyetlerinin yıllardır süren dostluklarından kaynaklandığını biliyordu. Lakin o an Asil'le göz göze gelince kendini kötü hissetti. Hemen kendini toparlayıp hediyesini açtı. İçinden bir kutu oyunu çıktı. Murat, "Bizi evine daha sık davet etmen için bir bahane olsun dedim." diyerek göz kırpınca diğerleri de güldü. Ardından herkes teker teker hediyelerini verdi. Sıra Asil'e geldi. Tüm ekip en çok da onun ne aldığını merak ediyordu. Adam yavaşça kadına yaklaşıp elindeki paketi uzattı. Bahar utanarak teşekkür edip hediyesini aldı, paketi açınca donup kaldı. Diğerleri merakla ne olduğunu anlamaya çalışıyordu. Bahar dolan gözleriyle Asil'e baktı. Titrek bir sesle "Bu..." derken adam onu başıyla onayladı. Selin dayanamayarak "Ya neymiş? Bize de göstersene!" diye bağırınca Bahar yavaşça elindeki kitabı onlara çevirip "Felsefe Taşı'nın birinci baskısı..." dedi. Ela, "Çüş!" diye haykırdıktan sonra Timur

Amir'le göz göze geldi, "Affedersiniz." diyerek sustu. Gizem, "Sen şaka mı yapıyorsun?" deyince hâlâ şaşkınlıktan nutku tutulmuş olan Bahar kitabın içinde bir şey olduğunu fark etti. Onu da açtığında artık göz yaşlarını tutamadı, ucunda elmastan, çok zarif bir Anka Kuşu Fawkes olan bir kolyeydi bu. Yavaşça onu eline alıp Asil'e baktı. Daha fazla dayanamayıp nerede ve kimlerle olduğunu unutarak adama sarıldı. Ondan ayrılırken "Harry Potter hayranı olduğumu kimden öğrendin?" diye sordu. Asil, "Kitaplığını boşuna incelemedim." diyerek göz kırptı. Bahar utanarak başını eğip "Bunlar hayatımda aldığım en güzel hediyeler ama çok pahalı şeyler. Bu kadarını kabul edemem." derken Asil onu susturup "Aramızda daha önce benzer bir konuşma geçtiğini hatırlar gibi oluyorum. O yüzden vereceğim cevabı da biliyorsundur diye düşünüyorum." deyince onda kaldığı ilk geceyi hatırlayan Bahar, utangaç bir gülümsemeyle hediyeleri kabul etti. Yaşananlardan fazlasıyla memnun olan Nihal Hanım, eşini dürtüp "Sana söylemiştim. Bu çocuk bambaşka. Kızımızı mutlu eder." diye fısıldadı. Adam memnuniyetini belli etmemeye çalışsa da yüzüne yansımıştı. Nihal Hanım da bunun farkındaydı. Tahsin Bey için en önemli şey; kızının değerinin bilinmesi ve prensesine, gerçek bir prenses gibi davranılmasıydı. Gizem, Selin'le Murat'a doğru eğilip "Vallahi Bahar durdu durdu, turnayı gözünden vurdu. Adam hem zengin hem yakışıklı hem kadın ruhundan anlıyor... Yatakta da iyidir bu." diye kıkırdayınca Murat gülerek, "Vallahi öyle. Bahar çok iyi biri, her şeyin en iyisine layık. Umarım hep böyle mutlu olur. Yalnız adamın aldığı hediyeler bizim kaç yıllık maaşımızla alınır, kim bilir?" diyerek kafasından hesap yapmaya başladı. Grubun her şeye şüpheyle yaklaşanı olan Selin ise tek kaşını kaldırarak "Fazla iyi... Kesin tuhaf bir özelliği vardır bunun." derken

Gizem oflayarak "Aman, bir kere de tadımızı kaçırma. Dört dörtlük, taş gibi bir adam işte." deyince kadın,

"Genellikle her şeye sahip insanların absürt zevkleri olur. Bahar'ı üzmesin de gerisi boş," dedi. Murat gülerek "Adam Bahar'ı üzerine falan işettiriyormuş düşünsenize." dediği anda kadınlar da dayanamayıp bir kahkaha attı, ne olduğunu anlamayan diğerleri onlara baktı. Murat, "Yok bir şey! Ben de Yüzüklerin Efendisi hayranıyım da enişte bey bize de bir kıyak geçer mi diye soruyorum kızlara." diyerek tüm ekibi güldürdü. Bahar, enişte kelimesinden çok utanmış; önce babasına, sonra Timur Amir'e ardından da Asil'e bakmıştı. Tepkilerinden çekindiği üç adamın da Murat'ın esprisine güldüğünü görünce rahatlamıştı. Başlarda sinir olduğu Murat'ın, aslında bir tehdit olmadığını anlayan Asil, memnuniyet belirten bir ifadeyle adama selam verdi. Ardından herkes sohbet etmeye başladı. Uzun zamandır bu kadar keyifli vakit geçirmemişlerdi. Asil ve Tahsin Bey ise derin bir sohbete dalmışlardı. Kızının hayatındaki adamı daha iyi tanımak isteyen adam, bir yandan da onu test ediyor ve aldığı her cevap, ondan daha da hoşlanmasını sağlıyordu. Bu, Bahar ve Nihal Hanım'ın da dikkatini çekmişti. O anda Asil'in omzuna bir el dokundu, adam arkasını döndü ve karşısında kardeşini görünce "Buse, ne işin var burada?" diye sordu. Herkes merakla onları izlerken Selin arkadaşlarına, "Sübyancı değildir herhâlde değil mi?" deyince Murat, "Oha ama Selin! Abart!" diye çıkıştı. Buse ilerideki masayı gösterip "Arkadaşlarla buluşmaya gelmiştik de seni gördüm. Bir selam vereyim dedim." dedikten sonra Bahar'a dönüp "Dün akşam benim için biraz değişik, zor bir akşamdı. Seninle de ilgilenemedim Bahar abla, kusura bakma. Doğum günün sanırım, nice mutlu senelere." diyerek gülümsedi. Bahar da sevgiyle gülümseyerek "Estağfurullah, ne kusuru Buseciğim. Çok teşekkür ederim." dedi ve ayağa kalkıp kıza sarıldı. Ardından masadakilere döndü, "Tanıştırayım, Buse. Asil'in kız kardeşi."

Herkes kıza selam verdikten sonra Asil, "İzninizle." diyerek kalkıp Buse'yle birlikte masalarına doğru yürürken "Tanıştır bakalım beni şu arkadaşlarınla." deyince ağabeyinin bu sahiplenici tavrı kızın çok hoşuna gitti. Çocukluğundan beri Asil'le böyle bir ilişkinin hayalini kurardı. Her zaman yanında, arkasında olan bir ağabey... Masaya geldiklerinde Buse heyecanla "Arkadaşlar, size bahsettiğim ağabeyim Asil; arkadaşlarım da sırayla Nisa, Ceren, Barlas ve Emir... Sınıf arkadaşlarım." diyerek onları tanıştırdı. Asil hepsiyle selamlaştıktan sonra "Buradan sonra başka bir planınız yok değil mi?" diye sordu. Buse başını sallayarak, "Yok ağabey, evlere dağılacağız." dedi. Bunun üzerine adam, "Güzel. Kalkacağınız zaman bana söyleyin, ben bırakırım sizi. Tamam mı?" deyince gençler memnuniyetle onu onayladı. Asil onlara iyi eğlenceler dileyip Buse'nin alnından öptü ve kendi masasına dönmeden önce garsonu durdurup kardeşinin masasını işaret ederek gençlere ne yemek istediklerini sormasını, hiçbir şekilde de itiraz kabul etmemesini söyledikten sonra kredi kartını adama verip gecenin sonunda iki masanın da hesabını bu karttan çekmesini tembihledi. Ardından garsona güzel bir bahşiş verip masasına döndü.

Bu sırada Ela, "Asil Komiser'in kardeşi mi vardı? Hiç bilmiyordum." diyerek ekip arkadaşlarına baktı. Dora ellerini kaldırıp "Vallahi ben de bilmiyordum, şok oldum." deyince Bahar ve Timur Amir göz göze geldi. Başkomiser, "Siz Asil'in işle evi ne zaman birbirine karıştırdığını gördünüz? Sanki Asil'i tanımıyorsunuz." diyerek güldü. Ela, "Siz de haklısınız amirim. Biz de niye şaşırıyorsak bu kadar? Asil Komiser'i, Bahar Komiserim sayesinde tanımaya başladık biz de." deyince Bahar utanarak gülümsedi. Tahsin Bey kızına doğru eğilip "Dün akşam 'aile tanışması' işinden geç çıkmıştınız sanırım kızım. Dora da baya körmüş. Asil'le birlikte olmasına rağmen koca kızı görmemiş. Baksana kardeşi olduğunu yeni öğreniyor." diyerek dün söyledikleri yalanı yüzüne vurdu. Konuşmayı duyan Nihal Hanım onu dürtüp "Tahsin!" diye uyardığında, Bahar üzgün bir ifadeyle "Özür dilerim baba." deyince Tahsin Bey gülerek "Bu kız sana çekmiş hanım, pek saf. Dün akşamki yalanlarını yuttuk sanıyor. Ben de dünkü çocuğum zaten, hemen inandım." dedi. Bahar şaşkınlıkla "Kızmadın mı yani?" diye sorunca babası onun elinden tutup "Ben de genç oldum kızım. Benim için önemli olan tek şey senin mutluluğun. Bu adam seni mutlu ettiği sürece bizim de başımızın tacıdır ama senin gözünden mutluluk gözyaşı dışında bir damla yaş akıtırsa karşısında beni bulur." dediğinde Bahar'ın gözleri dolmuştu bile. Mutlulukla babasına sarıldı. Annesi de sevinç gözyaşlarını silince Yasemin Hanım sevgiyle gülümseyip "Ne kadar güzel bir ailesiniz, maşallah. Birliğiniz, mutluluğunuz hiç bozulmasın." diyerek güzel dileklerini iletti.

Asil masaya döndükten sonra sohbetlerine devam ettiler. Birkaç saat sonra herkes kalktı. Asil kardeşiyle arkadaşlarını alıp yola koyuldu. Barlas tatlı bir heyecanla "Asil ağabey, sen cinayet bürodaymışsın doğru mu?" diye sordu. Asil onu onaylayınca genç, "Çok ceset görmüşsündür ağabey sen. Nasıl cesetler gördün? Nasıl bir duygu bu?" diye sorularını art arda sıralarken Ceren, "Salak mısın Barlas? Anlatır mı sence? Sus!" diyerek onu dürttü. Emir, "Ağabey, sen onun kusuruna bakma. Seneye polislik sınavlarına girecek de şimdiden kendini hazırlıyor." diyerek gülünce diğerleri de güldü. Asil anlayışlı bir sesle "Yardımcı olabileceğim bir konu olursa bana ulaşın. Bir de spor antrenörü yakın bir arkadaşım var. Polislik sınavları için de öğrenci çalıştırıyor. Ben onunla bir görüşeyim, Buse'den numaranı alıp sana haber veririm. Bir plan yaparsınız." deyince Barlas heyecanla "Vallahi mi ağabey?" diye sordu. Adam onaylayarak "Yarın haber veririm." dedi. Asil'in çocuklara, gençlere, masumlara ve yaşlılara karşı bir zaafı vardı.

Onlara hiç kıyamazdı. Geri kalanlar, işi dışında umurunda olmuyordu. Barlas'a verdiği sözü de tutmuştu.

Diğerlerini eve bıraktıktan sonra sıra Buse'ye gelmişti. Dün gittiği baba evine tekrar gitmek canını sıksa da yapacak bir şey yoktu. Genç kız yol boyunca bıcır bıcır ona hayatını, okulunu, arkadaşlarını anlatıyordu. Ağabeyinin, her şeyini bilmesini istiyor gibiydi. Çok mutlu ve heyecanlı görünüyordu. Eve vardıklarında Buse çekinerek "Gelmek ister misin? Babaannemi görmek için..." deyince Asil hoş bir gülümsemeyle "İstediğin zaman gelip bende kalabilirsin güzelim." diyerek konuyu kapattı. Genç kız her şey için teşekkür ettikten sonra evine gitti. Asil de kendi evinin yolunu tuttu.

O günü böylece bitirmişlerdi. Yaşamlarında her şey yoluna girmiş, bir çözüme ulaşmış gibi görünüyordu. Tek bir şey hariç...

Flamingo Oteli'nde yaşanan cinayet vakası hâlâ çözülememişti. Kayıtlara "10 Nisan 2023, Flamingo Oteli Cinayeti, Saadet Esra Akçay, 25, Faili Meçhul" olarak geçildi.

BÖLÜM 2

KADİFEKALE DAĞI CİNAYETİ

24 Haziran 2023

Ela heyecanla ofise girip "Yarın Dora'nın doğum günü!" diye haykırınca Asil gülerek "Bence sen polisliği bırakıp organizatörlüğe başla." dedi. Bahar da Ela da buna çok güldü. Asil, "Şimdi hediye de almak lazım. Dora'nın ne sevebileceği şeyler hakkında verebileceğiniz bir tüyo var mı acaba?" diye sordu. Ela omuz silkip "Çizgi roman sevdiğini biliyorum. Ayrıca anime de çok izliyor…" derken Asil, "Oyun?" diye sordu. Bahar onu onaylayarak "Ah, evet. Yanlış hatırlamıyorsam araba yarışı ve spor oyunlarını çok seviyordu." diye atıldı. Komiser hoş bir gülümsemeyle "Teşekkürler." dediği anda telsize bir bildiri düştü:

"Kadifekale Dağı, tarihî kalıntıların dibinde bir kadın cesedi bulundu!"

Bunu duyan ekip anlık bir bakışmadan sonra hemen ofisten çıktı. O sırada lavabodan dönen Dora'yı da alıp olay yerine gittiler. Korkunç manzarayı gören Ela, "Yine mi?" diye haykırınca Dora hızla arkasını dönüp "Galiba ben buna asla alışamayacağım." diyerek ağzını kapattı. Bahar korkuyla Timur Amir'e baktı. Adamın yüzünde de aynı korkuyu görünce daha da huzursuzlandı. Ardından Asil'e döndüğünde komiser, ifadesiz bir şekilde "Herkes seninle aynı şeyi düşünüyor Bahar." deyince kadın umutsuzca başını eğdi. Çünkü yerde yatan kurban tıpkı 'Flamingo Oteli Cinayeti'ndeki gibi çıplaktı ve midesi dışarıdaydı. Bu cinayetler bağlantılı olabilir miydi? Yoksa karşılarında gerçek bir seri katil mi vardı? Olay yeri inceleme ekibinden bir memur onlara yaklaşıp "Maktul Meral Uçarı, 28 yaşında. Çantası, kıyafetleri ve başındaki kanamanın sebebi olduğunu düşündüğümüz taş da yanında duruyordu. Sürüklenme veya buraya taşınma durumu söz konusu değil. Adli tabip yaptığı ilk incelemeye göre; olayın dün gece yaşanmış olduğunu, katilin önce bu taşla kafasına vurup maktulü bayılttığını, ardından onu boğarak öldürüp midesini çıkarttığını düşünüyor. Kesin sonuç otopsiden sonra belli olacaktır." deyince Amir başını sallayıp "Delil sayılabilecek başka şeyler buldunuz mu?" diye sordu. Memur, "Sadece ayakkabı ve araba lastik izleri vardı. Ölçümlere göre katilimiz kırk dört kırk beş numara bir bot giyiyormuş." deyince Asil ellerini çırptı, "Anlaşılan uzun boylu bir adam arıyoruz. Şüpheli listemiz acayip daraldı. Yaşasın!"

Timur Amir sert bir bakışla "Asil!" diyerek onu uyardıktan sonra Dora'ya "Evladım sen toparlan, Ela'yı al; ofise gidin. Etraftaki kameralardan bir şey çıkacak mı, incelemeye başlayın. Bir de maktulün ailesine haber verin." derken genç polis ellerini hayır anlamında sallayıp "Amirim lütfen o işi bize vermeyin." deyince Timur Amir tekrar Asil'e döndü. Komiser gülerek "Ekibin en ruhsuz pisliği benim galiba. Tamamdır, o iş bende." deyip o görevi devraldı. Timur Amir, "O zaman telefon kayıtlarını da çıkartın." dedi ve komiser yardımcılarını ofise gönderdi. Kıdemliler ise biraz daha olay yerinde kalıp inceleme yaptılar. Savcı da geldikten sonra geride kalanlar da ofise döndü. Maktulün telefon kayıtlarında en son ağabeyi ile görüştüğü görünüyordu. Asil ailesine haber vermişti. Aile de İzmir'de yaşıyordu. Teşhis görevini ağabeyi Cem Uçarı üstlenmişti. Cesedin kardeşine ait olduğunu tespit ettikten sonra, ifadesine başvurulmak için emniyete çağrıldı. Kurban telefonda en son onunla görüşmüştü. Ona ne konuştukları sorulduğunda, kardeşinin biraz işi olduğu için o gün eve geç geleceğini haber verdiğini öğrendiler. Ama maktul işinin ne olduğunu söylememişti. Cem çekinerek "Şey... Bir şey daha var ama lütfen bunu ailem bilmesin." deyince Asil merakla "Nedir?" diye sordu. Adam derin bir nefes alıp verdikten sonra konuşmaya başladı. "Meral'in bazı alışkanlıklar edindiğinden şüpheleniyordum."

Komiser, "Uyuşturucu gibi mi?" diye sorunca Cem, başıyla onayladı. Başka da işe yarar bir bilgi yoktu. Ekip tekrar ofiste toplandığında cinayet sebebinin uyuşturucu yüzünden olması ihtimali üzerine tartışırken Metehan içeri girip "Maktul ve katil kameralara yakalanmış." deyince herkes çok heyecanlandı. Belki de iş daha fazla büyümeden çözülecekti. Kamera kayıtlarında kadın, pis işlerin döndüğü bir sokağa giriyor, bir süre sonra da siyahlar içindeki bir adamla birlikte o sokaktan çıkıp bir arabaya biniyor ve gözden kayboluyorlardı. Arabanın görüntüsü birkaç kameraya daha takılmıştı. Amir, "Hemen plakayı aratalım. İki kişi de şu sokağa gidip görgü tanığı var mı araştırsın." diye emretti. Asil başını sallayarak diğerlerine döndü, "Sokağa ben giderim, siz plaka işini halledin."

Bahar, "Tek başına olmaz, ben de geliyorum." dediği anda Asil'in öldürücü bakışlarıyla karşılaştı. Kadın gözlerini devirip "Bize karşı korumacı olduğun için minnettarız Asil ama senin kadar biz de polisiz ve bu mesleğe tüm ihtimalleri kabul ederek başladık. Kusura bakma ama sırf kadınım diye korunmaya muhtaç değilim." deyince Asil şaşkınlıkla "Bunun kadınlıkla ne alakası var Bahar? Yapma Allah aşkına! Dora'yı da yanıma almıyorum." dedikten sonra genç polise dönüp onu baştan aşağı inceledi, "Gördüğüm kadarıyla Dora da kadın değil." Böyle bir sokağa asla girmek istemeyen Dora heyecanla "Ben, bana karşı korumacı olmanızdan hiç şikayetçi değilim komiserim. Sayenizde çok güvenli bir mesleki hayat sürüyorum." diye atılınca bu tepki istemsizce herkesi güldürmüştü. Timur Amir, "Hadi bırakın gevezeliği de işinizi yapın. Asil, Bahar'ı da yanına alıyorsun." deyince komiser, "Ama..." diyerek karşı çıkmak istese de Başkomiser "Bu bir emirdir." diyerek onu susturdu ve emrinin yerine getirilmesini istedi. Bahar ve Asil arabaya binerken kadının kendinden emin gülümseyişi Asil'i de güldürmüştü. Başını sallayıp "Her olayı nasıl feminizme döndürüyorsun, aklım almıyor." diye söylenerek arabayı çalıştırdı. Bahar omuz silkti, "Bizim, sizden aşağıda ve korunmaya muhtaç olmadığımızı, sizin yapabildiğiniz her şeyi yapabileceğimizi anladığınız gün, hepimiz için kurtuluş günü olacak." dedi.

Adam, "Hayda, yine nereye geldi konu? Beni gerçekten böyle sığ bir bağnaz olarak mı görüyorsun? Ben böyle biri miyim ya?" diye sorunca kadın, "Sığ bir bağnaz değilsin belki ama hafif bir maçoluk var." dedi. Asil komik bir ifadeyle duruşunu dikleştirip "Olsun o kadar. DNA'mda efelik var benim. İzmir erkeği dediğin hem modern hem yiğit bir delikanlıdır." deyince Bahar bir kahkaha attı. "Ne İzmir'miş arkadaş! Erkeğinize de başka bir isim verdiniz mi? Böyle gevrek, çiğdem gibi marjinal bir isim..."

Asil kendini işaret edip "Kısaca Asil diyoruz tatlım." deyince Bahar daha da güldü. Asil birden ciddileşip "Demek bizim yapabildiğimiz her şeyi siz de yapabilirsiniz." diye mırıldandı. Bahar da aynı ciddiyetle evet anlamında başını salladı. Yakışıklı komiser elini vitesten çekip onun bacak arasına koydu. Yavaşça yukarı doğru çıkarken "Geçen günkü zevk çığlıklarını sana bir kadın da attırabilir yani..." deyince yaşadıkları akıl almaz seksi hatırlayan ve Asil'in dokunuşlarıyla irkilen Bahar'ın nefesi kesilmişti. Zar zor duyulan sesiyle "Evet..." dedi. Bunun üzerine Asil, kıyafetleri üzerinden kadınlığına bastırınca Bahar daha derin nefesler almaya başladığında Asil, baştan çıkaran bir sesle "Peki, bir kadın içindeki boşluğu dolduran o sıcaklığı verebilir mi sana?" diye sorduğunda artık gücü kalmayan güzel, hiçbir şey olmamış gibi bir ses tonuyla konuşmaya devam etti. "Kısacası dört artı dört de sekizdir, beş artı üç de... Yani eşit olduğumuz noktalar olduğu kadar, erkeğin daha iyi veya kadının çok daha başarılı olduğu yönler de vardır. Netice ise eşittir."

Bahar bir yandan nefesini düzenlemeye çalıştığı için onu sadece başıyla onayladı. Asil kendinden emin, memnun bir ifadeyle başka hiçbir şey demeden arabayı sürmeye devam etti.

Sokağın başına geldiklerinde Bahar'a dönüp "Tamam, gelmene bir şey demiyorum ama izin ver, konuşmaları ben yapayım. Bu adamlar hem polisleri sevmez hem tehlikeli tiplerdir. Ayrıca kafaları bir dünya gezerler. Kusura bakma ama feministlik bunlara işlemez." deyince Bahar sadece "Tamam." diyerek arabadan indi. Asil kafasını sallayarak "Ve tabii ki sen yine beni dinlemeyeceksin." diye mırıldandıktan sonra arabadan indi. Sokak evsizler ve uyuşturucu satıcılarıyla doluydu. Bahar; uzun saçlı, tuhaf giyimli bir adamın karşısına geçip kimliğini gösterdi. "Cinayet bürodan geliyoruz. Size birkaç soru sorabilir miyiz?"

Adam itici bir gülüşle "Bu kimliğin pembesi yok muydu?" deyince sinirlenen kadın, "Hadsizlik etme! Birkaç soru sorup gideceğiz." dedikten sonra maktulün fotoğrafını çıkarıp "Bu kadın dün gece buraya gelmiş. Onu gördün mü?" diye sordu. Adam fotoğrafa doğru eğilip onu inceledi. Sonra sırıtarak "Seksi hatunmuş, görsem affetmezdim. İnlete inlete..." deyip göz kırptı. Asil hiçbir şey demeden sadece kenardan onları izliyordu. Bahar iyice sinirlenip bağırdı, "Benim asabımı bozma. Terbiyesizlik yapma. Kadını gördün mü, görmedin mi?"

Etraftakiler de kadına gözdağı vermek için onlara döndü. Bahar gerilmişti ama bunu belli etmemeye çalışarak sorusunu tekrarladı. Adam yine aynı çirkinlikteki sırıtmasıyla "Sen fotoğraftakinden de güzelmişsin. Onu kaçırdım belki ama seni..." deyince kadın, "Seni şerefsiz!" diye bağırdı. O ana kadar gevşek gevşek davranan adamın yüzü bir anda ciddileşti. Ellerini kaldırıp ona doğru bir adım attığı anda köşede onları izleyen Asil, hızlı bir hareketle adamın elinden kavrayıp ters çevirdi ve onu duvara yapıştırıp "Ona dokunmaya kalkanın hayatını sikerim. Senin gibi çocukları zehirleyen bir piçi ayrı sikerim. Anladın mı beni orospu çocuğu?" deyince sokaktakiler, kendi adamlarını korumak için atılacakları anda adam, "Durun!" diye bağırarak onları durdurdu. "Dün gece uyuşturucu almak için buraya geldi ama hiç parası yoktu. Ben de vermedim. O sırada tamamen siyah giyinmiş, uzun saçlı bir herif ona istediğini, hemen ödemesine gerek olmadan, vereceğini söyledi. Belli ki sikip atacaktı. Biz de karışmadık. Beraber çıkıp gittiler. Başka da bir şey bilmiyoruz."

Asil adamı bıraktı. Ardından diğerlerine tek tek bakıp "Bu kadın diye aşağılayıp dalgaya aldığınız polis var ya, sizin gibi itlerin leşinin bile katilinin peşine düşüp sizin için adaleti sağlıyor. Saygı duymayı öğreneceksiniz!" diye bağırdıktan sonra Bahar'ın kolundan tutup sokaktan çıktı. Arabaya bindikten sonra Bahar mahcup bir şekilde "Seni dinlemeyip kendi kafama göre iş yaptığım için özür dilerim." deyince sinirden boyun damarları belirginleşmiş olan Asil, "Lütfen, sus Bahar. Kalbini kırmak istemiyorum." diyerek arabayı çalıştırdı. Bahar ilk defa böyle adamlarla muhatap oluyordu ve onlara karşı nasıl bir tutum izlemesi gerektiğini bilmiyordu. Asil de bu yüzden bu işi kendisine bırakmasını söylemişti. Yani aslında bu olayın cinsiyetle bir alakası yoktu. Bahar ise olayı bir ego savaşına dönüştürüp kendisini tehlikeye atmış, Asil de buna sinirlenmişti. Daha fazla gerilmemek için yol boyunca hiç konuşmadılar.

Ofise geldiklerinde Asil'in yüzündeki öfke net bir şekilde anlaşılıyordu. Timur Amir Bahar'a dönüp "Bir şey öğrenebildiniz mi?" diye sordu. Komiser pis adamdan öğrendiklerini anlatınca Dora, "Biz de plakayı soruşturduk. Kiralık bir arabaymış. Kiralama ofisine gittik. Aynı, sizin herifin tarif ettiği kişiyi anlattı. Kimlik bilgileri de vardı." derken Bahar heyecanla atıldı, "O zaman katilimizi bulduk!"

Ela üzüntüyle "Kimlik sahte komiserim. Hiçbir şekilde bu kimliği kimin kullandığını öğrenemedik." dedi. Bu, kötü hatta çok kötü bir haberdi... Tam bir ipucu yakaladık derken ellerinde patlıyordu. Dora omuz silkti, "Tek bir şey öğrenebildik, şüphelimizin elinde gamalı bir haç dövmesi varmış." Bahar şaşkınlıkla "Gamalı haç mı? Hitler hayranı o zaman. Bu önemli bir ipucu." deyince Asil, "Avrupa'da aşırı sağcı kesimi temsil etse de Asya da Hinduizm, Budizm gibi dinlerde svastika yani gamalı haç, kutsal bir sembol olarak geçer ve günümüzde de kullanılır. Yani bu dövme, katilin dini inancını da yansıtıyor olabilir." diye açıklamada bulundu. Dövmeyi hangi amaçla yaptırmış olursa olsun bu iyi bir gelişmeydi ama hâlâ umutsuzluk içindelerdi çünkü ellerindeki tek şey buydu. İki cinayet sonrasında öğrenebildikleri; şüpheli uzun, siyah saçlara sahip; uzun boylu, ayak numarası kırk dört-kırk beş; elinde gamalı bir haç dövmesi bulunan bir adamdı. Başka da bir şey yoktu. O gün saatlerce dava üzerinde çalıştılar. Kiralanan araba da dağlık bir yerde, yanmış hâlde bulundu. İçinde hiçbir iz kalmamıştı. Ertesi gün de çok uzun saatler çalışmak zorunda kaldılar bu nedenle Dora için ofiste küçük bir kutlama yaptılar.

Diğer günler de birbirini aynı şekilde takip etti. Asil'in yıllık iznini kullanmadan önceki son gününde ekip, bir kafede oturmuştu. Ela, "Demek İsviçre'ye gideceksiniz komiserim. Ne güzeldir oralar." deyince Bahar merakla sordu, "Sen geçen sene de İsviçre'ye gitmemiş miydin?"

Asil sessizce başıyla onayladı. Timur Amir, "Asil'in oraya karşı bir zaafı var. Her sene mutlaka gidiyor." dedi. Komiser yine hiçbir şey demeden sadece gülümsedi. Dora, "Bir dahaki sefere ben de geleyim mi komiserim?" diyerek gülünce adam, "Gel. İsviçre çok başka bir ülke. Doğası... Masal gibi." diye bir karşılık verdi. Ardından havadan sudan sohbetler, keyifle geçirilen birkaç saatten sonra herkes evine döndü. Asil ertesi gün İsviçre'ye gitti. Onun bu ülkeye olan merakı, ayrıca bu kadar uzakta olması Bahar'ı ne kadar rahatsız etmiş olsa da, sevgilisinin huyunu bildiği için, çekiniyor, hesap soramıyordu. Elbet bunun da zamanı gelecekti.

Yaklaşık bir ay sonra Asil, eve döndü. Bahar arayıp yanına gitmek istediğini söyledi fakat Asil "Çok yorgunum, sabah ofiste görüşürüz. Akşam da yemeğe çıkarız olur mu?" diye karşılık verince Bahar reddedildiği için ne kadar bozulmuş olsa da aklını kurcalayan soruları sorabilmek için teklifi kabul etti. Çünkü bu bir ay boyunca pek konuşmamışlardı. Adam sanki kendi kabuğuna çekilmişti. Ertesi gün Asil ekip arkadaşlarına getirdiği hediyeleri verdi. Timur Amir'e şık bir kol saati ve evine birkaç güzel dekor, Ela'ya hoş bir parfüm, Dora'ya da sevdiği tarzda oyun CD'leri getirmişti. Bahar'ın hediyesini ise akşam yemeğine saklamıştı. Tüm ekibe çikolata getirmeyi de ihmal etmemişti. Keyifli bir günün akşamına Bahar'la yemeğe gittiler. Komiser, "Anlatın bakalım Bahar Hanım, ben yokken neler yaptınız?" diyerek gülümsedi. Bahar, onun kadar neşeli ve hiçbir şey olmamış gibi davranamıyordu ki daha fazla dayanamadı. "Ne yani, şimdi hiçbir şey olamamış gibi kaldığımız yerden devam mı edeceğiz?"

Beklediği, başına gelen Asil içkisinden bir yudum alıp "Pekâlâ... Ne merak ediyorsan sor. Sonuca göre nereden devam etmek istediğine karar verirsin." deyince Bahar, "Neden beni aramadın?" diye sordu. Asil sakince "Aradım." dedi. Sinirlendiğini belli etmek istemeyen Bahar onu bastırabilmek için güldü. "Koca bir ayda iki kere konuştuk. Ve sadece birinde sen aradın. O da senin istediğin saat ve zamanda cevap vermediğim için. Bu neyin egosu pardon?"

Son sözler Asil'i sinirlendirmişti ama sakinliğini korumaya çalışıyordu. Çünkü kadının haklı olduğunu kendisi de biliyordu. Derin bir nefes alıp verdikten sonra, "Ego derken?"

Bahar, "Her şey senin istediğin zamanda, senin istediğin şekilde olsun istiyorsun. Sen ne dersen o. Sen, benim hayatıma müdahale etme hakkına sahipsin ama ben, sana neredesin diye bile soramıyorum. Neden?" diye çıkışınca Asil sakince, "Kim, sana bana hiçbir şey soramayacağını söyledi?"

Kadın şaşkınlıkla "Sorsam da cevap vermezsin ki!" deyince adam yine aynı ifadeyle devam etti, "İyi de bunu nereden çıkardın?"

Bahar, "Karakterin söylüyor." diye mırıldandı. Asil yavaşça onun elini tutup gözlerine baktı, "Sor!"

Böylece kadın merak ettiklerini sormaya başladı. "Hayatında hangi noktadayım? Ben senin için neyim?" Yakışıklı komiser samimi bir şekilde gülümseyerek "Çok uzun zamandır bir kadının olamadığı noktadasın. Sana değer veriyorum." dedi. Kadın aldığı cevaptan memnun olsa da belli etmemeye çalışarak "Peki, neden beni aramadın? Hiç mi özlemedin?" diye sordu. Asil, "Özledim. Özellikle de teninin yumuşaklığını..." diyerek göz kırptı. Bahar utanarak gülümsedi. Asil yine istediğini elde etmiş, kadının ilk sorusunu geçiştirmeyi başarmıştı. Bahar en çok merak ettiği kısma geçti. "Peki, neden İsviçre? Neden her sene oraya gidiyorsun? Orada özel biri mi var?"

Asil derin bir nefes alıp verdikten sonra "Sadece seviyorum. Bir gün beraber gittiğimizde sen de çok beğeneceksin, eminim." deyince Bahar gülümseyerek "Beraber mi?" diye yüksek sesle karşılık verdi. Asil tüm içtenliğiyle gülümseyerek onu onayladı. "Normalde sana benimle gelmek ister misin diye soracaktım ama her şey çok yeni ve ailenle de tanıştım. Yani bilemedim. Ayıp olur belki diye..."

Ardından Zürih'ten onun için aldığı özel yapım bilekliği kadına uzattı. Bahar duyduğu güzel sözler ve bu özel hediye karşısında iyice yumuşamıştı. Gülerek sandalyesinden doğrulup adamın dudaklarına bir öpücük bıraktıktan sonra tekrar oturdu. Ardından güzel bir akşam yemeği sonrası Asil'in evine gittiler. Bir ay boyunca ayrı kalmanın verdiği özlemle ateşli bir sevişme sonrası uykuya daldılar.

Ertesi gün ofise girdikleri anda Ela, "Olayı duydunuz mu?" diye haykırınca Asil, "Sana da günaydın Ela." diyerek yerine oturdu. Bahar ise, "Ne olmuş?" diye sordu. Genç polis heyecanla anlatmaya başladı. "Günaydın komiserim ama değişik ve ilgi bir haberim var. Bizim Flamingo Oteli var ya, Saadet Esra Akçay cinayetinin olduğu otel. Bir kadın orada, hem de o odada intihar etmiş."

Duydukları şey karşısında herkes çok şaşırdı. Bu cinayetlerle ilgili bir şey olabilir miydi? Asil, "Kimmiş? Neyin nesiymiş belli mi?" diye sorunca Ela telefonundan haberi okudu. "Aylar önce bir cinayetle gündeme oturan Flamingo Oteli, bu sefer de bir intihar vakasıyla sarsıldı. Yirmi yedi yaşındaki Aslı Yurtseven, cinayetin işlendiği odanın camından kendini attı. Arkasında bıraktığı not ise kafaları daha da karıştırdı. Yurtseven, kime yazdığı bilinmeyen bir şekilde, intihar notuna, 'Haklıydın, hepimiz kötüyüz ama herkes yaptıklarının bedelini öder. Sen de ödeyeceksin.' yazmıştı. Yurtseven'i intihara sürükleyen şey neydi veya bu intiharın cinayetle bir bağlantısı var mıydı bilinmiyor. Yetkililer bu konuda henüz bir açıklama yapmadı."

Bahar merakla "Cinayetlerle bir bağlantısı olabilir mi gerçekten?" diye sordu. Dora, "Ya da Saadet Esra Akçay'ın yakını olabilir mi?" diye atıldı. Herkes Asil'e dönmüş, onun bir şey demesini bekliyordu ama adam kaşlarını çatmış, yere bakıyordu. Birden başını kaldırıp "Telefonu verir misin bir dakika?" diyerek Ela'dan telefonu aldı ve habere baktı. Fotoğraftaki kadını görünce iyice emin oldu, bu not kendisine yazılmıştı ve intihar eden kişi olay yerine götürüp seviştiği Aslı'dan başkası değildi. İstemsizce yutkundu çünkü eğer kadın yaşananları birine anlattıysa ve adını da verdiyse bu iş sonunda kendisine patlayacaktı.

Aslında tüm ekip onu tanıyordu ama kameralarda yüzü belli olmadığı ve amire de kadından Ceyda diye bahsettiği için, Asil'le birlikte otele giren kadının kim olduğunu bilmiyorlardı. Sonra aklına Bahar'a da aynı cümleyi kurduğu geldi. "Ya Bahar şüphelenirse?" düşüncesi de kafasını karıştırmaya başladı. Asil bir olay karşında oluşabilecek tüm ihtimalleri düşünen ve hepsi için ayrı plan yapan bir adamdı ama o an kitlenip kaldı. Bahar'ın ona yaklaşıp koluna dokunmasıyla irkildi. Hemen toparlanıp "Kadına üzüldüm, yazık olmuş. Ama cinayetle bir bağlantısı olduğunu sanmıyorum. Giderayak sansasyon yaratmak, intiharını ölümsüzleştirmek istemiş olabilir. Sıradan bir intihar olsaydı çoğu site haber bile yapmazdı belki ama 'cinayet işlenen odada gerçekleşen intihar...' Kadın adını ölümsüzleştirdi." diyerek telefonu Ela'ya uzattı. Bunları konuşurken bir yandan da planını yapmıştı. Eğer adı bu davaya karışırsa sonuna kadar inkâr ve takıntılı aşık mağduru yöntemine başvuracaktı. Lakin korktuğu gibi bir şey olmadı. Aslı kimseye hiçbir şey anlatmamıştı. Arkadaşları, son birkaç aydır aklının başında olmadığından, sürekli çok kötü bir şey yaptığını ve kendinden utandığını söylediğinden ama ne yaptığını sorduklarında hiçbir zaman cevap alamadıklarından bahsetmişlerdi. Aslı bir kadının kanı önünde yaşadığı zevkten utanmış, b bunu kaldıramamıştı. Sonunda da hak ettiği cezanın bu olduğuna karar verip o odada kendi canına kıymıştı. Asil üzülmüş müydü bilinmez ama bir daha kimseye bu soruyu sormama kararı almıştı. Çünkü cevap istediği gibi olmayınca iş, ders verme noktasına gidiyor, sonuçları da pek iyi olmuyordu. Böyle devam ederse kendi başını da yakacaktı.

Aradan aylar geçti... Kadifekale Dağı Cinayeti de Flamingo Oteli Cinayeti de çözülememişti.

Kayıtlara "24 Haziran 2023, Kadifekale Dağı Cinayeti, Meral Uçarı, 28, Faili Meçhul" olarak geçildi.

BÖLÜM 3

GÜL APARTMANI CİNAYETİ

21 Şubat 2024

Ekip ofiste her zamanki boyoz, gevrek ve çay eşliğinde kahvaltılarını yaparken Ela klasik sorularını sormaya başlamıştı. "Neyi fark ettim biliyor musunuz? Ofisteki herkesin doğum tarihini ve burcunu biliyorum ama sizinkini bilmiyorum Asil Komiserim."

Bahar merakla "Gerçekten, ben bile bilmiyorum" diyerek Asil'e baktı. Adam ufak bir kahkaha atıp "Anlaşılan sen bu burç işine bayağı takıntılısın Ela." deyince 10 Ekim'de doğum gününü kutladıkları genç polis sevimli bir ifadeyle "Her şeyi bilmeliyim ki adaleti sağlayabileyim. Bir terazi burcu kolay yetişmiyor." diyerek saçını savurdu. Bu sevimli hâli herkesi güldürmüştü. Ardından heyecanla "Sizi tanıdığım kadarıyla bir tahminde bulunayım. Siz de evet veya hayır deyin, olur mu?" diye sorunca Asil, ona bakıp sadece gülümsedi. Ela doğru tahmin etse bile komiserin cevap vermeyeceği belliydi ama yine de şansını denemek istercesine başladı. "Birincisi, kusura bakmayın ama egolusunuz. Bencil bir yanınız var ama bir o kadar da iyi kalplisiniz." derken Dora araya girip "Aslan!" diye bağırdı. Ela onu onayladı. "İhtimali var."

Asil, "O benim soyadım ama arada 'R' olan hâli. O yüzden yanlış yerden bakıyorsunuz." diyerek güldü. Ardından Bahar devam etti. "Özgürlüğüne düşkün ve hesap vermekten hoşlanmaz. İlla onun istediği ve söylediği şekilde hareket edilmeli ama hep de haklı çıkar çünkü ileri görüşlü. Biraz da agresiflik var tabii. Koç olabilir mi?"

Asil, "Güzel düşünceleriniz için teşekkür ediyorum. Seviyor musunuz, gömüyor musunuz belli değil ama olsun." diyerek tekrar kahkaha attı. Ekibin çırpınışları hoşuna gidiyordu. Ela, "Koç da büyük bir ihtimal ama Yay da olabilir. Yerinizde durmayı pek sevmiyorsunuz gibi." deyince Dora, "Dışarıdan çok soğuk görünüyor ve olaylara da soğukkanlılıkla yaklaşıyor." diyerek ona baktı. Bahar atıldı, "Teknolojiyle arası çok iyi ve ukala."

Asil, sanki orada değilmiş gibi kendi hakkında söylenenleri şaşkınlıkla dinlerken Bahar'ın saydığı özelliklerden sonra Ela heyecanla "Buldum! Kova!" diye bağırınca Asil gülerek "Yok, bidon!" dediğinde herkes kahkahaya boğuldu. Hepsi de Asil'in yüzüne bakıyor ama o asla renk vermiyordu. Ela oflayarak "Amma gizem yarattınız komiserim ya. Sanki doğum tarihinize sistemden bakamayacağız. Söyleyin işte, biz de yorulmayalım." deyince Asil, "Sistemdeki tarihin doğru olduğundan nasıl bu kadar eminsin? Belki nüfusa geç yazdırdılar." diyerek omuz silkti. Ela, "O da doğru... Ama çok kötüsünüz komiserim ya!" diyerek küçük bir isyanda bulunduğu anda telsize bir ihbar düştü:

"Gaziemir, Dokuz Eylül Mahallesi'nde Gül Apartmanın giriş katındaki dairede bir kadın cesedi bulundu. Yetkili birimlerin olay yerine intikal etmeleri duyurulur."

Ekiptekiler endişeyle birbirine baktı. Ardından hızla ofisten çıktılar. Adrese vardıklarında tüm mahallelinin apartmanın önünde toplandığını gördüler. İnsanların gözünde hem korku hem merak vardı. Kalabalığı yararak eve girdiler. Olay yeri inceleme ekibinden bir memur onlara yaklaştı. "Maktul Berrin Savaşay, 30 yaşında. Kapıda herhangi bir zorlama yok. Yani maktul ya katili tanıyordu ya da katil bir şekilde onu ikna edip eve girmeyi başardı. Adli tıp doktorunun yaptığı ilk incelemeye göre katil yine önce kurbanını boğmuş, ardından midesini dışarı çıkarmış. Muhtemelen olay dün gece gerçekleşmiş. İlginç olan şey ise vazoda duran gülleden bir tanesini alıp cesedin üzerine bırakmış."

Timur Amir oflayarak "Yani, yine siyahlar içindeki adam ortaya çıktı." deyince Asil, "Gidip apartman sakinleriyle konuşalım. Belki birileri bir şey görmüş veya duymuştur."

dedi. Bahar da onaylayınca birlikte apartman sakinleriyle konuşmaya gittiler fakat maalesef hiç kimse hiçbir şey duymamış, görmemişti. İfadeler alındıktan sonra ekip ofise döndü. Olay yeri inceleme ekibinin raporuna göre hiçbir DNA veya parmak izi yoktu. Yani katil yine kusursuz bir cinayet işlemişti. Lakin tüm ekip içten içe biliyordu ki bu adam bir gün hata yapacaktı. Katili görebilecekleri tüm kamera kayıtlarını da incelediler ama onlardan da bir şey çıkmadı. Otopsi raporu ilk incelemedeki raporla aynıydı. Yani katil; maktulü önce boğmuş, ardından midesini çıkarmıştı. Artık resmî olarak gerçek bir seri katille karşı karşıya oldukları ortadaydı. Timur Amir huzursuzlukla "Artık gerçekten karşımızda bir seri katil var. O yüzden yöntemlerimizi değiştirmeliyiz. Katilin profilini çıkarmakla başlayabiliriz" deyince Bahar, "Haklısınız amirim ama iki saatlik bir konferanstan öğrendiklerimizle bunu nasıl yapacağız? Destek almalıyız ama bu konuda uzman bulmak da kolay değil. Türkiye'de seri katil vakaları çok sık yaşanmıyor." dedi. Başkomiser kendinden emin bir şekilde "Merak etmeyin. Aklımda bir fikir var. Bana biraz zaman verin." dedi ve ofisten çıktı. Herkes Başkomiser'in aklındaki fikri merak ediyor ama beklemekten başka bir şey de yapamıyorlardı. Ekip, o gün ilk vakadan, sonuncusuna kadar ellerindeki tüm dosyaları tekrar tekrar inceledi ama bir arpa boyu ilerleyemedi. Aradan yaklaşık üç hafta geçti. Hâlâ bir gelişme yoktu.

Ekip yine bir sabah ofiste otururken Ela, "Sizi unuttum sanmayın Asil Komiserim. Dün sistemden baktım eğer doğruysa tam da tahmin ettiğim gibi kova burcuymuşsunuz. Üzüldüğüm şey, keşke daha önce baksaydım çünkü doğum gününüzü kaçırdık." deyince Daha önce bunu Asil'e defalarca sormasına rağmen cevap alamayan ve sevgilisinin huyunu bildiği için ısrar etmekten kaçınan Bahar, eline geçen fırsatı değerlendirmek için üzüntüyle "Gerçekten mi? Ne zamanmış peki?" diye sordu.

Ela dudak bükerek "2 Şubatmış." dedi. Bahar Asil'e dönüp sitemli bir ifadeyle "Neden bize söylemedin?" diye isyan edince Asil ciddi bir ifadeyle cevap verdi. "Çünkü doğum günü kutlamalarından hoşlanmıyorum."

Bahar, "Peki ya hediye?" diye sordu. Asil başını sallayıp "Özellikle de ondan." deyince daha fazla üstüne gitmemek için bu muhabbeti kapattılar. Ela kendini tutamayıp bir soru daha sordu, "Peki, bu gerçek doğum tarihiniz mi?"

Komiser gülerek "Bilmem." deyip göz kırpınca genç polis ofladı, "Gerçekten çok kötüsünüz."

Asil istemsizce meşhur cümlesini söyleyecekti ki aklına Aslı geldi ve sustu. Hiçbir şey demeden sadece gülümsedi. O sırada birkaç adam ellerinde bir masayla ofise girdi. Herkes şaşkınlıkla onları izliyor, ne olduğunu anlamaya çalışıyordu. Adamların hemen ardından Timur Başkomiser de ofise girdi, onlara birkaç talimat verip ekibe döndü. "Bugün aramıza yeni bir komiser katılıyor. Polis akademisini yurt dışında bitirmiş, sonra Amerika'da "suçlu profilleme" ve "adli psikoloji" alanlarında eğitim almış, oldukça başarılı bir komiser. Türkiye'ye dönüp artık görevine burada devam etmek istediğini hatta önceliğinin de İzmir olduğunu duyunca hemen Ankara'ya ulaştım. Ortada bir seri katil olduğu için profesyonel birine ihtiyacımız olduğunu belirttim. Onlar da kabul etti. Kendisi de birazdan burada olur." deyince Ela heyecanla "Nasıl biri acaba?" diye atıldı. Asil, "Gelince burcunu sorar, kişilik analizini yaparsın. Biz de ona göre davranırız." deyince herkes güldü. Timur Amir, "Ben odamdayım. Ege Komiser gelince birlikte geliriz." diyerek ofisten çıktı. Ela, "Ege mi? Adı da güzelmiş. Yakışıklı mı acaba?" deyince Dora, "Yakışıklı olsa bile bundan sana ne?" diye çıkıştı. Bu sert çıkış, diğerlerini de şaşırmıştı. Bahar gülerek "Ne o Dora, Ela'yı kıskandın mı yoksa?" deyip göz kırptı. Ela ve Dora utançtan kıpkırmızı olmuştu. Bu sırada içeri giren adamların taşıdığı, üzeri bezle örtülmüş büyük panoyu gören Dora, "Oha! Bu ne?" diye bağırınca adamlardan biri, "Bize sadece getirmemiz söylendi komiserim, altında ne var bilmiyoruz." dedi. Ela, "Açıp baksak mı?" diye meraklanınca Bahar, "Saçmalama Ela! Biraz sabret, nasılsa göreceğiz." diyerek ona engel oldu. Güzel polis, "Çok değişik bir adam geliyor bence. Asil Komiserim gibi olmasın da..." deyip dil çıkarttı. Komiser, "Umarım öyle biri gelir ki beni mumla ararsınız." deyince Dora, "Allah korusun!" diye haykırdı. Onlar şakalaşırken Timur Amir'in, "Ekip, tanıştırayım Ege Komiser..." demesiyle herkes onlara döndü. Ela, "A, kadınmış." dedikten sonra ayağa kalktı. "Çok pardon, Özür dilerim. Biz sizi erkek sanmıştık. Hoş geldiniz."

Asil dışında herkes aynı ritüeli gerçekleştirmişti. O ise donmuş bir şekilde sadece kadına bakıyordu. Ege Komiser diğerleriyle tanışırken Asil yavaşça ayağa kalktı. Gözleri dolmuştu. Onun bu hâli ofistekileri çok şaşırtmış, kimse hiçbir şey anlayamamıştı ki Timur Amir, "Asil, oğlum iyi misin?" diye sordu ama adam sanki hiçbir şey duymuyormuş gibi sadece dolan gözleriyle kadına bakıyordu. Ege sakince elini uzattı, "Merhaba Asil."

O ana kadar hiçbir şeye tepki vermeyen komiser, kadının sesiyle birlikte kendine geldi. Dora, Ela'nın kulağına eğilip "Ben bir bok anlamadım. Bunlar tanışıyor mu?" diye fısıldayınca güzel polis omuz silkti. "Vallahi bu sefer ben de hiçbir şey anlamadım."

Bahar şüpheyle, Dora ve Ela merakla, Timur Amir ise kaşlarını çatmış Asil ve Ege'yi izliyordu. Kendine gelen komiser gözlerini kırpıştırıp boğazını temizledi ve biraz da kekeleyerek, "Ege... Uzun zaman oldu. Nasılsın?" diye sordu. Kadın zoraki bir gülümsemeyle "Öyle... On üç yıl falan..." deyince Ela yine kendini tutamadı, "Nereden tanışıyorsunuz?"

Ortada bir tuhaflık olduğunun fark eden Timur Amir, Asil daha fazla zor duruma düşmesin diye konuyu değiştirecekti ki Ege sahte bir gülümsemeyle "Asil'le biz çocukluk arkadaşıyız. Beraber büyüdük desem yeridir. Akademi'nin ikinci yılında ben yurt dışına taşınınca koptuk. Yıllar sonra ilk kez karşılaşınca..." dedikten sonra Asil de kendini toparlayıp onu başıyla onayladı. Herkes bu hikâyeye ikna olmuş gibi görünse de Bahar'ın içine bir kurt düşmüştü. Lakin belli etmedi. Timur Amir, "Neyse... Ege, masan ve gönderdiğin eşyalar hazır. Çocuklar, sana dava dosyalarını verir. İncelersin olur mu?" diyerek içtenlikle gülümsedi. Kadın da aynı içtenlikle teşekkür etikten sonra Başkomiser odasına gitti. Ege sakince masasına gelip arka tarafa konmuş olan panonun örtüsünü kaldırdı. Panonun neredeyse dünya üzerindeki tüm seri katillerin fotoğraflarıyla dolu olduğunu gören ekip şaşkınlıkla bakarken Dora, "Oha!" diye haykırdı. Ege gülerek "Hayatım seri katiller olmuş. Elimde değil, canavar yüzlerini görmeden güne başlayamıyorum." deyince ekip buna gülerek karşılık verdi. Bahar iç çekerek "En kısa zamanda bizim seri katilimizin de fotoğrafı orada olacak inşallah." dedikten sonra Ela bir anda aklına çok önemli şey gelmiş gibi bağırdı: "Bir dakika! Siz çocukluk arkadaşısınız!"

Ege, "Yani?" deyince genç polis, "Bu da demek oluyor ki siz Asil Komiser'imin burcunu ve gerçek doğum tarihini biliyorsunuzdur. Gerçekten doğum günü 2 Şubat mı?" diye sordu. Asil yine o öldürücü bakışlarıyla "Ela!" diye uyarmış olsa da Ela onu hiç umursamayıp umutla Ege'ye baktı. Ege, "Bu nereden çıktı?" diye sorgulayınca Ela sevimli bir şekilde durumu anlattı. "Asil Komiser'im burcunu söylemiyor. Sistemden doğum gününe baktım ama onun da gerçek doğum günü olmadığını ima etti. Lütfen siz söyleyin."

Ege komiser, "Ben bilmem, kendisine sorun," deyince Asil gülümsemeyerek ona başıyla selam verdi. Genç polis hüsrana uğramış bir hâlde sustu. Herkes gayet normal görünürken Bahar içini kemiren, adını bilmediği o iğrenç hisle boğuşuyordu. O anda Asil telefonuna gelen bir mesajla ofisten çıktı. Timur Amir onu odasına çağırmıştı. Amirinin onu çok iyi tanıdığını bilen adam, kendisini ne için çağırdığını da tahmin ediyordu. Başkomiser, "Anlat bakalım. Ege ve sen?" diye sordu. Asil tam bir şey söyleyecekti ki amir atıldı: "Çocukluk arkadaşı ayaklarını geç, doğruyu söyle." Komiser derin bir nefes alıp verdikten "Uzun hikâye ağabey. Yarın akşam müsaitsen bizim Neco Usta'nın yerine gidelim, iki duble atar konuşuruz. Ayık kafayla anlatabileceğimi hiç sanmıyorum." deyince Timur Amir'in de onayıyla ertesi günün akşamı için anlaştılar. Asil odadan çıkıp lavaboya gitti. Gözyaşları yer çekimine daha fazla dayanamadı ve yanaklarından süzülmeye başladı. Bir süre sessiz çığlıklarıyla, içli içli ağladıktan sonra toparlanıp elini yüzünü yıkadı, ofise döndü. Bu kadar zamandır onun nerede olduğunu merak eden Bahar, "Asil, neredeydin?" diye sordu. Adam Ege'ye kısa bir bakış attıktan sonra Bahar'a dönüp zoraki bir gülümsemeyle "Çay, sigara..." diyerek masasına oturdu. Ela, onu dikkatle süzdükten sonra "Komiserim gözleriniz kızarmış. Hasta mısınız?" deyince Asil içinden "Senin merakını sikeceğim artık Ela!" dese de dışından, "Alerji..." diye geçiştirmeye çalıştı.

Bahar merakla "Neye alerjin var ki?" derken Ege birden araya girip "Tuzlu su yaptın mı?" diye sordu. Asil, onun bu ilgisinden memnun olduğunu saklamayarak "Yok ama geçer birazdan. O kadar maruz kalmadım."

Kadın gözlerini devirip "Yapmadığın zaman ağırlaşıyor Asil, bunu biliyorsun. Git, hallet." diye çıkışınca adam özlem dolu bir gülümsemeyle "Tamam, kötüleşirse yapacağım, söz." diye karşılık verdi. Onun bu direnişine gıcık olan Ege, "İyi, ne yaparsan yap. Öl de gör gününü!" diyerek önündeki dosyalara döndüğünde Asil, "Ben de bunu istiyorum." diye mırıldanmış ama ne kadar sessiz konuştuğunu düşünse de söylediğini herkes duymuştu. Ela, "Allah korusun komiserim! Demeyin öyle." diye bağırınca adam sadece gülümsemekle yetindi. Bahar tek kaşını kaldırarak "Bir soru sormuştum ama..." deyince Asil "Konu dağıldı, kusura bakma. Bibere alerjim var. Direkt tıkanıyorum." dedi. Bu cevap karşısında telaşlanan Bahar, "Ya bir şey olursa? Doktora gidelim mi?" diye atıldı. Asil gülümsemeyerek onu rahatlatmak için "Doktorluk bir durum yok. Kötüleşirse tuzlu su çekiyorum, iyi geliyor." dedi. Fakat bu rahatlatma çabası işe yaramamış aksine Bahar iyice huzursuzlanmıştı. Ege, Asil hakkındaki her şeye hâkimdi ama o, kendi sevgilisinin doğum tarihini bile bilmiyordu. Bir yandan optimist düşünmeye çalışarak kendi kendine, "Onlar çocukluk arkadaşı. Her şeyi biliyor olması çok normal." dese de içinden bir ses, "Bu işin altından bir şey çıkacak." diyordu. Asil'in hareketleri de onun bu düşüncesini tasdikliyordu sanki. Çünkü o Bahar'a değer veren ve bunu kimseden saklamayan adamın yerini -Ege'yi gördüğü andan itibaren- duvarlarını çekmiş, aklı başında olmayan bir adam almıştı. Hatta Ela ve Dora'nın saçmalıklarına dahi kızmıyor, resmen onları duymuyordu. Önündeki dosyalara dalmış gibi görünse de onlara boş gözlerle bakıyordu. Ege'nin kendi kendine, "İlginç..." diye söylenmesiyle Asil ilk gerçek tepkisini verdi ve başını kaldırıp "Ne oldu?" diye sordu. Kadın omuz silkip "Dikkatimi çeken bazı şeyler var ama vakalara iyice hâkim olduktan sonra söylerim. Boş yapmak istemiyorum." deyip tekrar önündeki dosyalara odaklandı. Bir süre sonra Ela, "Ege Komiserim, telefon numaranızı verin de sizi bizim sohbet grubumuza ekleyeyim. Davalarla, zaman zaman da ekiple ilgili şeyler konuşuyoruz." deyince kadın, genç polisin isteğini yerine getirdi. Ela onu gruba ekler eklemez Asil numarasını kaydetti. Onunla konuşmak istiyordu. Gün sonunda ofisten çıktıklarında Asil ekiple oldukça soğuk bir şekilde vedalaştıktan sonra arabasına bindi. Dora, Ela'ya "Bu Asil Komiser'e ne oldu birden? Neden Bahar Komiserime soğuk davranmaya başladı?" diye sordu. Ela omuz silkip "Bilmiyorum ama bu işin içinde bir bit yeniği var. Adam, Ege Komiser geldiği anda yüz seksen derece döndü resmen." deyince Dora, "Eski sevgilisi olmasın?"

Güzel Polis, "Açıkçası ben de bundan şüpheleniyorum. Ya eski sevgililer ya da Asil Komiser baya bildiğin ağır bir bipolar." deyince Dora, "Orası zaten kesin. Adamın davranışları hiçbir zaman normal olmadı ki. Belki de kuruntu yapıyoruz. Yine dengesiz bir döneminde olabilir." diyerek arabasına bindi. Ela da şüpheli gözlerle etrafına bakındıktan sonra evinin yolunu tuttu.

Bahar KARACA

Evine gelen Bahar'ın içi içini yiyordu. Daha fazla dayanamayıp Asil'i aradı. Adam, telefonu soğuk bir ses tonuyla açtı. Bahar, "Neredesin? Seninle konuşmam gerekiyor." deyince Asil, "İşim var Bahar. Sonra görüşsek olur mu?" dedi. Bahar bir iki saniye bekleyip "Bir anda ne oldu Asil? Neden soğuk davranıyorsun? Sorun Ege mi?" diye sorunca komiser oflayarak "Ne alakası var Bahar? Sorun falan yok. Hemen kafanda kurma, Buse'yle buluşacağım."

Bahar, "Selam söyle, iyi akşamlar." diyerek telefonu kapattı. Ama sinirinden yerinde duramıyordu. Kafasını dağıtmak için bir şeyler yapması gerekiyordu. "Dengesiz herif!" diye söylenerek üstünü değiştirdi ve koşmak için sahile gitti.

Ege EĞİLMEZ

Bütün gün ofiste güçlü durmaya çalışan Ege, eve girer girmez daha fazla dayanamayıp ağlamaya başladı. Kalbi acıyordu. Asil'i görmeye hazır olduğunu düşünmüştü fakat bugün hissettiği duygular düşüncelerinde pek de haklı olmadığının kanıtıydı. Onu gördüğü an, geçmişte yaşadığı her şey bir film şeridi gibi gözünün önünden geçmiş; o zor zamanları tekrar tekrar yaşamıştı sanki. Derin derin nefes alıp vererek rahatlamaya çalıştı, nefes egzersizi bu bir süre sonra işe yaradı. Asil'den nefret bile etmemesi gerekirken özlem, sevgi, nefret, hüzün gibi tüm duyguları aynı anda yaşamak ona ağır gelmişti ama bunun altından kalkmak zorundaydı. O adamın bir kez daha hayatını alt üst etmesine izin vermeyecekti. Hemen ayağa kalkıp üstünü çıkardı. Güzel bir duş her şeye iyi gelirdi. Tam bu esnada telefonu çaldı, arayan Asil'di. "Ege..." der demez kadın yutkunup sordu, "Ne var Asil?"

Komiser biraz çekingen bir ses tonuyla "Seni görmem gerekiyor, konuşmamız lazım. Neredesin?" deyince Ege, "Bizim konuşacak bir şeyimiz yok Asil. Sadece eskiden arkadaş olmuş, şu an aynı iş yerinde çalışmaktan başka bir ortak noktası olmayan iki yabancıyız. Öncelikle kendini buna inandırırsan, başta sevgilin olmak üzere, diğer herkesi de inandırırsın. Rica ediyorum benimle iş dışında muhatap olma." derken Asil, "Sevgilim mi?" diye sordu. Ege sinirden gülerek, "Siktir git Asil!" deyip telefonu kapattı.

Asil Efe ARSLAN

Bahar'ın telefonu kapatınca Asil oflayarak Buse'yi aradı. "Eğer Bahar sana beraber olup olmadığımızı sorarsa yanında olduğumu söylersin olur mu? Ona bir sürpriz hazırlamak için seninle görüşeceğime dair tatlı bir yalan söylemek zorunda kaldım da." Diyerek Buse'den, Bahar'a yalan söylemesini istedi. Hiçbir şeyden haberi olmayan zavallı kız, ağabeyinin söylediği her şeyi kabul etti.

Aslında Asil, Ege'nin bu sert tavrına kızamıyordu. Ne yapacağını bilemeyen Asil, orada kaldığını umarak, Ege'nin ailesinin evine gitti ve tüm cesaretini toplayıp kapıyı çaldı. Ege üzerinde bornozla kapıyı açtığında karşısında onu görünce direkt kapatmak istedi ama adam ayağını araya koyup "Sadece iki dakika... Lütfen..." diyerek kadının gözlerinin içine baktı. Ege konuşmadan kurtulamayacağını anlayınca ellerini göğsünde bağladı, "Konuş!"

Asil, "Kapıda mı konuşacağız? Üstelik bornozlasın. Biri görecek..." derken kadın onu durdurup "Sen benimle dalga mı geçiyorsun Asil?" diye çıkışınca adam ellerini kaldırıp "Tamam, tamam! Özür dilerim. Oturmayacağım. İçeri girmeme izin ver, yine kapının önünde konuşalım." dedi. Ege bir iki saniye düşündükten sonra kapıyı iyice açıp onu içeri aldı. Asil sözünü tutmuş, hemen kapının önünde durmuştu. Kadın gözlerini devirip "Salona geç." deyince adam bu tekliften mutlu olduğunu gizlemeye çalışarak salona geçip oturdu. Ege de karşısındaki koltuğa oturunca komiser mırıldandı, "Ev hâlâ hatırladığım gibi..."

Kadın tüm soğukluğuyla "Ne konuşmak istiyorsun?" diye sordu. Asil boğazını temizleyip "Nasılsın?" deyince Ege, "İyiyim sağ ol, sen nasılsın?" dedi. Adam utancından kadının gözlerine bakamıyordu. Dudaklarından, "Özür dilerim... Her şey için..." kelimeleri dökülürken daha fazla dayanamayan gözleri de yaşarmıştı. Ege aynı soğuklukla "Sorun yok. Her şey geçmişte kaldı. Yaşandı ve bitti. Başka bir şey?" deyince Asil hızla yerinden kalkıp kadının önüne çöktü ve ellerinden tuttu. Göz yaşlarını tutmadan hıçkırıklarıyla, "Özür dilerim Ege... Çok özür dilerim. Ben... On üç yıldır bu anı bekliyorum. Şimdi karşımdasın ve bana bir yabancıymışım gibi davranıyorsun, tiksinerek bakıyorsun. Sana dokunamıyorum, seninle konuşamıyorum. Seni çok özlediğimi haykıramıyorum. Seni hâlâ sevdi..." derken Ege, ellerinden sıyrılıp hızla ayağa kalktı. Artık dayanma gücü kalmayan kadın da patladı: "Sakın! Sakın cümlenin devamını getirme. Sen sevgi nedir bilmeyen, ruhsuz bir herifsin! Ben her gece, 'Allah'ım önce Asil'i değil, beni al. Son nefesimi onun kollarında verebileyim.' diye dua ettim be! On yıl... On yıl boyunca her gün... Sen yanımda olduğun sürece ben ölmeye de hazırdım. Senin her dengesizliğinde, her saçmalamanda, her düşüşünde, her kalkışınca sorgusuz sualsiz yanındaydım ben. Çünkü... Çünkü neden biliyor musun? Ben seni gerçekten seviyordum. Ama sen? Sen, beni seviyormuşsun ya, daha ilk yangınımda kaçtın ve kendini kurtardın. Sakın bana korktum, travmam vardı gibi bahanelerle maval okuma Asil. Senin yaptığın tek şey sorumluluktan kaçmaktı. Çünkü sen korkak herifin tekisin!"

Kadın bunları söylerken resmen yıllardır içinde biriktirdiklerini kusmak istercesine haykırmıştı. Adam ağlamayı kesmeden "Haklısın... Ne desen haklısın ama ben yapamam Ege. Seni bulmuşken senden uzak duramam. Yapamam." deyince kadın bir hışımla onu kolundan tutup ayağa kaldırdı. Adamın yüzünü ellerinin arasına alıp öfkeli gözlerine bakmasını sağladıktan sonra, "Bir kadının daha canını yakmana izin vermeyeceğim Asil. Ya Bahar'a beklediği, hak ettiği ilgiyi ve sevgiyi verirsin ya da senin nasıl bir pislik olduğunu ona bizzat ben anlatırım. Şunu, o kalın kafana sok ki bundan sonra iki cihan bir araya gelir ama Asil ve Ege bir daha asla olmaz. Anladın mı beni?" deyince Asil, "Bizi gerçekten de unuttun mu? Beni sevmeyi bıraktın mı?" diye sordu. Ege ondan uzaklaştı. "Benim sevdiğim adam 3 Şubat 2011'de öldü. Sen benim için hiçbir şey ifade etmiyorsun. Senden nefret bile etmiyorum. Tek isteğim başka birinin daha canını yakma. O zaman öfkemin tadına varırsın Asil. Şimdi bu evden çıkıyorsun ve bir daha asla gelmiyorsun. Benimle de iş dışında muhatap olmuyorsun!"

Çok net bir konuşmaydı bu. Öfkesinden gözünün beyazı bile kızaran adam hiçbir şey demeden evden çıktı. Öfkesi kendineydi. Onu bu kadar çok seven, hayatını ona adamış bir kadının hayatını mahvetmişti. Onu sonsuza kadar kaybetmişti ve bu tamamen kendi suçuydu. Asil zaten yıllardır bunun farkındaydı ama Ege'yle yaptığı son konuşmadan sonra, sanki onu kaybettiğini anladığı ilk zamanlara dönmüştü.

BÖLÜM 4

KESİK EL CİNAYETİ

17 Mart 2024

Ertesi gün Asil dışında herkes ofisteydi. Ela, Bahar'a "Asil Komiserim bugün gelmeyecek mi?" diye sordu. Kadın omuz silkerek "Bilmiyorum, daha konuşmadık." deyince bu sefer Dora, Ege'ye dönüp "Sizin haberiniz var mı peki Ege Komiserim?" diye sorarken Ela ona susturmaya çalışsa da artık çok geçti. Ege, "Asil'le eskiden yakın arkadaştık. Artık öyle değiliz. O yüzden onun hakkındaki şeyleri bana sormazsanız sevinirim." dedikten sonra önündeki dosyayı açıp incelemeye başladı, o sırada Asil ofisin kapısını açtı, "Cinayet var. Yürüyün!"

Kısa süreli bir şaşkınlıktan sonra hemen toparlanıp ofisten çıktılar. Ceset, Buca Yedigöller Parkı'ndaydı. Olay yerine geldiklerinde göl kenarında, yine midesi dışarıda olan cesedi gören Dora, "Yeter ama artık!" diye haykırarak ağzını kapattı. Aslında bu kurban da tıpkı diğer maktuller gibi olsaydı belki bu kadar etkilenmezdi. Çünkü ilginç bir şekilde buna alışıyor gibiydi ama bu kurbanda farklı bir şey vardı. Bu sefer maktul birçok bıçak darbesi almış ve sağ eli de kesilmişti. Asil, Adli Tıp Doktoru Neslihan'a, "Bu sefer ölüm sebebi boğulma değil gibi, he doktor?" diye sorunca kadın onu başıyla onaylayıp "En az on iki bıçak yarası var, sağ eli de kesilmiş. Cinayetin gece üç-dört sularında işlendiğini düşünüyorum. Boğulma izi yok. Yani katil bu sefer sadece bıçağıyla çalışmış. Detaylı bilgileri otopsiden sonra veririm." deyince diğerleri de ona teşekkür ettikten sonra olay yeri inceleme ekibinden sorularını cevaplayacak olan memura döndüler. Memur "Maktulün adı Hazal Açıkalın, 27 yaşında. Cinayet burada işlenmiş. Delil olabilecek her şeyi toplamaya devam ediyoruz. Henüz kadının eline ve cinayet silahına ulaşamadık." deyip, söylediklerine birkaç şey daha ekledikten sonra yanlarından ayrıldı. Toprak zeminde, Kadifekale Dağı'ndaki ayakkabı iziyle aynı iz vardı. Lakin bu sefer ciddi bir görgü tanığı da mevcuttu. Bunu duyan Timur Amir, hemen adamla konuşmaya gitti. Bu sırada diğerleri de olay yerini ve cesedi inceliyorlardı. Bahar, "Size de garip bir 'hoş geldin' oldu ama neredeyse bir sene olacak Ege Komiserim... Bir senedir bu adamın peşindeyiz ama hâlâ bir adım ileri gidemedik. Her cinayetinde daha da vahşileşiyor sanki." deyince Ege başını sallayıp "Onu bulacağız, bulmak zorundayız." dedikten sonra içten bir gülümsemeyle "Lütfen bana sadece 'Ege' veya 'sen' diye hitap et." deyince kadın da aynı samimiyetle gülümseyip onayladı. Asil ifadesiz bir şekilde sordu, "Sen ne düşünüyorsun Ege?"

Güzel komiser oflayıp "Bildiğim kadarıyla diğer cinayetlerde boğarak öldürüyordu. Bu bıçak olayı yeni bir stil. Aklıma üç seçenek geliyor; ya katilimiz çok sinirliydi ve bir öfke patlaması yaşıyordu ya bizlere bir mesaj vermek istedi ya da hâlâ yakalanmadığı bizimle için dalga geçiyor." derken Asil araya girip "Peki, ya el?" deyince kadın, "Muhtemelen aralarında bir boğuşma oldu. Kadının tırnak altlarından DNA'sına ulaşılmasın diye elini kesti ve yanında götürdü ya da bu da bir mesaj..." dediği anda Dora atıldı, "Elinizi davadan çekin, peşimi bırakın gibi bir mesaj mı acaba?"

Bu yaklaşım biraz ironik olmuştu ama Ege dudak büküp "Olabilir ama yine de ilk söylediğim daha mantıklı geliyor. Bu adam gerçekten işini biliyor gibi." Görgü tanığıyla konuşmasını bitiren Timur Amir, ekibine yaklaşıp "Görgü tanığımız Barış İlhan, kafede çalışıyor. Siyahlar içindeki adamla maktulü birkaç gün önce yine burada gördüğünü söyledi. Zaten kadını tanıyormuş çünkü neredeyse her akşam spordan sonra kafede otururmuş. Üç dört gün önce, çöp atmaya çıktığında maktulle siyahlı adamın konuştuğunu görmüş. O içeri girdikten bir süre sonra da kadın kafeye oturmuş ama yanında adam yokmuş." dedi. Ege, "Yani kurbanını spontane seçmemiş. Onu birkaç gün önceden, dün gece için hazırlamış öyle mi? İlginç..." diyerek çenesini ovaladı. Amir onu onayladı. "Öyle görünüyor."

Asil, Dora'ya dönüp "Maktulün telefon kayıtları ilgilen. Belki herifle telefonda görüşmüşlerdir" deyince genç polis hemen harekete geçti. Bahar, "Kafenin kameralarını da incelemek lazım." dedi. Ege, "Etraftaki tüm kameralara bakmalıyız aslında." diyerek omuz silkti. O sırada basın mensuplarının ileride beklediğini gören Asil, "Siktir ya! Kim haber verdi bunlara?" diye söylendi. Timur Amir, "Eninde sonunda bir açıklama yapmak zorundayız. İnsanlar diken üstünde..." deyince komiser net bir şekilde konuştu: "Kamera kayıtlarıyla ben ilgilenirim. Ailesine de ben haber veririm. İfade de alırım ama bu medya işinde beni unutun."

Ela yine komik bir patavatsızlıkla, "Aslında bu işi en iyi siz yapardınız komiserim. Hiçbirimiz sizin kadar hızlı ve gerçekçi yalan söyleyemiyoruz." deyince Ege kendini tutamayıp bir kahkaha attı. "Hayatımda daha doğru bir tespit duymadım."

Bu sözü üzerine Asil, gözlerini devirip dik dik ona bakmaya başladı. Kadın gülerek omzuna vurup "Hemen de sinirlenir." diyerek dil çıkarınca Asil de dayanamayıp güldü. Dünden sonra Ege'nin ona karşı çok daha mesafeli olacağını düşünmüştü ama bir anlık bile olsa, sanki âşık olduğu o kadın yine karşısındaydı. Adamın gözlerindeki ışıltıyı fark etmemek imkânsızdı. Küçük bir çocuğun annesinden alacağı şekeri beklerkenki heyecanıyla bekliyordu Ege'den gelecek en ufak samimi bir hareketi... Bu an gerçekleşince de şekerine kavuşan o küçük çocuk gibi gözleri parlıyordu. Bu, diğerlerinin dikkatini çektiği gibi Bahar'ın da gözünden kaçmamıştı. Kadın bu durumdan iyice huzursuzlanmaya başlamıştı. Bir şeyin net bir olarak farkındaydı, artık hiçbir şey eskisi gibi olmayacaktı. Timur Amir, "Ben bir açıklama yaparım, siz ofise geçin." deyince polisler toparlanıp emniyete döndüler. Başkomiser de gazetecilere her şeyin kontrol altında olduğunu, bu katili yakalayacaklarını, yakın zamanda da detaylı bir açıklama yapacaklarını söyledikten sonra emniyete döndü. Memurlardan birine katilin kameralara yansıyan görüntülerini kanallara göndermesini söyleyip ofise girdi. Ela onu görür görmez hiçbir işe yaramayan gelişmeleri aktardı. "Telefon kayıtlarından bir şey çıkmadı amirim. Kameraların bazılarında maktul ve katil görünüyor ama ayrı ayrı. Şüpheli yine bildiğimiz gibi. Gece olmasına rağmen güneş gözlüğü takıyor, bu nedenle de yüzü belli olmuyor. Araba da yok."

Başkomiser oflayarak "Bu işin çivisi çıktı artık. Herifi bulamadıkça başıma ağrılar giriyor. Ege, sen ne düşünüyorsun peki?" diye sordu. Güzel komiser derin bir nefes alıp verdikten sonra "Bir rapor hazırlayacağım Başkomiser. Kanıt olmadan hiçbir şey için kesin diyemem ama seri katillerin neredeyse hepsi, işledikleri cinayetlerden önce ufak tefek de olsa suça karışmış, polislerle başı derde girmiş kişilerdir" deyince Asil, "Belki de hapisteydi ve çıkar çıkmaz da cinayetlere başladı. Bu durumda 10 Nisan 2023 tarihine yakın zamanlarda hapisten çıkmış suçluları inceleyebiliriz. Sonuçta yüzünü bilmesek de katilimizin az biraz neye benzediğini biliyoruz. Ayakkabı numarasını ve elinde bir haçlı gama dövmesi olduğunu biliyoruz. Bu da skalayı bayağı daraltır." diyerek Ege'ye baktı. Kadın onu başıyla onaylaydı, "Sonuna kadar katılıyorum."

Ekip bir anda heyecanlanmıştı. Belki de artık bu iş bitecekti. Amirin emriyle araştırmalar başladı. Liste çok uzundu ama ellerindeki belirleyici özellikler sayesinde profillerine uymayan suçluları hızla eliyorlardı. Dövme çok spesifik bir işaret olsa da hapisten çıktıktan sonra da yaptırılmış olabilirdi. Keza bu şekilde dövmesi olan bir suçluya ulaşamamışlardı da. Ellerindeki diğer bilgilerle bir yandan bilgisayar taraması yaparken diğer yandan da bizzat araştırıyordu ama ilerleyen saatlere rağmen hâlâ bir sonuca ulaşamamışlardı. Akşam olmuştu bile. Amir ofise girip "Tamam arkadaşlar, hadi herkes evine! Güzelce dinlenin. Bana açık zihinlerle lazımsınız." deyince herkes elindekileri bırakıp çıktı. Asil, Başkomiser'in onu unuttuğunu umarak hızla arabasına ilerlerken adam arkasından seslendi, "Asil! Bir bana bak oğlum!"

Komiser sakince yanına gitti. Timur Amir, "Bunca yıldır seni biraz olsun tanıdıysam eğer eve gitmeyeceksin. Benim de aklımı sende bırakacaksın. Bu akşam için sözleşmiştik zaten, yürü Neco'ya gidiyoruz." deyince Asil, "Ağabey, bugün çok yorulduk. Sen de dinlenmelisin. Bir yere kaçtığım yok ki maalesef geçmişi de değiştiremediğim için olanı biteni anlatacağım ama bugün dinlenelim. Sana söz, eve gidip uyuyacağım." dedi. Amir bir iki saniye düşünüp "Tamam, öyle olsun ama içmeye gittiğini, uyumadığını görür ya da duyarsam alırım ifadeni." diyerek komiserin yanağına hafifçe vurdu. Onun bu babacan tavırları Asil'e iyi hissettiriyordu. Kendi babasından göremediği ilgiyi ve şefkati ona, bir yabancı gösteriyordu. Hoşnut bir gülümsemeyle karşılık verdi, "Söz verdim ağabey, merak etme."

Arabasına binip eve doğru giderken birden sağa çekip durdu, Ege'yi aradı. Yine dayanamamıştı. Birkaç kez çaldıktan sonra telefonu açan kadın direkt, "Vakayla mı alakalı?" diye sordu. Ne diyeceğini bilemeyen adam kem küm etmeye başlayınca Ege, "Anlaşıldı, iyi akşamlar." deyip kapatıyordu ki arkadan bir erkek sesi duyan Asil hemen çıkıştı, "Bir dakika! O kim?"

Ege, "Kim kim?" diye sorunca komiser sinirli bir ses tonuyla "Laf cambazlığı yapma Ege! Bir erkek sesi geldi işte. Kim o?"

Kadın, "Bu seni hiç ilgilendirmez ama madem çok merak ettin söyleyeyim, erkek arkadaşım ve sen çok büyülü bir anı bozdun. O yüzden işle alakalı bir şey demeyeceksen kapatıyorum." diyerek telefonu kapattı. Asil öfkeden deliye dönmüştü. Hakkı olmadığını bildiği hâlde çıldırıyordu. Bir iki saniye nefes alıp verdikten sonra tekrar telefonu eline aldı. Bu sefer Bahar'ı aramıştı. Bahar, "Siz beni arar mıydınız, Asil Bey?" derken Asil direkt, "Evde misin?" diye sordu. Bahar, "Evet ama ne ol..." cümlesini bitiremeden Asil telefonu kapatıp Bahar'ın evine doğru yola koyuldu. Tekelden birkaç bira aldıktan sonra eve vardı. Bahar kapıyı açtı, "Asil ne oluyor?" demesine kalmadan, Asil dudaklarına yapıştı. Güzel komiser şaşkınlığını atar atmaz onu durdurup "Asil ne yapıyorsun? Bir sakin ol!" deyince Asil, "Beni istemiyor musun?" diye sordu. "Bunun isteyip istememekle alakası yok. İki gündür yüzüme bakmıyorsun, arayıp sormuyorsun bile. Sonra gelip hiçbir şey olmamış gibi seninle sevişmemi bekliyorsun. Sence bu normal mi?" diyerek çıkıştı. Haklıydı, sonuna kadar haklıydı. Aslında Asil de içten içe bunun bilincindeydi ama üst üste yaşadığı karmaşık duygular mantıklı düşünmesini engelliyordu. Birkaç saniye durup derin bir nefes alıp verdikten sonra özür dileyerek kapıya yöneldi. Bahar onu kolundan tutup durdurdu. Gözlerine bakıp "İçeri gel! Sana bir kahve yapayım. Biraz kafanı topla. Sonra gitmek istersen gidersin." deyince Asil hafifçe başıyla onaylayıp salona geçti. Bahar, "Kahve değil mi?" diye sorunca, Asil elindeki poşetten bir bira çıkarıp "Gerek yok, bira içeceğim." diyerek içkisinin kapağını açtı ve içmeye başladı. Bahar sakince yanına oturup "Senin neyin var Asil? Hemen kızma, sadece mantıklı bir sebep arıyorum ama Ege geldiğinden beri normal davranmıyorsun." deyince Asil ofladı. "Egelik bir durum yok. Bazı ailevi sorunlar yaşıyorum. Arada Buse olmasaydı, o babam olacak herifi, sürtüğünü ve amcam olacak piçi öldürürdüm de işte Buse'ye kıyamıyorum."

Birasından bir yudum daha aldıktan sonra "Mal davasıyla alakalı bir durum. Ege'ye gelince... Evet, onu görmek beni biraz afallattı çünkü beraber büyüdük ve her anımda yanımdaydı. Annemi kaybettiğimde de... Onu görünce o zamanlar aklıma geldi." diye devam etti. Bunları söylerken içinden, ne kadar Bahar'ın gözlerine bakıp yalanlarına inanıp inanmadığını kontrol etmek istese de bunu yapmamak için kendisini tuttu. Çünkü biliyordu ki bilinenin aksine gerçek yalancılar göz temasından kaçınmaz, yalanına inanılmış mı diye direkt karşısındakinin gözlerine bakardı. Bahar onun elini tutup "Ben yanındayım, bunu biliyorsun değil mi?" diye sorunca adam rahatladı. Yaptığı ajitasyon işe yaramış, kadın her şeye inanmıştı ya da Asil öyle zannediyordu. Çünkü Bahar dışarıdan ne kadar saf görünüyor olsa da çok akıllı bir kadındı ve adamın anlattıklarının bir kısmı doğru olsa bile, eksik olduğunun farkındaydı. Asil içten bir gülümsemeyle ona dönüp "Bu yüzden buradayım zaten. Senden başka sığınacak limanım yok." diye mırıldandı. İçinde ne kadar şüphe olursa olsun, adamın bu söylediğinde ciddi olduğunu hissediyordu. Haklıydı da... Ona ne kadar yalan söylerse söylesin, aklı da kalbi de ne kadar Ege'de olursa olsun, gerçekten de Bahar'dan başka sığınacak kimsesi yoktu. Kardeşine hiçbir şey anlatamazdı. Timur Amir desen, ona sadece baba nasihatleri verirdi ama Bahar öyle değildi. Aradığı sıcaklığı, kadınlığı, hatta bazen anne şefkatini onda bulabiliyordu. O an kendinden utanmıştı. Böyle bir kadını hak etmediğini düşündü. Gerçekten de Bahar tüm bunları hak etmiyordu. Düşüncelere dalmıştı, Bahar'ın "Asil!" diye seslenmesiyle kendine geldi. Komiser, "Yapamam..." diye mırıldandıktan sonra hızla yerinden kalkıp "Sana bunu yapamam! Ben senin gibi birini hak etmiyorum. Üzgünüm…" diyerek gitmeye kalkışınca Bahar onu durdurup "Asil ne saçmalıyorsun sen? Ne oldu yine birden?" diye sordu. Adam onun yüzünü ellerinin arasına aldı. "Eğer buna devam edersek yanacaksın Bahar. Bu hikâyede yanan sen olacaksın."

Kadın acı bir tebessümle "Bunun farkında olmayacak kadar aptal biri değilim Asil ama ben, senin ateş olduğunu bile bile sana geldim. Aslında evet, aptalın tekiyim çünkü sana âşık oldum. Yanacağımı bile bile, bunu göze alarak sana âşık oldum. Bırak da yanmak isteyip istemediğime ben karar vereyim." deyince onun bu sözler karşısında şaşkınlıkla karışık hayranlık hissetti. Hızla kadının dudaklarına yapıştı. Gittikçe ateşlenen öpüşmeleriyle birlikte yatak odasına geçtiler. Adam, önce onun elbiselerinden kurtuldu; ardından kendininkileri çıkardı. Her yerine öpücükler konan Bahar, çoktan kendinden geçmişti bile. Asil ona üst üste yaşayacağı orgazmlar hediye etmek istercesine, onunla oynuyordu. Daha önce de çok ateşli sevişmeler yaşamışlardı ama bu bambaşkaydı. Kadın kaç kere tatmin olduğunu sayamamıştı bile. Ardından tam bir bütün oldular. Çığlıkları, terleri, zevk suları birbirine karışmıştı ki son bir hareketle adam da tamam olup kendini yatağın diğer tarafına attı. Bir süre nefeslerinin normale dönmesini bekledikten sonra Asil, Bahar'ı omzuna yatırdı ve kendilerini uykunun huzurlu kollarına bıraktılar. Yaklaşık bir saat sonra adam bir nefes darlığıyla uyandı. Bu duruma yabancı değildi çünkü yıllardır öyle saatlerce süren huzurlu bir uykusu olmuyordu. Yavaşça yataktan kalkıp salona gitti. Yarım bıraktığı birasını içerken bir de sigara yaktı. Acaba Ege ne yapıyordu? Ona bir başkası dokunurken aklına Asil geliyor muydu? O, bunu hiç dile getirmese de sapkın bir tarafı vardı. Kiminle birlikte olursa olsun, gözlerini kapatıp o kişinin Ege olduğunu düşünmeden orgazm olamıyordu. Biriyle beraber uyuyacağı zaman da aynı şeyi yapıyordu. "Acaba Ege de öyle mi?" diye düşünmeden edemiyordu. Peki, o adam kimdi? Onun sevdiği kadına dokunma ve hayatına girme şerefine nail olan o adam kimdi? Düşündükçe kafayı yiyecek gibi oluyordu. Hızla telefonunu eline aldı ama kendine engel olup yine aynı hızla bıraktı. Arayıp da ne diyecekti ki? Buna hakkı var mıydı? Peki ya Bahar? Ona ne olacaktı? Bilmiyordu... Bahar'a değer verdiği doğruydu. Belki Ege gelmemiş olsaydı aklı bu kadar karışmaz, Bahar'la güzel bir ilişki yaşayabilirdi ama artık Ege buradaydı ve ondan başka hiçbir şey düşünemiyordu. Ne yapacağını bilmez bir hâlde birasını yudumlarken telefonu çalmaya başladı. "Bu kim bilader bu saatte?" diye söylenerek telefonuna uzandığında, arayanın Buse olduğunu görünce içini bir ürperti sardı. Telefonu açıp korkuyla "Güzelim, iyi misin?" diye sordu.

Kardeşi hıçkırıklarla ağlayarak "Ağabey... Koş... Babam... Annemi..." derken Asil, "Buse ne oldu? Anlayamıyorum. Sen iyi misin?" diye bağırınca Bahar da onun sesiyle uyanıp hemen salona koştu. Genç kız zar zor konuşarak, "Babam, annemi de amcamı da vurdu. Kendini de vuracaktı ki Fazıl amca son anda onu durdurdu." diyerek tekrar hıçkırıklara boğuldu. Duydukları karşısında kanı çekilen Asil, dehşet içerisinde Bahar'a bakınca kadın da bu bakıştan korkmuştu. Asil birkaç kez derin derin nefes alıp verdikten sonra, "Sen neredesin? Polisi, ambulansı aradınız mı?" diye sordu. Buse, "Aradık, yoldalar. Ağabey lütfen gel…" deyince Asil, "Tamam güzelim. Korkma, ben hemen geliyorum. Sakın korkma tamam mı?" diyerek telefonu kapattı. Dolu gözleri ve titreyen dudaklarıyla "Şom ağzımı sikeyim. Lan. Siktir lan siktir!" diye bağırarak elini ısırınca Bahar korkuyla sordu, "Asil, Allah aşkına bir şey söyle! Ne olmuş? Buse iyi mi?"

Komiser hızla kendini toparlayıp olup biteni anlattı. Kadının şaşkınlıktan dili tutulmuş, donup kalmıştı ama Asil, "Bahar!" diyerek onu sarsınca kendine geldi. "Çabuk hazırlan, hemen gidelim."

İkili hızla hazırlanıp evden çıktı. Bahar yolda Timur Amir'i de arayıp haber vermişti. Eve vardıklarında Asil koşarak içeri girdi. Buse; girişin köşesinde dizlerini kendine çekmiş, kulaklarını tıkamış, ileri geri sallanarak ağlıyordu. Asil, "Buse!" diye bağırınca ağabeyini gören kız hızla ona sarılıp daha fazla ağlamaya başladı. Bir süre öyle kaldıktan sonra Asil, ondan ayrılıp vücudunu kontrol etti. Yüzünü ellerinin arasına alıp sordu, "Sen iyi misin? Sana bir şey oldu mu?"

Genç kız yine hıçkırıklar içinde konuşmaya çalışsa da başaramadı ve sadece başını sağa sola sallamakla yetindi. Bahar da içeri girip Buse'ye sarıldı. Asil, "Sen Buse'yle kalır mısın? Ben bir duruma bakayım. Bir de babaannemi kontrol edeyim." deyince kadın onu başıyla onaylayıp Buse'ye, "Gel, biz biraz hava alalım." dedikten sonra kızla birlikte bahçeye çıktı. Asil, sanki arka arkaya iğneler sokuluyormuş gibi ağrıyan başını ovaladıktan sonra olayın yaşandığı salona girdi. İçerideki memurlar onu görünce üzüntüyle komisere yol verdiler. Asil hepsine başıyla selamı verdikten sonra korkunç manzaraya baktı. Memurlardan biri, "İkisi de hemen ölmüş komiserim. Çok üzgünüz, başınız sağ olsun." deyince komiser yine bir baş hareketi yaptı ama hiçbir şey demedi. Diyecek hiçbir şeyi yoktu. Yıllardır nefret ettiği, ölsünler diye dua ettiği hatta öldürmeyi düşündüğü amcası ve babasını çalan kadın yerde, kanlar içinde yatıyordu. Sonunda Asil'in istediği olmuştu ama neden mutlu değildi? Zaten son zamanlarda tüm duyguları birbirine girmişti. Ne zaman, ne hissedeceğini şaşırmıştı. Yerde yatan cesetlere dalmıştı ki bir ses... Bir ses, onu bir saniyede tüm karanlığından çıkarmıştı. Ege telaşla "Asil!" diye haykırarak salona girdi. Adam sakince ona doğru döndüğünde kadın da her şeyi unutmuştu sanki çünkü bir saniye bile düşünmeden ona koştu ve yılların özlemiyle birlikte sarılıp bir bütün oldular. Sanki adamın hayat yapbozundaki eksik parça bulunmuş ve her şey tamamlanmıştı. Bu sarılma ve duygu yoğunluğu karşında daha fazla dayanamayan Asil, küçük bir çocuk gibi ağlamaya başladı. Onun bu hâline dayanamayan Ege ise onu daha da sardı. Bu arada ekipteki herkes oraya gelmiş, Asil'i görmek için salona girmişlerdi ki onun Ege'ye sarılıp ağladığını görünce hepsi şaşırıp kaldı. Çünkü Asil'i ilk kez böyle görüyorlardı ama bir tuhaflık da vardı. Bu, acıyı paylaşmak için yapılan bir sarılmadan daha çok, birbirlerine hasret iki aşığın sarılması gibiydi. Adam, kadının boynuna yüzünü gömmüş, her bir hücresine kokusu işlesin istermiş gibi onu koklayarak ağlıyordu. Dora, Ela'nın kulağına eğilip "Bence teorimiz doğru. Bunlar kesin eski sevgili." deyince Ela hızla etrafa bakındı. Ardından derin bir nefes alıp verdikten sonra "Allah'tan, Bahar Komiserim burada değil. Bu manzara karşısında kalbi ne kadar acırdı düşünsene." diye fısıldadı. Dora, "Siktir! Ben o kısmı hiç düşünmemiştim. Sence Bahar Komisere söylemeli miyiz?" diye sorunca onların konuşmasını dinleyen Timur Amir sert bir bakış attı. "Siz bu işe karışmayın. Yetişkin insanlar onlar. Kendi aralarında hallederler. Kendi işinize bakın!" İkili, "Emredersiniz Başkomiserim." diyerek başlarını öne eğdi. O sırada Ege, Asil'den ayrılıp gözlerindeki yaşı gizlemeden "İyi misin?" diye sordu. Asil başını sallayıp "Daha iyiyim. Teşekkür ederim." deyince Ege, onun elinden tuttu, "Bu gece eski Ege olarak yanındayım Asil. O yüzden kendini tutmak, kabuğuna çekilmek yok. Anlaşıldı mı?"

Adam kalpten gelen gülümsemesiyle onu onayladı. Asil, pek duygulardan anlayabilen biri değildi. O an içinde bulunduğu duygu durumlarını da anlayamayacağı için, saçma sapan davranıp geri dönülmez hatalar yapabilirdi. Ege de onu kendinden bile daha iyi tanıdığı için en azından bu gecelik tüm geçmişi unutmaya hazırdı. O sırada Timur Amir, "Asil, oğlum!" diyerek yanına gidip ona sarıldı. Ardından Ela ve Dora da aynı ritüeli gerçekleştirdi. Herkesin yanında ve ona destek olduğunu gören Asil gerçekten sevinmişti. Amire dönüp "Müsaadenizle ben bir babaanneme bakayım, olur mu?" deyip yukarı çıktı. Verilen sakinleştiriciyle iyice uyuşmuş olan kadın Asil'i görünce, "Oğlum!" diyerek ağlamaya başladı. Asil odadaki hemşireye başıyla dışarı çıkmasını işaret edince kadın onları yalnız bıraktı. Asil, Gülizar Hanım'ın elini tutup "Babaanne, sen iyi misin?" diye sordu. Kadın ağlayarak "Önce sizi, şimdi bizi, sonunda da kendini yaktı. Bir evladım mezara, diğeri mahpusa girdi. Ben nasıl iyi olayım oğlum? Evlat değil, canavar yetiştirmişim... O Buse'm ne olacak şimdi?" derken Asil, "Buse'yi merak etme babaanne. Ne seni ne onu bırakırım." deyince kadın torunun elini sıktı. "Benim çok bir ömrüm kalmadı oğlum. O yüzden Buse'm sana emanet. Onu kimselere verme. Sen onun tek ailesisin."

Asil onu başıyla onaylayıp alnından öptü. Bu sırada açık kapıya tıklatan Ege, "Girebilir miyim?" diye sordu. Onu gören Gülizar Hanım, "Ege, kızım sen misin?" diye bağırınca Ege tüm samimiyetiyle "Gülizar babaanne..." diyerek kadına sarıldı. Yaşlı kadın, "Ah yavrum... Ah güzel kızım... Ocağıma ateş düştü." deyip tekrar ağlamaya başlayınca Ege onun elinden tutup yüzüne baktı. Diyecek bir şey bulamıyordu ki sahi böyle bir durumda ne denebilirdi? Bir süre sonra Gülizar Hanım'ın ağlamayı bıraktı. Kadın üzüntüyle yutkundu. "Ne bekliyordum ki? Tamam, onlar benim evlatlarım, ciğerim yanıyor ama hepimiz biliyoruz ki Melek'e yaşattıklarını yaşayacaklardı. İlahi adalet bir gün onlar için de tecelli edecekti."

Uzun zaman sonra annesinin adını duyan Asil'in nefesi kesildi. Kalbi sıkışıyor gibiydi. Elini kalbine götürüp derin derin nefes almaya başladı ama bu pek işe yaramıyordu. Sanki odada hiç oksijen kalmamıştı. Ege telaşla doğrulup "Asil! İyi misin?" diye seslendiyse de adam iyice bulanıklaşan gözleriyle onu göremiyor, çınlayan kulakları da onu duymasını engelliyordu. Derken bir anda karanlığa gömüldü. Ege korkuyla, "Asil!" diyerek yanına koştu. Başını dizlerinin üstüne alıp "Biri yardım etsin!" diye bağırdı. Kadının çığlığını duyan herkes hemen odaya koştu. Hemşire eğilip nabzını ve gözlerini kontrol etti. Timur Amir ve diğerleri korkuyla ne olduğunu soruyorlardı. Ela ise dayanamamış ağlamaya başlamıştı bile. Hemen arkalarından aşağıda bekleyen acil tıp teknisyenleri, Bahar ve Buse de odaya geldi. Asil'i o şekilde gören Buse sinir krizi geçirmeye başladı. Saçlarından tutarak "Hayır! Hayır! Olmaz! Ağabeyim de gidemez! Hayır!" diye bağırmaya başlayınca Bahar ve Dora onu tutup sakinleştirmeye çalışırken teknisyenlerden biri genç kıza ve onunla birlikte perişan olan babaanneye bir sakinleştirici yaptı. Dora, Buse'yi kucağına alıp yan taraftaki odaya yatırdı. Bahar ağlayarak "Asil iyi mi?" deyince hemşire, "Kol, boyun veya omuz ağrısı şikâyetleri var mıydı?" diye sordu. Komiser başını iki yana sallayıp Timur Amir'e baktı. Adam, "Bildiğimiz kadarıyla yok ama Asil öyle her şeyi anlatan biri değil. Bize söylememiş de olabilir." deyince onun başına giden teknisyenlerden biri, "Kalp krizi olduğunu sanmıyorum. Panikatak sonrası psikolojik bir bayılma yaşamış olabilir ama yine de hemen hastaneye götürelim." derken Asil yavaş yavaş kendine geldi. Herkes derin bir nefes almıştı. Bilinci tamamen açılınca şaşkınlıkla önce kucağında yattığı Ege'ye, sonra etrafına baktı. Yavaşça doğrulurken teknisyen, "Nasıl hissediyorsunuz?" diye sordu. Asil başını tutarak "İyiyim. Biraz başım ağrıyor sadece." deyince genç teknisyen, "Muhtemelen bir panikatak krizi geçirdiniz ama hastaneye gidelim. Tam tetkik bakılsın." derken Asil onu durdurup "İyiyim ben. Gerek yok hastaneye falan. İlk kez olan bir şey değil." deyince bu sefer Ege de dâhil herkes şaşırmıştı. Kadın gözündeki yaşı silip "Sende ne zamandan beri panikatak var? Benim niye haberim yok?" diye sordu. Adam gözlerini kaçırdı, "Başladığı zamanlarda sen buralarda değildin. O yüzden..."

Belli ki Egesiz kaldıktan sonra Asil'in hayatı gerçekten altüst olmuştu. Bahar elinden tutup "İyisin ama şimdi değil mi?" diye sorunca Asil sadece iyiyim anlamında başını salladı. Timur Amir de omzundan sıkıp "Seni bir daha böyle görürsem bozuşuruz. Doktora gideceksin, anlaşıldı mı?" deyince Asil, "Başkomiserim dedim ya doktorluk bir durum yok." derken amir onu durdurup "Küfredeceğim şimdi, o olacak!" dedikten sonra hafifçe adamın başına vurup "Senin, senin yüzünden de benim hatta tüm ekibin bir akıl doktoruna ihtiyacı var çünkü sen bizde bir gram akıl bırakmadın Asil!" diye söylenince herkes çok kısa bir an da olsa gülmüştü. Asil babaannesine bakınca Ege onun kolunu sıkarak "Gülizar babaanne iyi, merak etme. Seni öyle görünce biraz korktu, sakinleştirici yaptılar. Sen git Buse'yi bir gör. O da seni öyle görünce ufak bir sinir krizi geçirdi ama iyi. Cuf Cuf'un odasında yatıyor."

Asil yine özlem dolu gülümsemesiyle kadına bakıp odadan çıktı. Ela, "Cuf Cuf kim?" diye sorunca Timur Amir, "Kızım, sen niye bu kadar meraklı bir şeysin?" diyerek sert bir tavırla ona baktı. Bahar imalı bir şekilde "Bu sefer ben de merak ettim Başkomiserim." dedikten sonra Ege'ye dönüp "Kimmiş acaba bu Cuf Cuf?" deyince Ege, "Asil'in dedesi, Gülizar babaannenin eşi yani. Bizi sırtına bindirip tren oyunu yapardı. Biz de ona Cuf Cuf derdik." dedi. Dora, "Oha! Siz çocukluk arkadaşıyız deyince bu kadarını beklememiştim. Siz bayağı bayağı bebeklikten arkadaşsınız o zaman." derken uyanan Gülizar Hanım, "Altlarını bezlediğim zamanları bilirim." deyince herkes kadına döndü. Ege onun elinden tutup "Asil ufak bir panikatak geçirmiş babaanne. Şimdi çok iyi, Buse'nin yanında. Gelir birazdan, merak etme tamam mı?" dedi. Kadın onu başıyla onaylayıp "Ege, Asil'i hiç iyi görmüyorum. Onu toparlayacak, yeniden ayağa kaldıracak tek kişi sensin, bunu biliyorsun. Onu hayata döndür, annesi öldüğünde yaptığın gibi..." deyince Ege hiçbir şey demeden başını salladı. Bahar'ın, "Artık bu muhabbet yüzünden ben de bir panikatak krizi geçireceğim." diye mırıldandığını duyan Timur Amir atmosferi değiştirmek için kendini ve ekibini Gülizar Hanım'la tanıştırdı. Kadın hoş bir gülümsemeyle, "Bahar kızımı tanıyorum. Asil tanıştırdı bizi." dediği anda Ege'nin beyninde şimşekler çaktı. O artık Asil'in hiçbir şeyi değildi. Yani Asil'i düştüğü zaman kaldırma, zor anlarında yanında olma sorumluluğu ona ait değildi. Asil birini ailesinin içine alıyorsa o kişi onun için çok değerli anlamına geliyordu çünkü bu adamın ciğerini biliyordu. Demek ki Asil göründüğü kadar yıkık bir hâlde değildi. Demek ki onu çoktan unutmuştu. Belki o gelince sadece biraz aklı karışmıştı o kadar. Diğerleri aralarında sohbet edip Gülizar Hanım'ı biraz olsun neşelendirmeye çalışırken düşüncelere dalan Ege içinden, "Yaptığın işe sıçayım Ege! Sana yaptığı her şeyi unuttun, sana ihtiyacı var sandın, pişman olduğuna inandın! Ben senin gerçekten aklına sıçayım! Kızım sen burada ne yapıyorsun acaba? Annen bunu bir öğrense seni saçından tutup ibret-i alem olsun diye Bergama'dan Selçuk'a kadar sürükler. Yaşanan onca şeyden sonra kalkmış hâlâ bu pisliğin yanında olmaya çalışıyorsun. Kafanı sikeyim senin Ege!" diye söylenirken bir anda yerinden kalkıp "Ben emniyete gidiyorum Başkomiserim. Sizinle orada buluşuruz." dedikten sonra Gülizar Hanım'ın elinden öpüp evden çıktı. Asil'in onu ailesiyle tanıştırdığını öğrendiği anda yüzündeki ifadeyi fark eden Bahar, Ege apar topar gidince iyice keyiflenmişti. O geldiğinden beri gol yiyen Bahar, bu sefer bir kontra atak yaparak rakip kaleye golü atmıştı. Bu sırada Asil içeri girip "Buse iyi ama uykuyla uyanıklık arasında gidip geliyor." dedikten sonra Ege'yi orada göremeyince onu sordu. Amir büroya gittiğini söyledi. Bunun üzerine Asil babaannesini öpüp "Ben emniyete gitmek zorundayım ama Buse'yle seni bırakmıyorum. Hayriye ablayı çağırdım. Birazdan gelip eşyalarınızı toplayacak. Sonra da bizim Cenk gelip sizi alacak. Dedemin evine götürecek. İşim bitince ben de geleceğim, tamam mı?" deyince kadın, "Ama sen, o olaydan o eve gitmiyordun oğlum." diyerek üzüntüyle ona baktı. Komiser zoraki bir gülümsemeyle "Orası çok büyük be babaanne, tek başıma ne yapacaktım koca evde? Ama artık siz varsınız." deyip göz kırpınca Gülizar Hanım da mutlu olmuştu. Bunun üzerine Timur Amir, tüm ekibi toplayıp emniyete gitti. Asil nöbetçi memurlardan birine, "Babam... Şey, yani... Aytekin Arslan nerede?" diye sordu. Genç adam, "Ege Komiser'le birlikte sorgu odasındalar komiserim." deyince ekip merakla sorgu odasına geçti. Ege, "İyi de Aytekin amca, sen bunun doğruluğunu teyit etmeden... Hadi diyelim doğru da olsun, ama nasıl böyle bir şey yaptın? Tamam, kusura bakma, geçmişte de pek iyi şeyler yaptığın söylenemez ama bu... Bu çok başka bir şey." dedi. Adam üzüntüyle, "Bilmiyorum kızım. Ne oldu, nasıl oldu anlayamadım ki... O fotoğrafları gördükten sonrasını inan hatırlamıyorum. Sanki basiretim bağlandı. Sanki ruhumu bir şeytan ele geçirdi ve bana bunları yaptırdı." dedikten sonra önündeki sudan bir yudum alıp "İçten içe bir gün yaptıklarımızın bedelini ödeyeceğimizi biliyordum. Bunu sen de biliyorsun ki en kötü şeyleri hak ettik biz. Hele ki ben... Onlar öldü kurtuldu ama benim işkencem daha yeni başlıyor. Melek'e yaptıklarımdan sonra..." derken annesinin adını duyar duymaz gözü dönen Asil, "Sakın bir daha annemin adını o pis ağzına alma!" diye kükreyerek bir hışımla odaya girdi, babasının yakasından tuttuğu gibi onu duvara yapıştırdı. Ege, "Asil, dur! Ne yapıyorsun?" diyerek Aytekin'i onun elinden kurtarmaya çalışsa bunu başaramıyordu. Diğerleri de odaya girip adamı kurtarmaya çalıştı ama komiser sadece ellerinin altında nefessiz kalan babasına bakıyor, gözü başka hiçbir şey görmüyor, hiç kimseyi duymuyordu. Adamın boğazını öyle bir sıkıyordu ki artık Aytekin'in gözleri kaymaya başlamıştı. Biri bir şey yapmazsa Asil katil olacaktı. Ege birkaç saniye ne yapabileceğini düşündükten sonra bir şarkı mırıldanmaya başladı. Diğerleri şaşkınlıkla ona bakıp ne yaptığını anlamaya çalışırken Asil'in, babasının boğazını tuttuğu elleri yavaşça gevşedi. Herkes hâlâ aynı şaşkınlıkla Asil ve Ege'yi izliyordu. Kadın şarkıyı daha yüksek sesle söyledikçe adamın elleri iyice gevşedi ve sonunda babasını bıraktı. Timur

Amir, nefesi kesilip yere düşen Aytekin'i tutup masaya oturttu. Dora da adama su içirdi. Ela ve Bahar hâlâ ikiliyi izliyordu. Boş duvara bakan Asil, gözünden süzülen yaşla gülümseyerek şarkının sonuna eşlik etti.

"Ne güzel şeysin, ne yaman şeysin, Karşıyakalı..."

Ege, Bahar'a bir işaret yapıp onu dışarı çıkarmasını söyledi. Kadın, Asil'in koluna girip onu odadan çıkardı, lavaboya gittiler. Amir, Aytekin'in iyi olduğunu anladıktan sonra Ege'ye anlattıklarını bir de kendisine anlatmasını istedi. Sabaha kadar adamın ifadesi alındıktan sonra tutuklama talebiyle Sulh Ceza Hakimliğine sevk edildi. Bu sırada Asil kendini toparlamış, dışarıda sigara içiyordu. Bahar çekinerek "İyisin değil mi?" diye sorunca adam onu başıyla onaylayıp "Kendimi kaybettim. Sizi de korkuttum. Kusura bakma." dedi. Kadın, üst üste yaşadığı korkuların etkisiyle bir de Asil'in mücadele etmek zorunda kaldıklarını düşünerek kıyamayıp ona sarılmak isteyince adam kendini geri çekerek yavaşça ondan uzaklaştı. "İçeri geçelim de meraklanmasınlar."

Ege yokken mükemmel giden ilişkileri, kadın ortaya çıktığı anda bozuluyordu. Bahar öfkesini bastırarak ofise döndü. Onlardan kısa bir süre sonra diğerleri de geldi. Aytekin'in ifadesini Asil'e anlattılar. Ardından Timur Amir, "Asil, Ege ve Bahar, bugün izinlisiniz. Dora ve Ela, biz de katilimizin profiline uygun suçluları aramaya devam edelim. Yarın bir toplantı yapacağız. Ege sen de raporunu hazırlar, yarın bize bir sunum yaparsın. Bu arada sorgu odasında hiçbir şey yaşanmadı. Muayeneden sonra bir şey soran olursa hiçbir şey bilmiyorsunuz. Maktullerle katil arasında bir boğuşma olmuş olabilir. Hiçbir şey bilmiyoruz. Anlaşıldı mı?" deyince herkes aynı anda, "Emredersiniz Başkomiser." dedi. Asil boğazını temizleyip "Her seferinde arkamı toplayarak kendinizi riske atıyorsunuz Başkomiserim. Bırakın, cezam neyse çekeyim." deyince Timur

Amir ona işaret parmağını gösterip "Acın var diye bir şey demiyorum ama bu son arkanı kollayışım Asil. Bir an önce toparlan ve kendine çekidüzen ver, yoksa böyle devam edersen bu meslekte çok barınamayacağın gibi, öfken yüzünden gençliğin de yanacak. Gerekiyorsa bir psikoloğa git ama artık kendini toparla." deyip odadan çıktı. Asil oflayarak başını ovmaya başlayınca Bahar, "Kusura bakma Asil ama Timur Amir haklı. Panikatak, öfke kontrolü problemi... Kim bilir altından daha neler çıkacak? Hayatını daha fazla olumsuzlaştırmadan bir doktora gitmelisin." diye akıl verirken Ege ona kaşlarını kaldırarak "Yapma!" demeye çalışsa da kadın cümlelerini art arda sıraladı. Sonra da Ege'ye dönüp isyan etti. "Tamam, anladık. Asil'i en iyi sen tanıyorsun. Ne yer, ne içer, neyi sever, neye kızar... Her şeyi sen biliyorsun ama unuttuğun bir şey var ki senin tanıdığın Asil daha çocuktu. Şu an ise otuzunu geçmiş koca adam ki kimse kusura bakmasın ama kime ne söylemek istediğime, nasıl davranacağıma kendim karar veririm. Asil buna kızar, şunu sevmez bilmem ne diye içimden gelmeyen şeyleri yapamam. Herkes bana nasıl davranmam gerektiğini söylemeyi bıraksın artık!"

Ekip onun bu tepkisine çok şaşırmıştı. Ela'nın sessizce "Sonunda patladı." diye mırıldandığını duyunca da "Patladım Ela! Yeter! Eski arkadaşı mısın, eski sevgilisi misin, neysen nesin ama kabullensen iyi edersin çünkü adı üstünde 'eski'sin." derken Asil araya girip "Yeter Bahar! Kes artık şu saçmalığı. Ne aptal kıskançlıklarını çekecek durumdayım ne de yeri ve zamanı. Patlayacak başka gün bulamadın mı?" diye çıkıştığı sırada Ege, "Sorun yok, Bahar haklı. İlişkinizin fazla içindeyim ve senin hakkında geçmişimize dayanarak ister istemez fazla yorum yapıyorum. Benim tavrım saçmaydı. Kusura bakma Bahar, isteyerek veya seni incitmek için yaptığım bir şey değildi. Bundan sonra daha dikkatli olacağım." deyip hızla çantasını toplarken "Neyse benim burada bir işim kalmadı. Yarın görüşürüz. Kendinize iyi bakın." diyerek kaçarcasına çıkıp gitti. Asil arkasından seslense de kadın çoktan gitmişti. Bahar'a yine o öldürücü bakışını attıktan sonra hızla Ege'nin peşinden gitti. Ela, "İyi misiniz komiserim?" diye sorunca kadın derin bir nefes alıp verdikten sonra "İnanmayacaksınız ama çok iyi hissediyorum." diyerek gülümsedi. Zehrini akıtmıştı çünkü. Ela, "Vallahi, Asil Komiser'in dengesizliklerine yine iyi dayandınız." deyince Dora, "Katılıyorum ama yine de... Kusura bakmayın ama keşke bugün yapmasaydınız." dedi. Güzel komiser, "Berbat bir gün seçtiğimin farkındayım ama bıktım artık çocuklar. İnsanların arkamdan fısıldayarak konuşmasından, susmaktan, Asil'i idare etmekten bıktım. Eski sevgili oldukları bariz belli olduğu hâlde bizi aptal yerine koymalarından bıktım. Benim de kötü günlerim oluyor ama kimsenin umurunda değil. Varsa yoksa Asil Bey'in dertleri, dengesizlikleri... Ben de insanım. Benim karşıma geçip o kadının yanında beni aşağılayıp onu savunuyorsa kimse kusura bakmasın! Ailem beni bunun için yetiştirmedi. Herkes haddini bilecek!" deyince genç polisler zaten hayran oldukları kadına, daha da hayran kalmışlardı. Güçlüydü... Aşkına sahip çıkacak kadar fedakâr, bitirmesi gereken noktada vazgeçebilecek kadar da güçlüydü. Gururlu ve kendi değerini bilecek kadar da asildi.

Ege'yi arabasına binmeden yakalayan Asil, onu durdurup "Sen eski falan değilsin." deyince Ege, "Kadının söylediği onca şeyden buna mı takıldın? Ya kadın içeride sana sessiz çığlıklarını duyurmaya çalıştı. Kalbini ne kadar kırdığını duy diye... Sadece sana değil... Bana da... Sen, beni de dengesizleştirdin Asil. Nasıl davranacağımı şaşırdım. Bir yanım senden nefret ediyor, diğer yanım yaşanmış onca şeyden sonra sana kıyamıyor ve sen... Öyle çakalsın ki iki yanıma da aynı anda dokunup beni de kendin gibi dengesizleştiriyorsun." diye çıkıştı. Asil şaşkınlıkla sordu, "Ben mi çakalım? Lan aşkından mala döndüm. Ne bok yediğim belli değil. On üç yıl kayıptın. Gitmediğim, aramadığım yer kalmadı. Sonra hiçbir şey olmamış gibi karşıma dikildin. Millete çocukluk arkadaşıyım dedin. Tam benden nefret ediyor diyorum; sonra bir bakıyorum beni merak ediyorsun, ilgileniyorsun, bir espri falan yapıp dikkatimi çekiyorsun. Kusura bakma ama asıl dengesiz sensin. Ben her şeyi yakmaya, yıkmaya, seninle yeniden biz olmaya on üç yıldır hazırım Ege. Bunu istemeyen sensin ama en ufak bir problemimde hemen yanıma koşuyorsun. Niye beni hâlâ sevdiğini kabul etmiyorsun?"

Kadın ifadesiz bir şekilde "Konu bu değil. Konu Bahar. O kızı daha fazla üzme. Belli ki ona çok değer veriyorsun, ailenle bile tanıştırmışsın. Yani sadece değer de değil, belli ki seviyorsun da. Beni görünce biraz aklın karıştı sadece. Az değil. Arkadaşlığımızda dâhil koskoca yirmi yılı beraber geçirdik. Bu yüzden biraz afalladık, o kadar. Biz yeniden olamayız Asil. Sevgiyi bir kez daha bulabilecek kadar şanslıymışsın madem, bu sefer de elinden kaçırma. Bahar çok güzel, akıllı, başarılı bir kadın. Onun kıymetini bil." dedi. Asil, "Onu ailemle ben tanıştırmadım. Babaannemi görmeye gittiğimde iyi olmadığımı fark edip beni takip etmiş. İçeri girince de git diyemezdim. Mecburen tanıştılar." deyince kadın sinirden gülerek, "Asil, senin gerçekten bir psikoloğa görünmen gerekiyor. Onca şey söyledim, cevabın bu mu? Tek derdin bunun açıklamasını yapmak mı?" diye sordu. Adam, "Beni sadece sana dair şeyler ilgilendiriyor. Aklında soru işareti kalsın istemem." diyerek omuz silkti. Ege ifadesiz bir şekilde birkaç saniye yüzüne bakıp "Çok uykum var. Gitmeliyim." diyerek arabasına bindi. Asil de tekrar ofise dönmeden çocukluk evine gitti. Bu ev Ege'nin eviyle yan yanaydı. Kadın tam garajına girecekken Asil'in geldiğini gördü. Arabayı olduğu yerde durdurup indi. Onun kendisine doğru geldiğini gören Asil de arabasını durdurup camını indirdi. Ege, "Asil çok yorgunum. Bitmedi mi hâlâ konuşacaklarımız?" diye söylenince adam omuz silkti. "Bizim konuşacaklarımız hiçbir zaman bitmez ama şu an senin peşinden gelmedim. Eve geldim."

Kadın şaşkınlıkla, "Sen ne zamandan beri burayı tekrar kullanmaya başladın?" diye sordu. Asil yarım bir gülümsemeyle "Dün geceden beri... Benim daire, babaannem ve Buse için çok küçük. O yüzden biz emniyetteyken Cenk sağ olsun, onları buraya getirdi." deyince kadın da hoş bir gülümsemeyle karşılık verdi. "Çok iyi yapmışsın. İkisinin de sana çok ihtiyacı var."

Asil, "Benim de sana ama neyse, seni daha fazla tutmayayım. Dinlen ve her şey için tekrar teşekkürler." diyerek evinin garajına girdi.

Buse sabaha kadar uyuyamamış, koltukta öylece abisini beklemişti. Asil'in eve geldiğini gören kız, hızla yerinden kalktı ve ona sarıldı. Bir gecede hayatı tamamen altüst olmuştu. Onun bu hâlini gören Asil, babasının Cavidan için onları terk ettiği geceyi hatırladı. Bu yaşananlar onun için de çok zordu. Bir yandan ölümüne nefret ettiği kadın ölmüş ama diğer yandan da kardeşinin hayatı mahvolmuştu. Buse, ondan yavaşça ayrılıp "Babam neden böyle bir şey yaptı ağabey?" diye sordu. Asil, "Aptallığından! Babana bir zarf gelmiş, içinde annenle amcanın samimi olduğu birkaç fotoğraf varmış. Bunun üzerine babanın gözü dönmüş ve anlayıp dinlemeden ikisini de vurmuş. dedi. Genç kız, "Ne? Amcamla annem mi? Yok artık, daha neler!" diyerek ağlamaya başladı. Biraz sakinleştikten sonra devam etti, "Tamam, size yaşattıklarını biliyorum. Annem bir melek sayılmaz ama bu kadarı... Yok, asla!" diyerek tekrar bağırarak ağlamaya başladı. Asil onun alnından öpüp "Sakin ol güzelim. Şu an yaşadığın acıyı benden daha iyi kimse anlayamaz. Sana geçecek demeyeceğim çünkü geçmeyecek. Bu acı hayatının sonuna kadar kalbinin derinliklerinde kalacak ama alışacaksın. İğrenç bir şekilde alışacaksın." diyerek ona tekrar sarıldı. Genç kız bir süre daha ağladıktan sonra iyice yorgun düşüp uyuyakaldı. Babaanne de uyuyordu. Asil bahçeye çıkıp Bahar'ı aradı. Kadının evde olduğunu öğrenince de hızla arabasına binip Bahar'ın yanına gitti. Bahar kapıyı açar açmaz, adam nefret dolu bir ifadeyle "Sen ne yaptığını zannediyorsun?" diye bağırmaya başladı.

Kadın sakince "İçeri geç! Orada konuşalım. Komşuları rahatsız etme." deyince Asil hemen içeri girdi ve sorusunu yineledi. Bahar, "Bıktım, anlıyor musun? Ege'yi gördüğün an değişmenden, duygu durumunun da sürekli farklılık göstermesinden bıktım." dedi. Asil, "Biz daha dün ne konuştuk Bahar? Ben sana bitirmek istediğimi söylediğimde sen bana ne dedin? Benim ateş olduğumu bile bile geldin, bunu sen söyledin. Şimdi de gelmiş bir gün bile geçmeden bıktığını mı söylüyorsun?" deyince kadın dayanamayıp "Yanacaksam yanarım dedim de ağzıma sıç demedim Asil! Senden hiçbir ışık görmeden neye tutunarak bu ilişkiye olan inancımı devam ettireceğim? Hem de sen sürekli yalan söylerken. Aptal yerine koydunuz ya beni. Çocukluk arkadaşıymış... Arkamdan çok eğlendiniz mi ya da İsviçre'ye gittiğinde benimle ilgili konuşup çok güldünüz mü?" diyerek patlayınca adam şaşkınlıkla, "İsviçre mi?" diye sordu. Bahar sinirden gülerek, "Hâlâ salak yerine koymaya çalışıyorsun. Hiç mi vicdanın yok senin? Yalanlarına karnım tok Asil. Ege'nin, İsviçre'de yaşadığını öğrendim. Doğasını seviyormuş, beraber gittiğimizde ben de sevecekmişim de..." diyerek başını salladı. Yüzünü hayal kırıklığının en belirgin hâli kaplamıştı. Asil birkaç saniye sessiz kalıp sakinleştikten sonra koltuğa oturup "Ege'nin bundan haberi yok." dedi. Bahar anlamamıştı. "Neyden haberi yok?"

Adam omuz silkip "On üç yıldır her sene onu bulabilmek umuduyla İsviçre'ye gittiğimden... Ama ne kadar arasam da bulamadım. Bir dönem Amerika'daymış zaten.

Bilmiyordum…" diye mırıldandı. Bahar derin bir nefes alıp verdikten yavaşça yanına oturdu ve sordu, "Kaç yıl beraberdiniz?"

Asil, "On yıl... Ailelerimiz biz daha doğmadan tanışıyorlardı. Yan yana evlerde büyüdük. Her anımız beraber geçti. Sonra sevgili olduk. On yıl boyunca hiç ayrılmadan..." diyerek şakaklarını ovdu. Bahar, "Evini, ülkesini terk edip gitmesine sebep olacak kadar ne yaptın kadına?" diye sordu. Adam gülerek, "Nasıl bir teşkilatsınız siz ya? Bir olup beni mi delirteceksiniz?" deyince kadın, "Ekstra bir şey yapmamıza gerek yok. Sen zaten normal değilsin ama ne demek istediğini anlamadım." dedi. Asil dudaklarını ısırıp "Ege de geldiğinden beri ağzıma sıçıyor. Onunla iş dışında muhatap olmamamı, senin harika bir kadın olduğunu ve seni üzersem onun gazabından payımı alacağımı söyleyip duruyor." deyince Bahar, Ege hakkında düşündüğü kötü şeyler yüzünden içten içe utanmıştı. Böyle bir durumda erkeğe hiçbir şey olmuyor, iki kadın birbirine düşman kesiliyordu. Ne kadar da saçmaydı. Bahar hiçbir şey demeden sadece baktı. Asil, "Yani zannettiğin gibi hâlâ sevgili falan değiliz. Bir daha da olamayız. Ona yaptığım şeyden sonra yüzüme bakıyor olması bile mucize." deyince Bahar iyice meraklandı, "Ne yaptın?"

Adam derin bir nefes alıp "Artık bir önemi yok." diye mırıldandı. Kadın, "Ona hâlâ âşıksın değil mi?" diye sorunca Asil hüzünlü gözlerle ona baktı. Bahar cevabını almıştı. Ama kendisinin bu hikâyenin neresinde olduğunu merak ediyordu? "Peki, ya ben... Madem başkasına âşıktın, neden benim sana âşık olmama izin verdin? Senden uzak durmak istediğimde kimsenin olmadığını söyledin. Benim için onca şey yaptın. Neden?" deyip sustu. Ağlamak istemiyordu. Asil, "Sen, Ege'den sonra bir şeyler olabileceğine inandığım, değer verdiğim tek kadındın. Bu nasıl açıklanır bilmiyorum ama seninle oynamadım. Gerçekten hayatımda olmanı istedim. Bunda sonra hayatım nasıl bir yönde ilerler, nereye varır bilmiyorum. Ege'yi son nefesime kadar seveceğim bunu biliyorum ama yine biliyorum ki senin yerin de hep farklı olacak." deyip onun gözlerinin içine baktı. Zavallı kadının bir yanı hâlâ onu istiyor, diğer yanı ise bir dakika daha durmayıp kaçmasını söylüyordu. Ne diyeceğini ne yapacağını bilmiyordu. Gözleri yaşların ağırlığını daha fazla kaldıramadı. Derin bir nefes alıp konuşmaya başladı "Buna devam edebileceğimi sanmıyorum Asil. Sen hâlâ onu severken, her an ona dönme ihtimalinle yaşayamam. Seni seviyorum, evet ama yapamam."

Asil anlayışla başını sallayıp "Senden böyle bir şey isteyemem de zaten." dedikten sonra acı bir gülümsemeyle "İki mükemmel kadını da kaybettim. Benden daha salağı yoktur herhâlde." dedi. Bahar gözyaşlarını silip "Sanırım konuşacak başka bir şeyimiz kalmadı." deyince gitme vaktinin geldiğini anlayan adam, yavaşça yerinden kalktı, tam gidecekken birden durdu. Ani bir hareketle dönüp kadını dudaklarından öpmeye başladı. Bahar onu durdurmamıştı çünkü bunun bir veda öpücüğü olduğunu biliyordu. Asil, onun dudaklarından ayrılıp alnını alnına dayadı, "Her şey için çok üzgünüm. Çok özel bir kadın olduğunu hiçbir zaman unutma." dedikten sonra hızla evden çıktı. Bahar kapıyı kapattıktan sonra hıçkıra hıçkıra ağlamaya başladı.

Asil ise ne hissettiğini, hissedeceğini bilemez bir hâlde bir bara gitti. Saatlerce içti. Uzun zaman sonra ilk kez sarhoş olmuştu. Zar zor yerinden kalkıp arabasına gitti. Kafası o kadar güzeldi ki aracı sürmekte zorlanmaya başladı. İki tarafı ormanlık, ıssız bir yolda ilerlerken uyuklamaya başladı. Arabanın yönünün değişip ormana doğru döndüğünü fark ettiğinde artık çok geçti. Tüm gücüyle frene bassa da bir ağaca çarpmadan duramadı. Çarpmanın etkisiyle başını direksiyona vuran Asil, bir süre baygın kalsa da sonunda ayıldı. Zar zor kendini dışarı attı. Başı kanıyor ve çok ağrıyordu ama o an bunu düşünecek durumda değildi. Kaza yaptığını kimse görmemişti. Bu, onun için iyiydi. Kimse duymadan bu işi halletmeliydi. Tabii ki de bunun oldukça iyi bağlantıları vardı. Hemen arkadaşı Tayfun'u arayıp durumu anlattı. Adam çok kısa bir süre sonra çekiciyle birlikte gelip arabayı oradan aldı. Asil'i de hastaneye bıraktı. Muayenesi yapılırken ev kazası geçirip başını vurduğunu söyledi. O sırada telefonu çaldı. Arayanın Ege olduğunu görünce heyecanla açtı. Kadın, "Asil, kusura bakma rahatsız ediyorum ama şu cinayetlerle ilgili bir şey soracaktım." derken doktorun hemşireye verdiği talimatı duyup korkuyla "Asil sen neredesin?" diye sordu.

Adam bu soruyu duymazdan gelip "Ne soracaktın?" diye sordu. Ege, "Neden hastanedesin Asil? Lafı dolandırma!" diye çıkışınca kaçacak yeri olmadığını anlayan komiser, "Bir şey yok. Ufak bir kaza geçirdim." dedi. Kadın telaşla "Ne kazası? Hangi hastanedesin?" diye sordu. Komiser, "Anlatırım sonra. Ciddi bir şey yok." dese de kadın sıkıştırmaya devam edince hastanenin adını da söyledi. Ege hemen oraya gitti. Onun hâlini görünce telaşla, "Asil, iyi misin?" diye haykırarak sarıldı. Adamın ruhuna iyi gelen tek şey Ege'ydi. Asil, bu sarılmaya daha da sıkı bir sarılmayla karşılık verip "İyiyim, merak etme." deyince kadın ayrılıp yanına oturdu. "Ne oldu? Kaza mı yaptın?" diye sordu. Asil olup biteni anlattı. Kimse görmeden işten sıyrıldığını da tabii. Ege, "Allah seni bildiği gibi yapsın Asil diyeceğim ama zaten vermiş cezanı. Ya sen nasıl bu kadar sorumsuz olabiliyorsun? Alkollüyken araç kullanmak da ne demek? Ülkenin polisi bunu yaparsa vatandaşı neler yapar?" diye kızdıktan sonra, "Sen alkole dayanıklısındır aslında, başka bir şeyler içmediğine emin miyiz?" diye sorguladı. Asil ellerini havaya kaldırıp "Yemin ediyorum ki sadece alkol aldım ama çok içtim. Öyle böyle değil. Bakma, şu an normal görünmeye çalışıyorum ama kafam hâlâ yerinde değil. Büyük saçmaladım, farkındayım. Allah'tan kimse görmeden hallettim. Yoksa sıçardım. Timur ağabey de kurtaramazdı bu sefer." deyince Ege öfkeyle çıkıştı. "Bok var bu kadar içecek! Yaşadıkların kolay değil ama içkiyle bir yere varılmıyor. Ayıldığında hâlâ o kaçmaya çalıştığın o adam oluyorsun. Evde seni bekleyen ve acı çeken bir kardeşin ve babaannen var. Şu hâline bak! Otuz üç yaşına geldin ama hâlâ sorumluluk almayı beceremiyorsun. Şu an onlarla kim ilgileniyor onlarla mesela? Tüm gün ne yiyip ne içtiler? Durumları nasıldı biliyor musun?"

Adam hiçbir şey demeden telefonundaki mesajları açıp gösterdi. "Kadriye Abla" diye kayıtlı bir numaradan her saat başı Asil'e mesaj gelmişti. Kardeşinin ve babaannesinin nasıl olduklarını, yedikleri yemeği, uyudukları saatleri, görüştükleri kişileri vesaire bildiren bir sürü mesaj... Ege, "Kadriye abla da kim?" diye sorunca Asil, "Senelerdir bana yardımcı olan bir abla. Yemek, temizlik gibi işlerimi yapıyor. Buse ve babaannemle ilgilenir misin diye sordum, o da sağ olsun kırmadı, bize taşındı. Saat başı da beni haberdar ediyor." dedi. Ege söylediklerinden utanarak, "Az önce alkollüyken araç kullanmana çok sinirlendiğim için o kadar çıkıştım, kusura bakma." deyince Asil tüm içtenliğiyle gülümsedi. "Sorun yok. Söylediklerinin çoğunda haklısın."

O sırada hemşire gelip tomografi çekeceklerini söyledi. Tüm tetkiklerden sonra, önlem için bir gün hastanede kalması istense de Asil bunu kabul etmedi ve Ege'yle birlikte oradan ayrıldı. Kadın arabayı garajına soktuktan sonra Asil, "Her şey için teşekkürler." diyerek kendi evine doğru gidiyordu ki Ege, "Gelmek ister misin? Seninkiler, seni böyle görünce iyice telaşlanabilirler." deyince adam heyecanla, "Gerçekten mi?" diye sordu. Kadın, onun bu çocuksu heyecanına gülümseyip kolundan tuttu. Beraber eve girdiler. Asil'e koltuğu işaret etti, "Sen otur. Ben, sana giyecek bir şeyler hazırlayayım. Üstün başın kan içinde. Bir duş al, kendine gel." deyip yukarı çıktı. Adam özlemle, geçmişinin birçoğunu geçirdiği bu evi izlemeye başladı. Uzun zamandır bu kadar huzurlu hissetmemişti. Bir süre sonra, Ege gelip elindeki kıyafetleri ona uzattı. Asil şaşkınlıkla, "Bir dakika... Bunlar..." deyince kadın, onu onaylayıp "Senin kıyafetlerin... Gerçi biraz daha irileşmişsin ama bunlar zaten biraz boldu. Muhtemelen şimdi olur." diyerek gülümsedi. Asil dolan gözlerini gizlemeden "Onları sakladın mı?" diye sordu. Ege, kendisini susturmak istercesine dudaklarını ısırdı ama kendine engel olamadı. "Odan da olduğu gibi duruyor."

Ne yapacağını, ne diyeceğini bilemeyen adam öylece bakıp kaldı. Ege de onu unutmamıştı. Nasıl unutabilirdi ki? Heyecanını bastırarak yavaşça yerinden kalktı ve duşa girdi. O, duşun altında mutlulukla karışık bir hüzünle gözyaşlarını akan suya karıştırırken kadın ona yiyecek bir şeyler hazırladı. Salona döndüğünde kendisi için hazırlanan tepsiyi görünce "Zahmet etmişsin, hiç gerek yoktu. Aç değilim." dedi. Ege kahvesinden bir yudum alıp "Aç olup olmaman beni hiç ilgilendirmiyor çünkü artık hazırladım ve sen de onları yiyecek, ardından da dinleneceksin." deyince Asil hiç itiraz etmeden kadının dediklerini yaptı. Dinlenmeye geçmeden önce de Buse'yi arayıp işinin uzayacağını, o yüzden de bugün gelemeyeceğini haber verdi. Neyse ki kızın sınıf arkadaşları o gün onlarda kalacaktı. Yani ne Buse ne babaannesi yalnızdı. Asil koltuğa uzanıp ellerini göğsünde bağladı ve tavanı izlemeye başladı. İkisi de konuşmuyordu. Çünkü ne diyeceklerini bilmiyorlardı. Sonunda Ege sessizliği bozup "Bahar'ın haberi var mı?" diye sordu. Asil kadına bakıp "Yok ki bundan sonra da benimle alakalı şeylerden haberi olacağını hiç zannetmiyorum. Ya da umurunda olacağımı..." dedi. Ege şaşkınlıkla, "Neden? Bir şey mi oldu?" deyince komiser açıkladı, "Bugün o iş tamamen bitti. Zaten olacak iş de değildi. Yalan yok,

Bahar'a değer veriyorum ama bu öyle bir şey değil. Eskileri açmaya çalışmıyorum lakin senin gittikten sonra hayat benim için pek kolay olmadı. Seni unutmak için ne yaptıysam hiçbiri, hiçbir işe yaramadı. Sonunda yine kendimi seni ararken buldum."

Ege sakince, "Kusura bakma Asil ama öyle bir konuşuyorsun ki sanki ilişkiyi bitiren, seni terk eden benmişim gibi. Bu konuşmalarını bir başkası duysa kesinlikle böyle düşünür." deyince adam yavaşça yerinden doğrulup onun gözlerinin içine baktı, "O gün... Yani ayrıldığımız gün... Her şeyi bok ettiğim gün... Sıcağı sıcağına hiçbir şey anlamamıştım. Sen zaten bir hışımla İzmir'e dönmüştün. Birkaç gün ne yaptım, nasıl geçti hiç bilmiyorum. Bir rüya âleminde gibiydim. Çok sürmeden de kafama dank etti. Ben sensiz yapamazdım. Öleceksek de beraber ölecektik, hemen İzmir'e geldim."

Çıkış kapısına doğru baktı. "Kapına geldim. Füsun abla açtı. "Sen benim evladımın yüreğini yaktın. Bir daha bu kapıya gelme. Gelsen de artık onu göremezsin. Onu asla bulamayacaksın çünkü artık burada yaşamıyor." dedi. İnanmak istememiştim. O yüzden annem öldüğünden beri uğramadığım evime girdim. Resmen camda pusuya yattım. Her şey, seni benden uzak tutabilmek için söyledikleri bir yalan zannettim ama değildi. Günler geçti. Ne sen ne annen ne baban... Hiçbiriniz, kapının önüne bile çıkmadınız. Tüm cesaretimi toplayıp babanın şirketine gittim. O da hiçbir işe yaramadı. Çünkü tahmin ettiğim kadarıyla Kemal baba eğer gelirsem nerede olduğunuzu söylememesi için herkesi tembihlemiş. Gerçi çoğu kişi de gerçekten bilmiyordu... Ama artık gittiğiniz belliydi. Seni çok aradım. Bağlantılarımı da araya sokmadım değil. Mesleğimizin getirdiği bazı ayrıcalıkları da kullandım ama babanın bağlantıları benimkilerden güçlüymüş. Hiçbir şekilde sana ulaşamadım. Nerede yaşadığını hatta yaşayıp yaşamadığını... Hiçbir şey öğrenemedim. Komiser yardımcılığına başladığımın ilk yılıydı. Bir gün Burcu aradı. Annesiyle annen telefonda konuşurken onları gizlice dinlemiş, senin iyi olduğunu ve İsviçre'de yaşadığını öğrenmiş. Ardından da hemen beni aramış. İşte bunu duyduğumdan beri her fırsat bulduğumda İsviçre'ye gittim. Bütün ülkeyi tavaf ettim ama yine de seni bulamadım ki zaten sen de bir süredir Amerika'daymışsın. Yani anlayacağın, tek anlık bir hata. Tek anlık bir korku... Tek anlık bir kaçış... Tüm hayatıma mal oldu. O gün ağzımdan o cümleler dökülmeseydi, şu an ne durumda olurduk diye düşünmeden edemiyorum. İşte bu yüzden hayatıma yani yatağıma kim girerse girsin, bir türlü kalbime giremedi. Ve bu, ömrümün sonuna kadar da böyle gidecek. Yıllardır bütün arkadaşlarım unutacaksın diyor. Bir gün unutacaksın... Siktirsinler! İçim, her geçen gün daha da fazla acıyor. On üç yıl... On üç yıl boyunca bu anı bekledim. Sana her şeyi anlatabilmeyi... Senden af dileyebilmeyi... Gözlerini son bir kez olsun görebilmeyi... Bana gülümsemeni... Sen gittikten sonra hayatımın boka battığını haykırmayı... Geceleri uyuyamadığımı... Aniden gelen nefes darlıklarını... Ölmeyi isteğimi... Neden hayattasın, neden kendini öldürmedin, diyebilirsin. Bu anı bekledim, bir gün gelecekti. Bir gün seni bulacak, senden özür diyecek, beni affet diyecektim. Sensiz nefes alamadığımı söyleyecektim. Beni bir daha asla affetmeyeceğini biliyordum ama yine de bunları söylemek istedim. Hep bu ana tutundum. Bunları söyledikten sonra, hayata veda edecektim. Hep bunu planlamıştım."

Kadın korkuyla "Saçmalama Asil! Sakın, böyle bir şey yapayım deme!" diye çıkıştı. Adam, "Yapmayacağım çünkü seni bırakamam." deyip güldü. Bu tepkisi Ege'yi de güldürmüştü. Aslında bu gülüşlerinin altında büyük bir acı vardı ve bu da gözlerine yansımıştı. İkisi de gülerken birden ağlamaya başladı. Hızlıca yerlerinden kalkıp birbirlerine sarıldılar. Gözlerinden on üç yılın zehri akıyor gibiydi.

Asil, yavaşça Ege'den ayrılıp alnını alnına dayadı ve kadının yüzünü ellerinin arasına aldı. Tek bir an... İkisi de hiçbir şey düşünmeden öpüşmeye başladılar. Asil, Ege'yi kucağına alıp odaya çıkarttı. Birbirlerini, tenlerini, dokunuşlarını, nefeslerini, birbirlerine ait her şeyi çok özlemişlerdi. Bu özlem sevişmelerine de yansıyordu. Şehvetle değil... Özlem dolu... Aşk dolu... Acı dolu bir sevişmeyi bu. Ege, Asil'in her dokunuşuyla inliyor fakat içinden bir ses sürekli durmasını söylüyordu. Ama yapamadı, onu çok özlemişti. Bir noktadan sonra ise kendini tamamen bıraktı. Yıllardır bu anı beklemiş gibi, birbirlerinin gözlerinin içine bakarak, büyük bir orgazm yaşadılar. Ege, içinde ilerleyen ılık hisle birlikte gözlerini kapattı. Bir süre hiçbir şey demeden ve yapmadan öylece kaldılar. Sonra Asil, onun içinden tamamen çıkıp yanına uzandı, kadını da göğsüne çekti. Saçlarını kokladı, sonra onları öptü. Üst üste yaşadıkları olayların, geçmişle yüzleşmelerinin, ağlamanın ve muhteşem bir seksin yorgunluğuyla birlikte uyuyakaldılar. Ertesi sabah, "Asil, hadi uyan artık! Geç kalacağız." diyen bir sesle yavaşça kendine gelen Asil etrafına bakındı. Ege çoktan hazırlanmıştı bile. Kadın gözlerini devirip "Hadi ama artık Asil! Gelmeyeceksen ben gidiyorum." diye söylenerek odadan çıktı. Heyecandan kalbi ağzında atan adam, kendi kendine gülümsedi. Ege'sine kavuşmuştu. En azından şimdilik... Yıllar sonra ilk kez aralıksız, huzur dolu bir uyku çekmişti. En son ne zaman bu kadar iyi hissettiğini hatırlamıyordu. Sevinçle yerinden kalktı. Yan tarafta geçmişte onun kullandığı oda vardı. Oraya girip eşyalarına baktı. Her şey en son hatırladığı gibi duruyordu. Ege buranın düzeninin bozulmasına izin vermemişti. Bu nasıl bir aşktı? Dolabını açtı, belli ki her şey düzenli olarak temizleniyordu. İşine ve kendine uygun olan kıyafeti seçti. Hazırlanıp aşağı aşağıya indi. Ege elindeki fincanı uzatıp "Yolda içersin. Hadi, geç kaldık." diyerek evden çıktı. O da kadını takip etti. Ardından ofise gittiler. İçeri girdikleri anda

Asil'in alnını gören Ela korkuyla, "Komiserim başınıza ne oldu?" diye haykırdı. Genç polisin bu sorusundan sonra, Asil'e bakan Bahar da bir anlık her şeyi unutup ayağa kalktı, "Asil ne oldu, iyi misin?" diye sordu.

Korkmuştu ama anında, verdiği tepkiden rahatsız olup yerine oturdu. Zaten gece yaşananlardan dolayı pişmanlık duymaya başlayan Ege, Bahar'ın bu ilgisinden sonra daha da kötü hissetmişti çünkü karşısında Asil'e âşık bir kadın vardı. Ne kadar aralarındaki ilişki bitmiş olsa da ona haksızlık ediyormuş gibi hissetti. Sessizce ilerleyip masasına oturdu. Asil, "Ufak bir kaza geçirdim. Önemli bir şey yok, merak etmeyin." deyince Dora, "Ne kazası komiserim. Trafik mi?" diye sordu. Komiser başına iki yana salladı, "Yok evde... Biraz alkollüydüm, ayağım takıldı, kafamı vurdum. Önemli bir şey yok."

Ela gülerek "Yalnız kafanızı vurmak yaramış gibi. Baksanıza, gözlerinizin içi gülüyor." deyince Asil de güldü. Gerçekten de gözlerinin içi gülüyordu dün gece hayatının mucizesini yaşamıştı. Tek bir an yaşamak için tüm ömrümü vermeye razı olduğu kadın, bütün gece kollarındaydı. Yıllardır başka kadınlarla yaşarken hayalini kurduğu şeyi gerçekten de yaşamıştı. Hayatındaki en büyük ödülü almıştı veya öyle zannediyordu. Ege onun kadar mutlu değildi, yaşadıklarını bir hata olarak görüyordu. Duygularına yenilip büyük bir hata yaptığını düşünüyordu. Bunun bir daha olmaması için de elinden geleni yapacaktı. Asil'in rüzgârına bir kez daha kapılamazdı. Yaşadığı onca şeyden sonra buna izin veremezdi. Yeniden Asil'le birlikte olması demek; kendine, ailesine, onu seven herkese, çektiği acılara, Bahar'a, diğerlerine aslında her şeye ihanet etmesi demekti. O, gözlerinin önünde acıdan erirken, ailesinin çaresizce çırpınışını düşündü. Onlara bunu yapamazdı. Bu düşüncelere dalıp gitmişken Timur Amir ofise girip "Herkes geldiğine göre toplantı odasına geçebiliriz. Ege'nin bize anlatacakları var." deyince herkes amirlerinin emrine yerine getirmek için hareketlendi. Başkomiser üzüntüyle "Katilimiz ile eşleşen hiçbir suçlu bulamadık. En ufak benzerliği bile değerlendirdik ama bir sonuç çıkmadı." diyerek kısa bir bilgilendirme yaptı. Ardından Ege hazırladığı sunumu açtı ve katille alakalı düşüncelerini, çıkarttığı profili anlatmaya başladı.

"Katilimizin 30-40 yaş aralığında, geçmişte annesiyle ilgili problemler yaşamış biri olduğunu düşünüyorum. Kadınları hedef alıyor olması, buna işaret edebilir. Ayrıca dikkatimi çeken şey..." deyip durdu. Kurbanların fotoğraflarını tek tek gösterip "Onu hatırladığı hâlinden intikam alıyor gibi..." deyince Bahar, "Neden böyle düşünüyorsun peki?" diye sordu. Ege omuz silkti, "Kurbanların hepsi birbirine benziyor."

Diğerleri bir aydınlanma yaşamış gibi bakarken Dora, "Oha! Gerçekten de birbirlerine çok benziyorlar. Bu, hiç dikkatimi çekmemişti." diye haykırdı. Komiser devam etti, "Mideye takıntılı, bu onun imzası. Mideyle ilgili ya kendisine ya da annesine işkence gibi bir şey yapılmış olabilir. Veya 'midesizlik' kavramına gönderme yapıyor da olabilir. Modus operandisine yani çalışma yöntemine odaklanacak olursak; yirmi ila otuz yaş aralığındaki güzel, koyu ve dalgalı saçları olan, yalnız kadınları hedef alıyor. Son kurbanını birkaç gün önceden seçmiş olması -diğerlerinde böyle bir durum var mı, yok mu bilmiyoruz ama- bana her şeyi olduğu gibi, kurbanının seçimini de planlıyor gibi geliyor. Onları dış görünüşlerine göre seçiyor ve belirlediği günlerde öldürüyor. Kurbanlarını öldürdüğü günlerin de onun için özel olduğunu düşünüyorum. Bekar biri olma ihtimali çok yüksek çünkü evli biri bu kadar rahat olamaz. Yaptıkları; eşinin, çevrenin veya herhangi bir tanıyanın dikkatini çekerdi mutlaka. Kadınları çıplak sergiliyor, ya onlardan nefret ediyor ve aklı sıra onları aşağılıyor ya da kadın bedenine karşı bir zaafı, hayranlığı var." deyince Dora, "Eşcinsel olabilir mi?" diye sordu. Ege başını sallayıp "Hayır, sanmıyorum. Eşcinseller genelde hemcinslerini hedef alır. Benim için en mantıklı açıklama, annesinin bir seks işçisi ya da babasını aldatmış olma ihtimali. Bu yüzden kurbanlarının vücutlarını sergiliyor ve midelerini çıkarıyor olabilir. Belki de annesinin yaptıklarını midesizlik olarak görüyordu."

Bu son ihtimal, herkese çok mantıklı gelmişti. Bahar, Timur Amir'e dönüp "Peki, basına bir açıklama yapacak mısınız Başkomiserim? Ne bileyim, önlem almaları için hedef aldığı kadınlardan bahsetseniz." deyince Asil de onun fikrine katıldı. "Bahar doğru söylüyor amirim. Kadınları uyarmamız lazım. Biz katili yakalayana kadar yalnız kalmamaya özen göstersinler. Özellikle de tarife uyan kadınlar..."

Ela korkuyla saçlarına dokunup "Ülkenin neredeyse yüzde sekseni bu profile uyuyor. Bugün kuaförden randevu alacağım." deyince diğerlerini de istemsizce güldürdü. Asil, "Katil sana yaklaşacak olursa konuşmaya başla, çok dayanamaz, adam kendini keser. Böylece biz de ondan kurtulmuş oluruz." dedi. Ela, "Aşk olsun komiserim. Ölürsem üzülürsünüz ama!" diyerek dudak bükünce adam, "Salak salak konuşma Ela! Senin kılına zarar getirecek herif daha anasının karnından doğmadı." diye çıkıştı. Genç polis başını yana eğerek "Beni çok sevdiğinizi biliyordum." deyip ellerini çırptı. Asil gözlerini devirip ona baksa da Ela sevimli gülüşünü saklamadı. İçinden ne kadar sert görünürse görünsün, ne kadar yanlış şeyler yaparsa yapsın aslında büyük bir kalbi var, diye düşündü. Kabuğunun altında, kocaman bir yüreği vardı. Ekip bir süre daha cinayetler üzerine tartıştıktan sonra ofise döndü. Biraz sonra Asil'in arkadaşı Cenk, kapıyı tıklatarak içeri girdi. Geçen gün, Buseleri eve götürmüş ama Asil'i görememişti. Bu nedenle hiç âdeti olmayan bir şeyi yaparak iş yerine gelmişti. Onu gören Asil şaşkınlıkla "Cenk?" diyerek yerinden kalksa da Cenk ondan daha büyük bir şaşkınlık yaşıyordu. Çünkü sadece Asil'in değil, onun da çocukluk arkadaşı olan Ege, kanlı canlı karşısında duruyordu. Adam, deyim yerindeyse ağzı açık bir hâlde, kadına bakarken Ege mahcup bir tavırla gülümseyerek ayağa kalktı. Cenk, "Ege?" diye mırıldandıktan sonra heyecanla "Ha siktir! Gerçekten de Ege lan!" diye bağırarak kadına doğru atıldı. İki arkadaş sıkıca sarıldı. Adam hâlâ inanamıyordu. Kadından ayrılıp elini kalbine koydu. "Bir dakika..." diyerek öylece durdu. Yavaş yavaş şoku atlattıktan sonra, öfkeli gözlerle Ege ve Asil'e bakıp "Sizi şimdi, burada öldürebilirim. Neredesin kızım sen yıllardır? Lan, öldün mü, kaldın mı haberimiz yoktu. İnsan dostlarına bunu yapar mı? Hadi, buna yaptın, tamam ama ben sana ne yaptım? Hadi, onu da geçtim birader de madem geri geldin, neden bana haber vermiyorsunuz? Delirtecek misiniz oğlum siz beni?" diye bağırınca Ege, "Daha yeni geldim. Geldiğimden beri de sürekli bir şeyler oluyor. Arayacaktım ama inan fırsatım olmadı." diyerek dudak büktü. Adam, Asil'e parmak sallayıp "Senin belanı si..." derken diğerlerinin bakışlarını fark etti ve durdu. Bedenini dikleştirip "Neyse, bunu konuşacağız. İkinizin de ifadesini alacağım." dedikten sonra, ekiptekilerle el sıkışarak kendini tanıttı. Asil, "Sen niye geldin, hayırdır? Âdetin değildir böyle ziyaretler." diye sorunca "Gülizar babaanneyle ve Buse'yi getirdiğimde yoktun. Dün de uğradım ama yine seni göremedim. İyi olup olmadığını görmek için geldim ki iyi ki de gelmişim. Yoksa alnındaki tut, büyük âşıkların yeniden kavuşmuş olmasına kadar birçok şeyi kaçıracakmışım. Tabii, ben bir piç olduğum için aklınıza bile gelmediğimi de..." diyerek isyan etti. Dora ve Ela göz göze gelip sonra Bahar'a döndüler. Güzel komiser önündeki dosyaya bakıyor; olup biteni görmezden, duymazdan gelmeye çalışıyor ama yanaklarını ısırışından, bunu pek beceremediği de belli oluyordu. Ege de göz ucuyla kadına bakarak içinden, "Gücüne hayranım Bahar... Keşke bu şartlar altında tanışmasaydık. Keşke benden nefret etmene sebep olan şeyler yaşanmamış olsaydı. Özür dilerim..." diye geçirdi. Asil, "Akşam uğra, her şeyi uzun uzun konuşuruz." deyince Cenk, Ege'ye dönüp "Sen de orada mı kalıyorsun?" diye sordu. Kadın başını iki yana sallayıp "Kendi evimdeyim ben. Hemen yan tarafta zaten, biliyorsun. Görürüm seni akşam." deyince Cenk onu onayladıktan sonra herkesle vedalaşıp ofisten çıktı. Ekip, günün geri kalanında çalışmalarına devam etti. Buse bugün biraz daha iyi görünüyordu. Arkadaşlarının yanında olması ona iyi gelmişti. Asil'in geldiğini görünce ağabeyine sıkıca sarıldı. Gençler de onunla selamlaşıp üzüntülerini dile getirdiler. Komiser, babaannesini de görüp salona geçti. Biraz sonra Cenk geldi, Buse'ye hediye ve çikolatalarla dolu bir kutu uzatıp "Geçen günü saymıyorum, sonunda meşhur Buse'yi tanıma şansına nail oldum." diyerek gülümsedi. Bu hareketi genç kızın yüzünü de güldürmüştü, "Teşekkür ederim Cenk ağabey. Ben de çok memnun oldum." dedikten sonra arkadaşlarına dönüp "Biz odaya geçelim." deyince gençler, Asil'le Cenk'i yalnız bıraktı. Asil iki bardak viski doldurup birini Cenk'e uzattı. Adam içkisinden bir yudum alıp "Anlat bakalım bilader. Ne oluyor? Ege ne zaman geldi? Barıştınız mı?" diye sordu. Asil tüm olup biteni bazı detayları saklayarak anlattı. Cenk, "Vay anasını... Oğlum, bu ne lan? Hayatın iyice yılan hikâyesine dönmüş. E, son durum ne? Barışmadınız mı yani?" deyince Asil omuz silkip "Dün gece harikaydı ama bugün bir tuhaf davrandı. Pişman olmuş gibi hissediyorum." dedi. Cenk, "Kusura bakma bilader ama seni öyle kolay kolay affedeceğini sanmıyorum. Kızı hayatının en zor gününde terk ettin be oğlum. Onun yaşadığı şeyi düşünebiliyor musun?" deyince Asil arkadaşını haklısın anlamında başıyla onayladı. "Şu an burada ya, bana o bile yetiyor. Yeter ki gözümün önünde olsun. Yalnız, hayatında birinin olduğunu söylemişti. Çekindim, soramadım ama meraktan deliriyorum." deyip bardaklarını tekrar doldurdu. Buse su almak için aşağı indiğinde konuşmalarına kulak misafiri olmuştu. Kimdi bu Ege? Acısını bir nebze olsun unutmak, kafasını dağıtmak için çözmeye çalışacağı bir bulmaca bulmuştu kendine. Bu hikâye neyin nesiydi? Ağabeyi Ege diye bahsettikleri bu kadına ne yapmıştı ve neden kimse Bahar'dan bahsetmiyordu? Dikkat çekmemek için hızla suyunu alıp odasına döndü. Cenk, "Sevgili deyince aklıma geldi. Bugün ofisteki şu komiser... Neydi adı? He, Bahar... Onun manita var mı? Biliyor musun?" diyerek sırıttı. Asil boğazını temizleyip "Şey..." deyince arkadaşı, "Siktir lan! Oğlum, memlekette kadın bırakmadın." diye isyan etti. Asil oflayarak "O iş de çok karışık. Ortalığın içine sıçtım resmen." deyip Bahar'la ilgili her şeyi anlattı. Cenk duydukları karşısında ona çok kızdı ama olan olmuştu. Onlar konuşurken kapı çaldı. Ege'nin geldiğini gören Asil heyecanlanmıştı. Lakin kadın hâlâ ona karşı mesafeliydi ve oraya da hem babaanneyle Buse'yi hem de Cenk'i görmek gelmişti. Gülizar Hanım'ı ziyaret ettikten sonra Buse'nin kapısını tıklattı ve başını içeriye uzatıp "Kusura bakmayın rahatsız ediyorum ama Buseciğim, seninle tanışmak istemiştim." deyince kız ayağa kalkıp "Ege abla, değil mi?" diye sordu. Kadın tüm içtenliğiyle gülümseyip ona sarıldı ve arkadaşlarıyla da tanıştı. Elindeki torbayı yatağın üstüne koyup "Size birkaç bir şey getirdim." diyerek gençler için getirdiği oyunları ve içi İzmir'in meşhur tatlısı Bomba dolu olan kutuyu çıkardı. Nisa, "Allah! Bomba!" diye bağırarak kutuyu açtı. Ege sevimli bir ifadeyle, "Köpek sever misiniz?" diye sordu. Buse heyecanla, "Kim sevmez ki?" diye atılınca kadın, "Süper! O zaman size bir teklifim var. Bombalarınızı yiyin." dedikten sonra Buse'ye bir anahtar uzattı, "Bu, benim evin anahtarı. Evim de şu yan taraftaki... Evde sizi minnacık bir şey karşılayacak, onu size emanet ediyorum. Ben aşağıdayım. İstediğiniz kadar sevebilir hatta bende de kalabilirsiniz. Yiyecek içecek her şey var. Video oyunları da var. Keyfinize bakın. Çekinmek yok, anlaşıldı mı?"

Gençlerin yüzüne kan gelmişti. Hepsi, özellikle de Buse ona sarılıp teşekkür etti. Ege erkeklerin yanına indiğinde "Asil, harika bir kız kardeşin var ve ne kadar güçlü... Hayran kaldım." deyince adam memnun bir ifadeyle gülümsedi. Cenk bir Ege'ye bir Asil'e baktı. Kadın, "Ne var?" diye sorunca, Cenk omuz silkip "Mala döndürdünüz lan beni!" diyerek isyan etti. Asil, "Başladığımız yere mi döndük yani?" deyince Cenk, "Hayatın kuralı bu, ne kadar uzağa gidersen git, başladığın yere dönersin sonunda. Ne kadar değişirsen değiş, nerede mutlu olduysan hep oraya çevirirsin kafanı. Ne kadar terbiye etsen de susturamazsın içindeki canavarı ve nereye gidersen git, şunu unutma, 'Herkes, gün olur evine döner.'" diye mırıldanıp göz kırptı. Ege oflayarak "Hemen Ramiz Dayı'ya bağladın yine." diyerek güldü. Bir süre eski zamanlarda olduğu gibi muhabbet edip geçmişi yâd ettiler. Buse ve arkadaşları aşağıya indi. Ege, "Gidiyor musunuz?" diye sordu. Buse, "Evet." deyince Asil, "Bir dakika, nereye?" diyerek kardeşine baktı. Barlas atıldı, "Ege ablanın evine, köpeğini sevmeye gidiyoruz Asil ağabey." Ege, "Maması mutfakta. Görürsünüz zaten. Acıkmıştır, hadi gidin de daha fazla bekletmeyin." diyerek göz kırptı. Kardeşine olan ilgisi, Asil'i fazlasıyla memnun etmişti. Gençler eve geçtikten sonra, eski arkadaşlar sohbetlerine devam etti. Saat bayağı geç olunca Ege ve Cenk kalktı.

O günü takip eden bir hafta boyunca herhangi bir cinayet işlenmemişti. Diğer tarafta Bahar da Ege de Asil'e karşı çok mesafeliydi. Ege'nin, o gece yaşadıklarından pişman olduğu ve bunu devam ettirmek istemediği net bir şekilde anlaşılıyordu. Dora ve Ela da çok sessizdi çünkü ortamdaki gerginliğin kendilerine patlamasından korkuyorlardı. Timur Amir de her şeyin farkındaydı ama önceliği cinayetleri çözmek olduğu için bu konuyu sonraya bırakmaya karar vermişti.

BÖLÜM 5

AILEEN WOURNOS CİNAYETİ

27 Mart 2024

Sabah, Dora yerinde duramıyordu. Ela, "Neyin var senin?" diye sorunca genç polis, "Eğer Asil Komiser gördüyse beni sikecek." diyerek tırnaklarını kemirmeye başladı. Ege merakla sordu, "Neyi gördüyse Dora? Ne oluyor Allah aşkına?"

Genç polis, "Geçen kupon yaptım. Asil Komiser de yanımdaydı ve ben Göztepe'ye oynadım." dediği anda, Ege "Pardon?" diyerek sinirli bir şekilde baktı. Dora korkuyla "Siz de mi? Allah'ım şu an canımı almazsan komiserlerimin azabına maruz kalacağım. Şimdi tam zamanı!" diye haykırdı. Ege bir kaşını kaldırıp "Bence de öyle! Aramızda bir hain varmış meğerse..." derken Asil ofise girdi. Son günlerde yaşadıkları, Ege'nin bu mesafeli duruşu onu biraz daha yaşlandırmış gibiydi. Ela şirinlik yaparak "Sizin için ne yapabilirim? İsterseniz bana bağırabilirsiniz, ağzımı bile açmam. Yeter ki eski neşenizi görebilelim. Gerçi normalde de pek neşeli sayılmazsınız ama olsun. Ne demek istediğimi anladınız bence." deyince Asil yarım bir gülümsemeyle onu geçiştirdi. Ege, onu hayata döndürecek kamçıyı biliyordu. Bir haftadır devam eden gergin hava kimseye iyi gelmemişti. Ege, bir nebze olsun gerginliği dağıtmak, biraz tebessüm edebilmek adına; "Asil, Dora Göztepe taraftarıymış. Kuponu da ona oynamış." dediği anda Asil önce kadına sonra hızla Dora'ya baktı. Genç polis korkudan titrerken komiser, "Doğru mu lan bu? İçimizde bir hain mi var?" diye söylenmeye başlayınca Dora'nın surat ifadesini gören diğerleri, kahkaha atmamak için kendilerini zor tutuyordu. Genç polis korkuyla, "Olur mu öyle şey komiserim?" dedikten sonra hızla ayağa kalkıp "Kaf Kaf Kaf Sin Sin Sin Kaf Sin Kaf Sin Kaf!" diye bağırarak yumruğunu havaya kaldırınca Asil de dâhil herkes kahkahaya boğuldu. Dora, "Komiserim, siz böyle gülecekseniz ben sabahtan akşama kadar 'Kaf Sin Kaf' diye bağırırım. Hiç problem değil." diyerek sevinçle gülümseyince Asil başını salladı, "Sana çok tav oluyorum çocuk, bunu biliyorsun değil mi?"

Dora elini kalbine koyup "Beni sevdiğinizi ilk kez söylediniz." deyince Ela, "Salak mısın Dora? İzmir'de o, gıcık olmak anlamında kullanılıyor. Hâlâ öğrenemedin mi?" diyerek dalga geçti. Genç polis, "Ne İzmir'miş arkadaş! Çekirdeğe çiğdem, çamaşır suyuna klorak, mısıra darı, simide gevrek... Baştan dil öğreniyoruz resmen!" diye isyan ederken Asil ve Ege'nin öldürücü bakışlarıyla karşılaşınca "Ben en iyisi susup oturayım." diyerek yerine oturdu. Asil, "Hayatının en doğru kararı olur Dora, yoksa..." deyip Ege'ye baktı. Kadına göz kırptı. Uzun zamandan sonra ofis eski hâline dönmüş gibiydi, sessizce onları dinleyen Bahar dışında... Derken havayı yine altüst edecek o ihbar geldi:

"Buca Şahin Tepesi'nde bir kadın cesedi bulundu. Yetkili birimlerin olay yerine intikal etmeleri duyurulur."

Korkuları yüzlerine yansıyan ekip hızla söylenen adrese gitti. Siyahlı adam yine ortaya çıkmıştı. Asil kaşları çatık bir hâlde saçları kanla kaplanmış yüzünün bir kısmını örten kadına doğru eğilip incelemeye başladı. Bakışlarındaki tuhaflığı fark eden diğerleri ne olduğunu anlayamadı. Komiser "Üzerinden kimlik çıktı mı?" diye sordu. Olay yeri incelemeden Murat, "Evet komiserim. Maktulün adı Hande Günaydın, 27 yaşında." deyince Asil, beden diliyle o an orada olmak istemediğini gösterircesine gözlerini kapatıp derin bir nefes aldı. Acısı yüzüne yansımıştı. Timur Amir, "Yoksa maktulü tanıyor musun Asil?" diye sordu. Adam birkaç saniye boş gözlerle baktıktan sonra, evet anlamında başını salladı. Hızla doğruldu, öfkesine daha fazla olamayıp "Sikeceğim ama artık! Yeter lan!" diye bağırarak yerdeki taşa tekme attı. Kimse ne diyeceğini bilmiyordu. Asil bir anlık nefes darlığıyla kalbini tuttu. Artık son zamanlarda yaşadıkları ağır gelmeye başlamıştı. Onun bu hâli herkesi korkuttu. Ege koluna dokunup "Asil, iyi misin?" diye sorunca derin nefeslerle kendini yavaşça toparlayan Asil, onu başıyla onaylayıp "İyiyim ama artık sinirlerim kaldırmıyor Ege. Başımızda bir psikopat var ve sürekli birilerini öldürüyor. Bu da yetmezmiş gibi babam olacak herif, anlamadan dinlemeden sahte fotoğraflar yüzünden karısını ve ağabeyini öldürdü. Birçok insanın da hayatını sikiyor. Siyahlı adamı geçtim, daha o fotoğrafları kimin gönderdiğini bile bulamadık. Tam bitti diyorum, bu sefer de siktiğimin katili arkadaşımı öldürüyor. Ben artık çıldıracağım!" diyerek kaderine isyan etti. Bahar da dâhil olmak üzere herkes adama hak vermiş ve onun adına üzülmüştü. Dora sessizce "Kızım bu nasıl kader? Adamın hayatındaki herkes tek tek ölüyor." deyince Ela korkuyla "Salak salak konuşma Dora. Korkutma beni." diyerek dolan gözleriyle ona baktı. Genç polis, "Tamam, sakin ol. Özür dilerim. Seni korkutmak istemedim." deyip kadının elini sıktı. Bu hareket Ela'ya iyi hissettirmişti. Timur Amir, "Sen ofise dön Asil. Buraları biz hallederiz merak etme." dediği anda Murat bir kâğıt uzattı, "Cesedin altından bir not çıktı amirim."

Amir hemen bir eldiven takıp notu açtı. İçinde kanla yazılmış bir isim vardı. Amir, "Aileen Wournos..." deyince Ela, "O kim? Ünlü biri mi?" diye sordu. Ege kaşlarını çatıp tekrarladı, "Aileen Wournos..." Asil, "Ben bu ismi bir yerden hatırlayacağım ama..." derken Ege araya girdi, "En ünlü kadın seri katillerden biri."

Bahar, "Kadının spesifik bir özelliği var mıydı? Katil bize bir şey anlatmaya çalışıyor olabilir." deyince Ege onaylayıp "Ben de öylesine yapılmış bir şey olduğunu düşünmüyorum. Aileen Wournos; söylenen yedi, kanıtlanan beş erkeği öldürmüş bir seri katil. Sebep olarak ise seks işçiliği yaptığı zamanlarda, bu adamların kendisine tecavüz ettiğini söylemiş ve hiçbir zaman da pişman olmamıştı.

Sonunda zehirli iğne ile idam edildi." dedi. Asil, "Yani? Sence katil ne demeye çalışıyor?" diye sordu. Kadın derin bir nefes alıp verdikten sonra "Maktul seks işçisi miydi?"

Komiser, "Normalde bir reklam şirketinde çalışıyordu ama..." derken Timur Amir, "Bunu öğrenmek zor değil. O konuyu en kısa zamanda çözeriz de senin bize söyleyeceğin başka bir şey var mı Murat?" diye sordu. Murat, "Hemen hemen her şey aynı, amirim. Adli tıp doktorumuz, katilin muhtemelen önce başına vurup bayılttıktan sonra maktulü boğduğunu ve midesini çıkardığını düşünüyor. En kısa zamanda otopsi raporunu size gönderecek. Notu da kurbanın parmağını kullanarak yazdığını düşünüyoruz çünkü parmağında da kan lekeleri var ama herhangi bir yara izi yok. Yine de kriminal laboratuvarına göndereceğiz. Delil olabileceğini düşündüğümüz her şeyi topluyoruz." deyince amir teşekkür edip ekibe döndü, "Bahar, Dora'yla birlikte maktulün iş yerine gidin. Bildikleri herhangi bir şey var mı öğrenin bakalım."

İkili emri yerine getirmek için harekete geçti. Ela, "Gazeteciler yine gelmiş." diyerek bilgi almayı bekleyen basın mensuplarını işaret etti. Timur Amir oflayarak "Detay istiyorlar. Bu işi ben hallederim, siz ofise gidin. Bulabildiğiniz her şeyi inceleyin, araştırın." deyip onları da gönderdi ve açıklama yapmak için habercilerin karşısına çıktı. Fazla detay vermeden katilin kadınlara yaptıklarını anlattı.

Ofise giden ekip her şeyi araştırmaya başladı. İfadeler alındı, kameralar ve telefon kayıtları tek tek incelendi. Sabahlara kadar süren araştırmalar yine sonuçsuz kalmıştı. Kriminal laboratuvarından gelen sonuçlar da öyle... Kâğıt da parmak izi yoktu. Maktulün kendi parmağı kullanılarak ve yine kendi kanıyla yazılmıştı.

Ertesi gün yine dosyalara boğulmuş olan ekibi Asil'in, "Neden bir seri katilin, özellikle de kadın seri katilin adını yazdı ki?" diye sesli düşünmesi irkiltti. Bahar, "Bir mesaj veriyor, tamam ama bu mesaj ne?" diye sorunca Timur Amir, "Sanırım basına yaptığım ilk açıklama yüzünden. Üçüncü cinayetle birlikte resmî olarak seri katil listesine girdiğini ama korkmamalarını, her şeyin kontrol altına alınacağını ve hatta ekibimize bir seri katil uzmanının dâhil olduğunu, çok yakında katili yakalayacağımızı söyledim. Sanırım bu yüzden bizimle dalga geçiyor." dedi. Ege, "Diyelim sebep bu, o zaman neden çok daha bilindik, çok daha cani bir seri katili seçmedi ki? Ted Bundy, Edmund Kemper, Gary Ridgway ya da ne bileyim... John Wayne Gacy, David Berkowitz gibi isimler dururken neden Aileen Wournos?" deyince her zamanki Ela, kadının arkasındaki panodan birini işaret edip "Şu yakışıklı olan kimdi? O da çok fenaydı." dedi. Ege arkasına bakıp "Richard Ramirez mi? Gece Avcısı..." deyince genç polis, "Evet evet o... Ayy, çok korkunçtu! Belgeselini izlemiştim." derken Asil gülerek "Koca belgeselde aklında kalan tek şey adamın yakışıklılığı mı oldu?" diye sorunca Ela, "Yok ama gözlerinde bir şey var... Bilmiyorum... Ne zaman fotoğrafını görsem içim ürperiyor." dedi. Ege de ufak bir kahkaha atıp "Fiziksel görünüşüne bakacak olursak asıl Bundy'den korkmalısın. Tam onun tipisin. Düz, kahverengi saçlı..." derken durdu. Beyninde şimşekler çakmıştı. Aynı şaşkınlık herkesin yüzüne yansımıştı. Dora heyecanla "Siktir! Tıpkı bizim katilimiz gibi..." diye haykırınca Asil, Ege'ye dönüp "Onu örnek alıyor olabilir mi?" diye sordu. Ege, "Ya da hepsinden bir parça…" diye mırıldandı. Bahar, "Nasıl yani? Tüm seri katillerden bir şeyler alıp onları mı uyguluyor yani?" diye sorunca Ege, onu başıyla onaylayıp "Neden olmasın?" diyerek hızla yerinden kalktı. Panosuna dönüp tek tek, her bir seri katilin fotoğrafına baktı. Çenesini ovaladı, "Aynı fiziksel görünüşteki kadınlar... Hatta neredeyse Ted Bundy ile aynı standartlarda... Vücuttan iç organ çıkartmak, Karındeşen Jack... Saçları, giyimi, gözlükleri; Richard Ramirez... Hatta tıpkı onun gibi arkasında bir ayakkabı izi bıraktı. Belki de bunu bile bilerek yaptı. Gamalı haç dövmesi, Charles Manson... Bıraktığı not ise Aileen Wournos... Bu herif bayağı bayağı seri katillere takık!"

Herkes iyice gerilmişti. Korku dolu gözlerle birbirlerine baktılar. Dora boğazını temizleyip "Yani bir taklitçi mi arıyoruz?" diye sorunca Asil, "Ya da seri katilleri örnek alması her an her şeyi yapabilir hatta tüm profil bir anda değişebilir anlamına mı geliyor acaba? Bizi başladığımız noktaya döndürebilir mi?" dedi. Ela korkuyla, "Ağlayacağım ama artık... İleri gitmemiz gerekirken hep geri gidiyoruz. Ne olacak yani şimdi?" deyince Bahar, "Pozitif düşünsek... En azından taklitçi olduğunu biliyoruz yani bir sonraki cinayetinin nasıl, ne şekilde, nerede veya kurbanın kim olacağı ihtimalleri sonsuz değil artık." dedi. Asil, "O kadar çok seri katil var ki yine de işin içinden çıkamayız. Yani ihtimaller yine sonsuz…" deyip başını ovmaya başladı. O ana kadar sessizce düşünen Timur Amir, Bahar'ın "Siz ne düşünüyorsunuz amirim?" diye sormasıyla kendine geldi. Adam omuzlarını silkip "Kafayı yememeyi..." derken hâlâ panoya bakan Ege birden "Siktir!" diye bağırdı. Herkes şaşkınlıkla kadına döndü. Asil, "Ne oldu?" diye sorunca Ege yüksek bir sesle, "Cinayetler hangi tarihlerde işlenmişti?" diyerek hemen telefonunu eline aldı. Bahar, "10 Nisan, 24 Haziran, 21 Şubat, 17 Mart ve en son 27 Mart..." derken hâlâ telefonuna bakan Ege, "Buldum! Buldum!" diye bağırınca herkes heyecanla yerinden kalkıp onun masasının etrafında toplandı. Asil, "Ne buldun Ege?" diye sordu. Kadın, "Yakalanmadığı sürece işleyeceği cinayetlerinin tarihini... Kendine mentor olarak seçtiği seri katili..." diyerek gülümsedi. Elindeki telefonu ekibe uzattı. Dora sesli bir şekilde, "Cinayetleri işlediği tarihler... 10 Nisan 1984... 24 Haziran 1984..." derken durdu. Herkes şaşkınlıkla birbirine bakmaya başladı. Asil, "Siktir..." diye mırıldanıp ağzını kapattı. Dora okumaya devam etti: "21 Şubat 1985... 17 Mart... 27 Mart... 14 Mayıs..."

Son tarihi söylerken git gide sesi kısılmıştı. Timur Amir, "Yani, bu durumda..." derken Ege, "Yani bu durumda bir sonraki cinayetini 14 Mayıs'ta işleyecek." diyerek onun cümlesini tamamladı. Bahar, "Kim bu katil? Örnek aldığı yani..." diye sorunca Ege, Ela'ya döndü; "Seninki..."

Genç polis, "Tövbe tövbe, demeyin öyle seninki falan... Ay tüylerim diken diken oldu!" diyerek kollarını sıvazladı. Asil, "Gece Avcısı hayranı yani..." dedikten sonra masaya hafifçe vurup "Ben bunu nasıl fark etmedim daha önce?" diyerek kendine kızdı. Bahar, "Kendine kızma, biz de anlamadık. Üstelik aldığımız eğitimde en çok bahsedilen seri katillerden biri olmasına rağmen hiç aklıma gelmedi." dedi. Dora, "Peki ya şimdi ne olacak? Tamam, bu kısmı çözdük de oturup 14 Mayıs'ta gerçekleşecek cinayeti mi bekleyeceğiz?"

Herkes Timur Amir'e döndü. Adam oflayarak "İnsanları medya aracılığıyla uyaralım desem belli ki katilimiz de haberleri izliyor. Ramirez olayını anladığımızı duyarsa planını değiştirebilir." derken Ela telefonuna gelen mesaja bakıp "Oha... Şuna bakın!" diyerek telefonundaki fotoğrafı ekibe gösterdi. Fotoğrafta, bir kuaför dükkânının önünde oluşmuş uzun bir kuyruk vardı. Genç polis, "Kuaför bir arkadaşım göndermiş. Kadınlar saç rengini değiştirmek için sıraya girmişler. Diğer kuaförler de aynı durumdaymış." diye bir açıklama yaptı. Ege, "İnsanlar, katilimizin koyu renk saçlı kadınları hedef aldığını duyunca korkudan tedbir almaya başladılar demek ki... Bu çok normal. Yakın zamanda barınaklarda köpek de kalmaz. Kendilerini korumak için akıllarına gelen her şeyi yapacaklardır." dedi. Asil, "Ortalık çok kızışıyor. İnsanlar bizden bir şeyler bekliyor, bizim ise elimiz kolumuz bağlı. Ne dersin Ege, sence basına 14 Mayıs'ı duyurmalı mıyız?" diye sorunca güzel komiser derin bir nefes alıp verdikten sonra, "Bilemiyorum. Bunca zaman yakalanmamak egosunu yükseltmiş olabilir. Bir sonraki tarihi söyleyip insanları uyarırsak egosuna yenik düşüp atağa geçebilir ya da sizin de dediğiniz gibi korkup taktik değiştirebilir. Gerçi bu zamana kadar seri katillerin çoğu basın açıklamaları sonrasında bile yöntemini değiştirmeden, meydan okurcasına cinayet işlemeye devam ettiler. Hatta polise sinirlenip mektup yazanlar bile var ama işte net bir şey söyleyemiyorum."

Asil omuz silkip "Onu egosu tavan yapmış bir piç hâline getirdiğimize eminim. Düşünsenize bir sürü cinayet işliyorsunuz ve yakalanmıyorsunuz. Bu bir seri katilin ego yapması için yeterli bir sebep." deyince diğerleri de ona hak verdi. Amir, "Bu tarz vakalarda, katil dışında kimsenin bilmediği bilgilerin basına verilmesi gidişatı bozar, doğru olmaz. O yüzden şimdilik bir duralım. Riske atmaya değmez. Belki bir şeyler buluruz ve o tarih gelmeden herifi enseleriz. O yüzden şimdilik hiçbir açıklama yapmamak en doğrusu. Sıfıra dönmek istemiyorum." dedi ve odasına gitti. Ela, "Katilimizin yeni adını duydunuz mu?" deyince Bahar şaşkınlıkla, "Ne adı?" diye sordu. Genç polis telefonundaki haberi gösterip "Timur Amir'in açıklamasından sonra medya ona 'Mideci Katil' adını vermiş." deyince Asil'in gülerek "Aman ne yaratıcı! Mobilyacı Katili, Tornavidalı Katil, İddiacı Katil, Kolici Katil, Çivici Katil, Kuyucu Katil... Elin Amerikalıları Green River Killer, The Night Stalker, Jack the Ripper, Boston Strangler gibi isimler koysun; biz hemen 'bir şeyci katil' diye yapıştıralım. Yaratıcılık efsane!" diye isyan etmesi diğerlerini de güldürdü. Ege, "Derdimiz verilen lakap mı yani şimdi Asil?" diye sorunca adam omuz silkti. "Sizin derdinizi bilmem ama ben çok acıktım. Yemeğe gelen var mı?"

Ege dosyayı kapatıp "Sen mi ısmarlıyorsun?" diyerek dudak büktü. Asil, "Tabi ki de!" deyince kadın, "O zaman en pahalı ne varsa onu yiyoruz ekip, tamam mı?" diyerek göz kırptı. Dora asker selamı verip "Emredersiniz komiserim!" diye bağırdı. Ela da "Bir terazi kadını asla kalitesiz tercihler yapmaz zaten." diyerek saçını savurunca Asil, "Eyvah eyvah! Yine burç işine girmeden çıkalım çabuk. Hadi!" dedi. Bahar dışında herkesin kalktığını gören Ela, "Siz gelmiyor musunuz komiserim?" diye sordu. Ortam bir anda yine buz kesmişti. Bahar zoraki bir gülümsemeyle "Siz gidin, ben aç değilim. Afiyet olsun." dedi. Dora, "Ama olmaz ki böyle komiserim." derken Ege araya girdi, "Israr etme Dora! Siz çıkın, ben geliyorum."

Diğerleri şaşırsa da kadının dediğini yaptı. Bahar Ege'ye bakıp "Yemek yemek istemiyorum. Konuşmak da istemiyorum. Kusura bakma ama senin ve Asil'in olduğu hiçbir ortamda bulunmak istemiyorum. Sırf şu pisliği bulmak için hâlâ burada duruyorum. Yakaladığımız anda da tayinimi isteyip, siktir olup gideceğim. Lütfen sen de sevgilin de beni rahat bırakın!" dedi. Kollarını göğsünde birleştirip Bahar'ı dinleyen Ege, onları açıp Bahar'ın masasına doğru yürürken "Bitti mi?" diye sordu. Kadın, "Bitti." deyince Ege önünde durup "Birincisi, Asil benim sevgilim değil. İkincisi, seni en iyi ben anlarım çünkü ben de aynı adamı sevdim ve aynı adam tarafından terk edildim. Öfkeni, üzüntünü, yaşadığın o iğrenç hissi, midendeki bulantıyı... Hepsini şeyi biliyorum. Yıllarca bunlarla yaşamak zorunda kalmış biri olarak karşındayım. Benden nefret ettiğini de biliyorum ama senden tek bir ricam var, lütfen bana bir şans ver. Bu akşam benimle yemeğe çık ve sana her şeyi, tüm çıplaklığıyla, tüm detaylarıyla anlatayım. İzin ver, sana Ege'yi tanıtayım." dedikten sonra yavaşça ona doğru eğilip kısık bir sesle devam etti, "İzin ver, sana nasıl bir pislikten kurtulduğunu göstereyim."

Bahar özellikle de son duyduğu şeyden sonra afallamıştı. Onların arasında neler yaşandığını da merak ediyordu.

Birkaç saniye düşündükten sonra kabul etti. Ege içten bir gülümsemeyle "Akşam sekizde... Sana konumu atarım." dedikten sonra çıktı. Asil'in arabasının önünde, merakla onu bekleyen ekip üyelerine hiçbir şey demeden arabaya bindi ve yemeğe gittiler. Yemek boyunca da konuyu hiç açmadı. Bu nedenle de kimse içeride ne olduğunu öğrenemedi. Ofise döndüklerinde her şey normal görünüyordu. Bir süre sonra Timur Amir, "Patladık!" diyerek odaya girdi. Çok mutsuz ve sinirli görünüyordu. Asil, "Ne oldu amirim?" diye sorunca adam, "Bugün Sayın Valimiz benimle görüşüp ne durumda olduğumuzu, katil hakkında neler bildiğimizi sordu. Ben de olup biteni anlatıp ve bilgilerin gizli kalması gerektiğini, bunun daha doğru olacağını söyledim. Ama o az önce basın açıklaması yapıp her şeyi anlattı. Ayakkabı numarasından tut dövmesine, dövmesinden tut gece avcısı mevzusuna kadar... Ve tabii 14 Mayıs'ta evlerinizden çıkmayın demeyi de unutmadı." dedi. Asil elindeki kalemi masaya vurup "Siktir!" diyerek ofladı. Ege aklına takılan bir şeyi sormak için araya girdi. "Bu arada ayakkabı izinden marka tespit edilmiş miydi?"

Ela, "Evet komiserim ama oradan hiçbir şey çıkmadı çünkü deyim yerindeyse yüz yıllardır üretim yapan ve hemen hemen herkeste olma ihtimali olan bir marka." dedi. Timur Amir oflayarak "Neyse... Hadi çıkalım artık." dedikten sonra Asil'i, başıyla işaret ederek, dışarı çağırdı. Komiser, "Buyurun amirim." deyince adam, "Kafam çok atık Asil. Ne zamandır şu Neco işini erteliyoruz. Bu akşam yapalım. Hem benim de kafam dağılır biraz." dedi. Asil teklifi kabul etti. Herkes mesaisini tamamlayıp evinin yolunu tuttu. Birkaç saat sonra Bahar'la Ege yemeğe çıktı. Asil'le Timur Amir de... Kadınlar yemeklerini söyledikten sonra Bahar içkisinden bir yudum aldı, "Seni dinliyorum."

Ege boğazını temizleyip anlatmaya başladı. "Asil'in ailesiyle bizimkiler önce komşu olmuşlar, sonra da aile dostu... Aynı yılda doğduk, beraber büyüdük. Ofise gelen Cenk vardı ya onunla da aynı şekilde... İlkokul dördüncü sınıftayken salak Asil, saçlarını Memoli gibi yapıştırmış, evin bahçesine piknik hazırlamış, bana çıkma teklifi etmişti. O gün sevgili olduk ve on yıl boyunca hiç ayrılmadık. Şimdi sana anlatacaklarım, Asil anlattı mı bilmiyorum, onun özeli ama söz verdiğim için her şeyi anlatacağım. Polis olmaya çocukken karar vermiştik. Ailelerimiz polis olmamızı hiç istemedi ama kararımıza saygı duymak zorunda kaldılar. Polis Koleji'ni kazanıp Ankara'da yaşamaya başladık. Kolejdeki ilk senemizde korkunç şeyler olmaya başladı. Asil'in anne tarafı oldukça zengin bir aileydi. Dedesi, ne kadar babasını istemese de Melek anne vazgeçmeyince evlenmelerine izin vermiş, tek şartı evlilik sözleşmesi olmuş. Böylece evlenmişler. Neyse... Tekin amca yani Asil'in amcası büyük bir borca girmiş, Aytekin amcadan para istemiş. O, bu kadar büyük bir miktarı veremeyince de amcası bir plan yapmış Cavidan'ı bulup onunla bir anlaşma yapmış. Kadın, ne yapıp edip babasının aklını çelmiş ve ilişkiye başlamışlar. Bir süre sonra da Cavidan Aytekin amcayı ince ince işleyip onun Melek anneyi kandırıp parayı almasını sağlamış. Kadın bu parayı alıp Tekin amcayla paylaşmış. Bir süre sonra her şey açığa çıktı. Melek anne evliliğini kurtarmak için elinden geleni yaptı ama Aytekin amcanın gözü kör olmuştu resmen, ona çok kötü davranıyordu. Sonunda boşandılar, Aytekin amca Cavidan'la evlendi. Melek anne ise kendisine yapılanları kaldıramadı. Aytekin'siz yapamayacağından değil belki ama yaşadıkları çok zoruna gitmişti ve sonunda..." derken durup içkisinden bir yudum aldı ve devam etti, "Melek anne kanser oldu. Biz olayları biraz geç duymuştuk ama onun o acı sürecinin her anına şahit olduk ki o daha fazla dayanamayıp öldü. Asil'in hayatı altüst oldu. Onu toparlamak çok zordu. Babasını, Cavidan'ı ve amcasını öldürmeyi kafasına koymuştu ama çok şükür ki böyle bir şey olmadan hayat normale döndü. Lakin Melek annenin vefatından daha iki yıl geçmişti ki bu sefer de Adil dede vefat etti. Kızının üzüntüsüne anca bu kadar dayanabildi. Asil için hayat o dönem de çok zordu. Hâlini bir görseydin... Onu hep idare etmek, toparlamak zorunda kaldığım için neye, nasıl tepki verir çok iyi öğrenmiştim. Seni sürekli uyarma sebebim de bu yüzdendi. O zamanlardan kalma bir şey... Sonra Polis Akademisi'ne başladık. İkinci senemizdi, Asil bana evlenme teklifi etti. Ben de kabul ettim tabii ki. Evlenme teklifi ederken arkada Karşıyakalı şarkısı çalıyordu. Yani şarkının hikâyesi de oradan geliyor. Neyse bir süre sonra bende sürekli bir hâlsizlik, vücudumda ağrılar falan başladı. Doktora gittim, sonuçlar Asil'in doğum gününün sabahında çıktı. Öğrendiğim an ne yapacağımı bilemedim."

Devam etmekte zorlandığı belli oluyordu. Gözleri dolu dolu Ege'yi dinleyen Bahar, uzanıp onun elini tuttu. Ege gözünden akan yaşları silip zoraki bir gülümsemeyle "Akşamına Asil'e sürpriz parti yapacaktık, doğum gününü mahvedemezdim. O yüzden kendimi toparlayıp tüm gün rol yaptım ama ben onu ne kadar iyi tanıyorsam o da beni öyle tanıyordu. Bir sorun olduğunu anlamıştı. Ertesi gün beni sıkıştırdı. Ben de söylemek zorunda kaldım." dedi. Bahar merakla "Neyin vardı peki? Ne oldu?" diye sordu. Ege içkisini bir dikişte bitirip Bahar'ın gözlerinin içine baktı, "Kanserdim."

Duydukları karşısında kanı çekilen Bahar, tüm bunlardan kaçmak istermiş gibi gözlerini kapattı. Kalbi sızlamıştı. Ege peçeteyle gözlerini silip "Kimseyi, benimle bu süreci yaşamaya veya sonu belli olmayan bir yola sokmaya hakkım yoktu biliyordum ama bekledim... Asil'in yanımda olmasını bekledim. Ölebilirdim ve yanımda Asil olduğu sürece buna hazırdım. Ama öyle olmadı..." derken Bahar gözyaşlarını gizlemeden "Sakın bana seni bu noktada terk ettiğini söyleme Ege!" diyerek araya girdi. Bunu duymaktan korkuyordu. Asil bu kadar da acımasız biri olamazdı. Ege omuz silkti, "Benimle devam edemeyeceğini, bunu yapamayacağını söyledi. Annesinden sonra bunu bir daha yaşayamaz, kaldıramazmış. Böylece ilişkimiz bitti."

Bahar hıçkırıklara boğulup "Şerefsiz köpek!" diye bağırınca diğer masadaki insanlar dönüp onlara baktı. Garson yanlarına gelip "Efendim, iyi misiniz? Bir şeye ihtiyacınız var mı?" diye sordu. Ege gülümseyerek "Sorun yok, teşekkür ederiz. Kusura bakmayın." deyip garsonu gönderdi.

Bu sırada Asil de aynı hikâyeyi Timur Amir'e anlatmıştı. Adam başını ovalarken sordu, "Oğlum sen ne yaptın? Nasıl böyle bir şey yaparsın?"

Asil, "Bana en çok ihtiyacı olduğu zamanda onu terk ettim. Benim en zor zamanlarımda; annem de aynı hastalıktan öldüğünde, öncesinde, sonrasında, dedem öldüğünde o hep benim yanımdaydı ama ben, onu yapayalnız bıraktım. Ona yaşattığım acılar yüzünden ve tedavi olması için, ailesi onu da alıp yurt dışına taşındı. Her şey o kadar hızlı oldu ki ben kendime gelip ne yaptığımı anladığımda evine gittim. Her şeyi düzeltmek, onun yanında olmak istiyordum ama kapıyı onu büyüten Füsun abla açtı. Beni yerden yere vurduktan sonra ona bir daha asla ulaşamayacağımı, artık ülkeye dönmeyeceğini söyledi. Nereye gittiğini sorsam da haklı olarak beni kovup hiçbir şey söylemedi. Ne yaptıysam da asla yerini öğrenemedim. Akademiyi bitirip komiser yardımcılığındaki ilk yılımda, ortak bir arkadaşımız beni arayıp Ege'nin iyileştiğini ve İsviçre'de yaşadığını duyduğunu söyledi. Polisliği de bıraktı zannediyordum. Ne yaptıysam onu bulamadım" derken Timur Amir araya girip "Sen bu yüzden mi her sene İsviçre'ye gidiyordun?" diye sordu. Asil çaresizlikle başını sallayıp "Bulamadım ağabey... Ne yaptıysam ne ettiysem onu bulamadım. Yıllar sonra kanlı canlı karşımda görünce..." diye devam ederken dayanamayıp ağlamaya başladı. Onun pişmanlığını gören amir, yanındaki sandalyeye geçip ona sarıldı. Asil hayatı boyunca sakladığı gözyaşlarını daha fazla tutamıyordu. Bir süre içli içli ağladı. Başkomiser ona çok kızmış ama bir yandan da kıyamamıştı. Asil bir süre sonra kendini toparlayıp "Şimdi soruyorum sana ağabey, bu kız beni nasıl affetsin? Ya da ben kendimi nasıl affedeyim?" diye sordu. Amir başını sallayıp omuz silkti. O da ne diyeceğini bilmiyordu. Rakısını bir dikişte bitirdi, adam resmen buz kesmişti. Ege'nin yerinde olmayı düşünemiyordu bile. Başkomiser ayda yılda bir kere, bir duble içerdi. O gün de öyle yapmıştı ama Asil deli gibi içmişti. Diğer tarafta kadınlar da aynı durumdaydı. İkisi de kör kütük sarhoş olmuşlardı. Restorandan ayrılıp sahil boyunca yalpalayarak yürürken Timur Amir de Asil'in kolunu boynuna atıp onu arabaya doğru götürmeye çalışıyordu. Komiser ise bağıra bağıra Sezen Aksu'nun "Kalbim Ege'de Kaldı" şarkısını söylüyordu. Amir, "Allah aşkına, sus oğlum. Rezil olduk." diye söylenerek onu taşırken Asil'in sesini duyan Ege, "İyice kafayı yedim. Gaipten Asil'in sesi geliyor." deyince Bahar, "Ben de duyuyorum. Bitmiyor bu Asil laneti!" diye bağırdı. Kadınlar birbirlerine bakıp gülmeye başladığında onları gören Timur Amir şaşkınlıkla "Bahar! Ege!" diye seslendi. Asil de kadınları fark edince gülerek "Siktir! Ben ne içtim lan? Bahar'la Ege'nin hayalini görüyorum." deyince kadınlar da kahkahalarla yere düştü. Çıldırmak üzere olan amir, önce Asil'i sonra da kadınları bir banka oturttu. İki kadının arasında oturan Asil, önce Ege'ye sonra Bahar'a bakıp "Bana ne verdiniz lan?" diye sorunca üçü de tekrar aptal gibi gülmeye başladı. Amir; Dora ve Ela'yı arayıp yardıma çağırdı. Ege birden "Bahar geldiğinde mi ben böyle olurum?" diyerek şarkıya girince Bahar, "Yoksa böyle olduğumda mı gelir bahar?" diye devam etti. Ardından Asil kollarını havaya kaldırıp "Ayrıca bunun seninle ne ilgisi var?" diye bağırınca üçlü şarkıyı beraber tamamladı. "Tabii ki ben böyle olduğum için bahar!"

Hemen yanlarına gelen Ela ve Dora, komiserlerinin hâlini görünce şok oldular. Ela gülerek "Ne oldu bunlara?" diye sorunca Ege, "Bugünün burç yorumunda bize ne olacağı yazmıyor muydu Ela?" dedi. Üçlü hâlâ gülüyordu. Genç polis heyecanla "Burcunuzu bilmiyorum ki!" diyerek durumu fırsata çevirmeye çalışırken Timur Amir, "Delirttiniz beni! Dora, sen Bahar'ı evine götür. Ela, sen de bizimle gel; şunları evlerine bırakalım." diye emretti. Asil, Ela'ya doğru eğilip kısık bir sesle "Sana bir sır vereceğim. Doğum tarihim doğru." deyince genç polis, "Biliyordum!" diye bağırdı. Amirin öldürücü bakışıyla karşılaşan Ela, Ege'nin elinden tutup onu kaldırdı. Dora, Bahar'ı; Başkomiser de Asil'i aldı. Ela, Ege'nin kulağına, "Sizin burcunuz neydi?" diye fısıldadı. Güzel komiser, "Aslan!" diye bağırdı. Bahar tiksinme ifadesiyle, "Asil'in soyadı..." deyince Ege de kusar gibi yaptı. Asil şaşkın şaşkın sordu, "Neyi var lan benim soyadımın? Sen kendinine bak, Bayan Eğilmez!" Ege, "Eğilmem! Bir İzmir kadını, sadece zeybek oynarken eğilir." dedikten sonra sokaktaki insanlara doğru, "Çal bre bir Harmandalı!" diye bağırınca amir dışında herkes kahkahalara boğuldu. Başkomiser, "Allah'ım aklıma mukayyet ol!" diye söylenerek Asil'i arabasına bindirdi. Ela ve Ege de aynı arabaya binerken Bahar, "Bir dakika, bir şey söyleyeceğim." diyerek elini kaldırdı. Asil'in camına doğru eğilip parmağını sallayarak, "Sen, hayatımda gördüğüm en şerefsiz insansın!" deyince Başkomiser, Dora'ya işaret yapıp Bahar'ı götürmesini söyledi. Asil, İzmir ağzıyla "Biliyom. Bana bilmediğim bir şey söyle Bahar!" dedi. Artık iyice sinirlenen amir, "Yeter! Hepiniz çenenizi kapatıyorsunuz. Herkes evine!" diye emretti ve hızla arabaya binip sürmeye başladı. Ege ve Asil'in evlerinin önünde durup "Hadi bakalım." diyerek indi. Ege uyuyakalmıştı. Ela ve Başkomser, Asil'i arabadan indirirken komiser hâlâ 'Kalbim Ege'de Kaldı' şarkısını söylüyordu. Seslerini Buse de duymuştu. Genç kız hemen dışarı çıktı. Asil'in hâlini görünce "Ağabey!" diyerek ona doğru koştu. Amir, "Buse, gel kızım. Al şu ağabeyini." dedi. Asil, "Buse! Güzeller güzelim!" deyip kardeşine sarıldı. Kızı alnından öpüp yüzünü ellerinin arasına aldı ve yine mırıldanmaya başladı, "Kalbim Ege'de kaldı..."

Ne olduğunu anlamayan kız, Timur Amir'e bakınca adam, "Hadi kızım!" dedikten sonra arka kapıyı açıp Ege'yi çıkardı. Ela da kadının çantasından anahtarlarını alıp evinin kapısını açtı. Buse de Asil'i eve soktu. Adam içeri girer girmez kendisini koltuğa attı. Genç kız yanına oturup "Senin için ne yapayım ağabey?" diye sorunca o ana kadar gülen Asil'in yüzü soldu. Üzüntüyle mırıldandı, "Zamanı geri alabilir misin?"

Buse onun bu hâline çok üzülmüştü. "Ağabey, senin neyin var? Sorun Ege abla mı?" deyince adam dolan gözleriyle kardeşine baktı. Buse onu ilk kez böyle görüyordu, kıyamayıp sarıldı. Asil ağlayarak "Nefes alamıyorum Buse! O, şuradayken gidip sarılamıyorum, dokunamıyorum, kokusunu içime çekemiyorum... Bu acı öldürecek beni!" deyince Buse şaşkınlıktan ne diyeceğini bilemedi. Hem onun bu hâline üzülüyor hem de ne olup bittiğini anlamaya çalışıyordu. Genç kız ona ne olduğunu sorunca adam normalde hiç yapmayacağı bir şeyi yapıp, olun biteni kardeşine de anlattı. Buse, duydukları karşısında ondan uzaklaşıp hayal kırıklığıyla "Bunu yapmış olamazsın ağabey. Yalan söylüyorum de, yapmadım de!" diye bağırarak ayağa kalktı. Asil utançla başını salladı, "Bana bir çıkış yolu söyle Buse. Yıllardır kayboldum."

Genç kız ileri geri yürürken "Sana, bir yol söyleyecek kişi ben değilim. Bu iş Ege ablada bitiyor." deyince adam hızla yerinden kalkıp "Gidiyorum ben!" diyerek sendeleyince

Buse onu tuttu. Şaşkınlıkla "Nereye?" diye sordu. Adam kapıya doğru ilerlerken cevapladı, "Ege'ye..."

Duydukları Buse'yi mahvetmişti, Abisinin arkasından öylece bakakaldı. Asil sendeleyerek Ege'nin kapısına vardı. Birkaç kapıyı çaldıktan sonra kadın yavaşça açtı. Onun da kafası bir dünyaydı. Asil kapı açılır açılmaz Ege'nin dudaklarına yapıştı. Deli gibi öpüşen çift, aynı hararetle birbirlerini soymaya başladı. Çıplak bedenleri, koltuğun üstünde birleşti. Asil, kadının içinde gidip gelirken sürekli kulağına fısıldıyordu, "Seni seviyorum..."

Ege verebilecek bir cevabı yoktu. Asil'i hâlâ seviyor muydu? Yoksa bu sadece geçmişindeki güzel anılara duyduğu özlem miydi, bilmiyordu. Konuşmadı, hiçbir şey söylemedi. Sadece o an yaşadığı şeyden zevk aldı. Ardından ikili koltukta uyuyakaldı. Sabah ofiste Ege'yi göremeyen Bahar arkadaşını aradı. Telefonun sesiyle birlikte irkilerek uyandılar. Ege, Asil'in kollarından ayrılıp telefona uzandı, "Bahar?" diyerek, açınca iyice şaşıran Asil yavaşça doğruldu. Ege, "Siktir! Ben de hemen hazırlanıp çıkıyorum, ofiste görüşürüz." diyerek kapattı. Asil boğazını temizleyip "Sen ve Bahar, ne ara kanka oldunuz?" diye sordu. Ege, yerdeki iç çamaşırlarını giyerken, "Asil Mağdurları Derneği kuracağız da yakında..." deyince adam, "Ege!" diye onu uyardı. Kadın, yerden onun da kıyafetlerini alıp fırlattı. "İşe geç kaldık. Giyin de gidelim."

Evden çıkarken Ege birden Asil'e dönüp "Dün gece büyük bir hataydı. Geçen sefer yaşadığımız aptallık da öyle... Hiçbir anlamı yok. O yüzden iki geceyi de unut Asil." deyince adam hızla kapıyı kapatıp onun çıkmasına izin vermedi. Öfke dolu gözlerle "Benimle oyun mu oynuyorsun Ege? İntikamını bu şekilde mi alıyorsun?" diye çıkıştı. Güzel komiser, "İntikam falan yok Asil. Geçmişin özlemine kapıldık ve hataya düştük ama biz diye bir şey yok, olamaz da. Bunu, o kafana sok ve bir daha da bu eve gelme."

dedi. Adam iyice sinirlenmişti. O öfkeyle kapıya bir yumruk atıp "Lan, sen bana kafayı mı yedirteceksin? Her boku yiyip yiyip sonra unut diyorsun. Hoşuna mı gidiyor bu hâlimi görmek?" diye bağırdı. Ege önce kapıya vurduğu eline, sonra da korkusuzca direkt gözlerinin içine baktı. "Ne yapacaksın Asil? Bir dahakine bana mı vuracaksın?"

Adam hızla kendini toparlayıp "Saçmalama Ege. Senin kılına zarar gelse dünyayı yakarım. Kalkıp sana zarar verecek değilim. Ben öyle biri miyim gerçekten?" diye sorunca Ege küçümseyici bir gülümsemeyle "Sen bana kimsenin vermediği en büyük zararı verdin zaten Asil. Bir daha kimseyi sevmeden, kimseye güvenmeden, yapayalnız ölümü bekleyerek geçecek bir ömür verdin. Senin bana yaptığını düşmanım yapmazdı. Seni affetmiyorum. Anladın mı beni? Seni affetmiyorum! Ölene kadar da affetmeyeceğim. Şimdi git ve bir daha asla ama asla benimle iş dışında muhatap olma! Zaten hayatımı bir kere siktin, bunun bir kez daha tekrarlanmasına izin vermeyeceğim!" diye bağırdı. Artık Asil'in de kafası atmıştı. Yüzünü kadının yüzüne iyice yakınlaştırıp "O zaman sana sevmediğin, güvenmediğin sevgilin seni sikerken, beni düşünerek orgazm olduğun güzel bir hayat diliyorum Ege Eğilmez!" deyince kadın yüzüne bir tokat yapıştırıp haykırdı, "Siktir git Asil!'

Komiser, "Sen siktir git Ege!" diye bağırıp hızla çıktı. Kadın da öfkeyle arabaya binip ofise gitti. İçeri girdiğinde Asil'in henüz gelmediğini gördü. İçinden, "Cehenneme git pislik!" diye geçirip yerine oturdu. Bahar da Ege perişan görünüyordu. Ela ve Dora, o gün dün geceyle ilgili hiçbir şey söylememe kararı aldı. Biraz sonra ofise gelen Timur Amir, kadınların hâlini görünce onlara izin verdi ve evlerine gönderdi. Dışarı çıktıklarında Ege, "Bana gelmek ister misin? Kahve içeriz. Bolca oda ve pijama da var, uyumak istersen uyursun." diye bir teklifte bulununca Bahar da kabul etti ve beraber gittiler. Bu zengin işi, müstakil evi gören Bahar, "Oha, bu ev değil, saray yavrusu..." diyerek içeri girdi. Ege de gülerek "Annem şatafatı seviyor, yapacak bir şey yok." deyip kendini koltuğa attı. O sırada mutfaktan bir kadın çıktı, "Ege, neden bu kadar erken geldin?"

Kadınlar yerlerinden sıçradı. Ege damak kaldırıp "Aklımı aldın Füso'm. Sen bugün gelecek miydin?" diye sordu. Füsun Hanım, "Sana yemek yapayım diye geldim annem, bu güzel kız da kim?" deyince Ege hemen onları tanıştırdı. Bahar, "Ege, sizden bahsetmişti. Anne olmuşsunuz ona resmen, ne kadar güzel." diyerek gülümsedi. Kadın da aynı samimiyetle "Benim evladım olmadı ama Allah'ım bana Ege'yi verdi, çok şükür." dedikten sonra yüzü soldu. Ege, "Ne oldu Füso'm?" diye sorunca kadın boğazını temizleyip konuştu. "Dün eve gelirken sizi gördüm. Art arda çıktınız. Ege, yine onun rüzgârına kapılmıyorsun değil mi annem?"

Kimden bahsettiği apaçık belliydi. Bahar şaşkınlıkla Ege'ye baktı. Ege derin bir nefes alıp "Merak etme Füso'm. Bir daha asla bırak eve gelmeyi, kapının önünden bile geçmeyecek. Hesaplaşmamız gereken bir şey vardı. Onu hallettik ve bitti. Lütfen annemlere onunla ilgili bir şey söyleme. Delirirler biliyorsun." deyince kadın, "Dediğin gibi olsun. Sen ne yapacağını bilirsin kızım. Neyse ben yemeğe bakayım. Size de güzel birer kahve yapar getiririm." diyerek mutfağa döndü. Bahar, "İyi misin? Asil, canını sıkmadı değil mi?" diye sordu. Ege, "Sana her şeyi anlatacağım ama lütfen beni yanlış anlayıp yargılamayacağına ve üzülmeyeceğine söz ver." deyince Bahar, "Yattınız değil mi?" diye fısıldadı. Ege utançla başını eğip sessizce, olup biteni anlattı. Bahar duydukları karşısında, "O kadar çok psikopatla muhatap oldum ama Asil zirvede. Şerefsiz, ağzı bozuk, hadsiz! Allah beni nasıl bir ateşten almış, nasıl bir kötülükten korumuş, ömrümün sonuna kadar şükretsem az kalır. Ona âşıktım, kıyamıyordum ama son zamanlarda öğrenip, gördüklerimden sonra resmen ondan tiksiniyorum." diye söylendikten sonra Ege'nin elini tuttu. "Seni yargılamıyorum, hatta anlıyorum bile. Benim de yaptıklarını görmezden gelip, affedip ona karşı koyamadığım zamanlar oldu. Son görüştüğümüzde, ayrılık konuşması yaptığımızda yani, o zaman bile beni öpmesine izin verdim. O yüzden seni yargılayacak en son insan benim ama sadece... Bilmiyorum Ege, bunu benim söylemem ne kadar doğru, belki samimi bile bulamayacaksın ama açıkçası yine ona kapılıp gideceksin diye korkuyorum. Tabii bilemem, belki onu affetsen muhteşem bir ilişkiniz de olabilir ama Asil'e bir gram güvenmiyorum. Seni yine yüzüstü bırakabilir."

Ege, "Gücüne hayranım Bahar ve anlayışın için de çok teşekkür ederim ama için rahat olsun. İki cihan bir araya gelse tekrar onunla olmam. Yaptığım hatanın farkındayım ve bir daha bunun tekrarı olmayacak." dedi. Bahar konuyu değiştirmek için "Annenle baban neden dönmedi?" diye sordu. Ege gülerek "Sosyetik annem, tabii ki de bir derneğin başkanı ve bazı işlerini bırakamadı. Babam da şirketi Almanya'ya taşıdığı için, onunla meşgul. O yüzden orada kaldılar." dedi. Bahar şaşkınlıkla sordu, "Neden İsviçre değil?"

Ege kendi başına hafifçe vurup "Ben sana o kısmı anlatmadım tabii. Biz İsviçre'de çok az yaşadık. Babam Asil'in peşimize düşeceğini düşündüğü için kısa bir süre sonra Almanya'nın kuzeyine geçtik. Ben zaten iyileştikten sonra eğitimim için Amerika'ya gittim. Asil'in hâlâ bundan haberi yok. Annem Burcu'nun annesini bilerek aramış, ona haber gitsin de İsviçre'de oyalansın diye. Hâlâ bizimkileri orada zannediyor ama Almanya'dalar." deyince iyice şaşıran Bahar, "Asil'in burada olduğunu biliyorlar mı? Gerçi onu senden uzak tutmak için bu kadar uğraştıktan sonra, burada olduğunu bilseler, sana izin vermezlerdi herhâlde." dedi. Güzel kadın omuz silkip "Her şeyi; Aytekin amcanın olayından tut, Asil'in eve döndüğüne kadar bildiklerine eminim. Füso ve buradaki diğer arkadaşları günlük rapor veriyordur onlara da işte, beni sıkmak istemedikleri ve artık koca bir kadın olduğum için direkt bir şey demiyorlar. İşler kontrolden çıkarsa müdahil olurlar." dedikten sonra hafifçe Bahar'ın koluna vurup "Ben tüm hayatımı anlattım ama senin hakkında hiçbir şey bilmiyorum. Nerelisin, kimlerdensin, ne yer ne içersin? Dökül bakalım." derken, Füsun Hanım kahvelerini getirip mutfağa döndü. Bahar gülerek "Senin hayatının yanında benimki çok sıkıcı kalabilir çünkü Kocaelili Başkomiser bir babayla, Zonguldaklı ev hanımı bir annenin tek çocuğuyum. Babamın yolundan gidip polis oldum. Şimdi de İzmir'de görev yapıyorum. İnan bana, hayatımın en büyük aksiyonu ve dramı Asil. Bir de şu seri katil... Asil'den ucuz kurtuldum, darısı katilin başına inşallah. He, bir de bir gün koşuya çıktığımda biri tarafından saldırıya uğradım. Onu da ucuz atlattım ama hâlâ saldırganın kim olduğunu bulamadık. Yalan yok, hakkını yiyemem, o dönemde Asil hep yanımda oldu ve adamı bulmak için çok da uğraştı ama bir sonuç çıkmadı maalesef." deyince Ege, "Asil insana kafayı yedirtir gerçekten çünkü hem iğrenç huyları var, böyle öldüresin geliyor, nefret ediyorsun ama sonra bir şey yapıyor, o nefret ettiğim adam bu mu, belki de günahını aldım, dedirtiyor. O kadar dengesiz ki... Yıllarca onu nasıl idare ettim bilmiyorum. Şimdi yap desen yapamam." diyerek omuz silkti. Bahar da ona hak verdi. Güzel komiserler, o günü Füsun Hanım'ın güzel yemekleri eşliğinde sohbet edip keyif yaparak geçirdikten sonra uyuyup bir güzel dinlendiler.

BÖLÜM 6

DİZİ CİNAYETİ

30 Mart 2024

Ertesi sabah Ege ve Bahar'ın ofise beraber geldiklerini gören Dora, Ela'ya "Benim beynim yandı." diye fısıldayınca Ela gülerek "Kısacası buna 'kadın dayanışması' diyoruz Doracığım." deyip saçını savurdu. Asil ise kafasını kaldırmadan bilgisayardaki işine devam etti. Gelen ihbar, ofisteki gergin havayı daha da gergin bir hâle soktu.

"Kültürpark'ta bir kadın cesedi bulundu. Yetkili birimlerin olay yerine intikal etmeleri duyurulur."

Ela, "Ramirez yalan oldu." diyerek tırnaklarını kemirmeye başladı. Bahar, "Bunu bekliyorduk ama bu kadar erken olacağını düşünmemiştim." deyince Dora, "Belki başka, normal bir vakadır. Mideci'nin eseri değildir." derken Asil ofisten çıktı. Diğerlerini beklememişti. Ege gözlerini devirip "Hadi gidelim." dedi ve yola koyuldular. Dikilitaş'ın arkasında yine aynı şekilde öldürülmüş bir kadın vardı. Olay yeri inceleme hemen gerekli bilgileri verip maktulün 30 yaşındaki Seçil Burak olduğunu söyledi. Adli Tıp doktoru da hemen hemen her şeyin aynı olduğunu gözlemlenmişti. Timur Amir, "Yapmayın, dedim. Daha bir dünya zamanımız vardı. Katil cinayet zamanlarını anladığımızı öğrenmeseydi belki de 14 Mayıs'a kadar yakalayacaktık ve biri daha ölmeyecekti!" diye söylenirken memurlardan biri yine elinde bir not kâğıdıyla gelip amire uzattı. Son cinayette olduğu gibi kadının kanıyla yazılmış olan notta "Mindhunter" yazıyordu. Dora, "Bu bir dizi adı değil miydi?" diye sorunca Ege onu onayladı. "Kriminal psikolojinin, FBI Davranış Bilimi Birimi'nin ve suçlu profillemenin temellerinin atılışını anlatan bir dizi."

Bahar, "E yani katil ne demek istiyor?" deyince Asil, "Dizide işlenen seri katillerle alakalı bir şey olabilir mi ya da katil çocuklukta ağır şeyler yaşadığını ve bunların psikolojisini etkilediğini mi ima ediyor?" diye sordu. Ege başını sallayıp "İkisi de olabilir ama bunun Aileen Wournos'la bir bağlantısı da olmalı." diye mırıldandı. Ela, "Siz o kadının seks işçiliği yaptığını söylemiştiniz. Ortak nokta bu olabilir mi?" derken amir araya girip "Maktullerin hepsini araştırdık. Hiçbiri seks işçisi değil." dedi. Ege, "Ama ortak bir profildeler. Dış görünüş olarak çok benziyorlar. Bir dakika... Dizide en çok Edmund Kemper göz önündeydi ve onun da annesiyle ilgili ciddi problemleri vardı. Annesi onu sürekli aşağılıyormuş. Hatta bir keresinde onun varlığı yüzünden seks yapamadığını söylemiş. Sonunda Kemper iyice delirip annesini öldürmüştü. Kadının kafasını kesip kendi şeyine... Anlayın işte..." derken herkes tiksinerek başını çevirdi. Asil, "Siktir! İğrenç!" deyince Ege, "Daha bitmedi. Sonra da kadının ses tellerini mutfak robotundan geçirip parçaladı. Yani aklınca onu sonsuza kadar susturmuştu. Sonra David Berkowitz'i işlediler. O da annesi tarafından evlatlık verilmiş biriydi. Ardından üvey annesi de ölünce bu olayı, evrenin onu mahvetme planı olarak algıladı. Sonra üvey babası yeniden evlendi ve o kadınla da sorunlar yaşayınca tek başına kaldı. Yani onun da ciddi bir anne problemi vardı. Aileen Wournos da çok küçük yaşta annesi tarafından terk edilmiş biriydi." dedi. Amir, "Yani anneye mi vurgu yapmak istiyor?" diye sorunca Ege, "Büyük ihtimalle." dedi. Asil, "Bence senin ilk söylediğin şey en mantıklısıydı. Katilin annesi seks işçiliği yapıyordu. Adam da buna içerledi ve annesini hatırladığı hâlinden intikam alıyor. Midelerini de yine senin de dediğin gibi 'midesizlik' kavramına vurgu yapmak için çıkarıyor. Başka ne açıklaması olabilir ki?" deyince diğerleri de ona hak verdi. Amir, "Gerçekten de en mantıklı yaklaşım bu." dedi. Ela, "Yalnız bu zamana kadar tek bir parmak izi, DNA veya herhangi en ufak bir falsosu yok. Bu nasıl bir adam ya?" deyince Ege, "Umarım onu canlı yakalarız çünkü tuhafınıza gidebilir ama ben çok merak ediyorum ve tanışmak istiyorum." diyerek çekingen gözlerle ekibe baktı. Asil de onu onaylayarak "Yalan yok, ben de tanımak istiyorum. Resmen bizi parmağında oynatan bu herif kim?"

Ela, "Yalnız haklıymışsınız amirim. Dora'yla benim ilk cinayetteki hâlimizi hatırlıyor musunuz? Bir de şimdi bakın." diyerek güldü. Başkomiser de hoş bir gülümsemeyle, "Keşke daha sevimli şeylere alışmak zorunda kalsaydınız ama bizim mesleğin üzücü yanı da bu." dedikten sonra ekip gerekli incelemeleri yapıp ofise döndü. Tüm gün araştırma, soruşturma faslını gerçekleştirdiler ama onlar da laboratuvar sonuçları da bir adım ileri gitmedi. Mesai gece geç saatlere kadar devam etti, Dora, "Eve gidince Mindhunter'ı izleyeceğim." diyerek güldü. Ege, "Kızlar, biz de mi izlesek?" diye sorunca Dora, "Hep beraber izleyelim. Ne dersiniz Asil Komiserim?" diyerek adama baktı. Asil, "Siz izleyin. Benim yola çıkacağım. Birkaç gün yokum." dedikten sonra eşyalarını alıp "Keyfiniz bol olsun." diyerek ofisten çıktı. Ela, "Nereye gidiyor ki?" diye sorunca Bahar gülerek "İsviçre'ye herhâlde." deyip Ege'ye göz kırptı. Diğerleri de bu cevaba gülmüştü. Ege, "Hadi, hep beraber bana gidelim. Füso'm güzel yemekler de yapmıştır." diye teklifte bulununca ekip olarak ona gittiler ve dizinin bir kısmını izlediler.

Aradan dört gün geçmesine rağmen Asil hâlâ ortalarda yoktu. Dora, "Yalnız Asil Komiser'den hâlâ ses yok. Timur Amir'e sordum, o da bilmiyor. Rapor alıp kayıplara karışmış." deyince Ege, "Üst üste yaşadığı şeylerden kaçmıştır. Kafa dinleyip döner. Asil bu..." derken Asil içeri girip, keyifli bir ses tonuyla "Günaydın ekip!" diyerek masasına oturdu. Absürt derecede mutlu görünüyordu. Ela gülerek "Hayırdır komiserim? Bu ne neşe?" diye sorunca Asil, "Hayır, hayır... Bizim şerle işimiz olmaz." deyip genç kadına göz kırptı. Dora, "En son lisede âşık olduğumda böyleydim. Yoksa..." derken komiser ona sus işareti yaparak güldü. Bahar'la Ege de imalı bir bakışmadan sonra önündeki dosyalara döndü. Mesaileri bitmek üzereyken Adli Tıp doktoru Neslihan ofise girip herkese selam verdikten sonra "Asil!" diye seslendi. Asil hoş bir gülümsemeyle "Geliyorum." deyip toparlanmaya başladı. Şaşkınlıktan gözleri fal taşı gibi açılan Ela, ağzı da açık bir hâlde Ege ve Bahar'a baktı. Dora da onunla aynı durumdaydı. Komiserler de şaşırmış ama bastırmaya çalışmışlardı. Adam, "Yarın görüşürüz ekip." deyip çıkarken elini Neslihan'ın beline koydu. Onlar gittikten sonra Ela, "Az önce Asil Komiser'le, Adli Tıp doktorumuz birlikte mi çıktı, bana mı öyle geldi?" deyince Dora, "İyi de ne alaka?" diye sordu. Ege, "Hadi, biz de çıkalım." deyince hızla toparlanıp çıktılar. Aşağıya indiklerinde Neslihan'ı Asil'in arabasındaydı. Asil kemerini bağlayıp kafasını kaldırdığı anda Ege'yle göz göze geldi. Alaycı bir gülümsemeyle arabayı çalıştırdı, uzaklaştılar. Bahar, Ege'nin koluna dokunup "İyi misin?" diye sordu. Kadın omuz silkti, "Bilerek yapıyor, beni sinir etmeye çalışıyor. Bu arada yine bir kadının duygularıyla oynuyor. Bir sevgilim olduğunu zannettiği için yine kimseyi düşünmeden oyununu oynuyor." deyince Bahar şaşırarak "Sevgilin yok mu?" diye sordu.

Ege gülerek "Yok tabii ki. Olsa neden tanıştırmayayım ya da sana söylemeyeyim. Bir keresinde konuşurken izlediğim filmden bir erkek sesi duydu, ben de o salak benden uzak dursun diye öyle bir yalan attım. Aklı sıra bunun intikamını alıyor ama o kadar aptal ki hâlâ onu tanınamadığımı düşünüyor." deyince Bahar, "Resmen çocuk gibi... Bu yaptıklarını biz lisede yapmıyorduk." diyerek suratını ekşitti. Ege, "Erkekler hep çocuk. Neyse, hadi gidelim." dedi ve arabaya bindiler. Ela ve Dora, tabii ki de dedikodunun dibine vurdukları bir gece geçirirken, Bahar film izledi, Ege ise kitap okudu. Asil ise Neslihan'la güzel bir akşam yemeğinden sonra kadını evine bırakıp kendi de evine döndü. Ege'nin odasını gören bir cama geçip izlemeye başladı. Penceresinden loş bir ışık yansıyordu. Asil gülümseyerek kendi kendine "Yatak lamban açık olduğuna göre kitap okuyorsun. Acaba hangi kitap?" diye mırıldandı. Ege'ye çok sinirlenmiş, saçmalamıştı. Bunun farkında ve pişmandı ama onun bir sevgilisi olduğu gerçeği beynini kemiriyordu. Aynı zamanda Bahar'la olan absürt yakınlığı... Kadınların, kendisine karşı birlik olduğunu düşünüyordu. Ege nasıl bu kadar basit oynardı? Aklından bu soruyu cevap arayıp duruyordu. O yüzden madem o bir oyun oynuyor, oyun öyle olmaz böyle olur diyerek, kendince bir yola girmişti. Asil sadece değer verdiği insanlara karşı empati besleyebilen biriydi. Geri kalan kimsenin duygularını düşünmez, kimseyi önemsemezdi. Bu yüzden oyun oynamak onun için zor değildi ama karşısında Ege'nin olması onu çok yıpratıyordu. Onu hiçbir şekilde elde edememişti. Farklı bir yol denemeliydi. O yüzden de bu oyuna başladı.

Ertesi gün ve diğer birkaç gün daha Neslihan hep çıkışlarına geldi ve Asil'le beraber emniyetten ayrıldılar. Bulduğu her fırsatta kadını Ege'nin gözüne sokuyordu. Ege ise ne hissettiğini çözemiyordu. Bunun bir oyun olduğunun farkındaydı ve kadına üzülüyordu ama diğer yandan da sinir oluyordu. Asil'den ne kadar nefret etse de ondan kopamadığı bir tarafı vardı. Bu iğrenç bir şeydi. Arada kalmak en beteriydi. Asil, umursamaz rolünü o kadar iyi oynuyordu ki Ege, onu ne kadar iyi tanırsa tanısın, bazı anlarda bir acabaya düşüyordu. Yine bir gün mesai bitimine yakın Neslihan ofise geldi. Asil, "Sen geç, otur güzelim. Benim bilgisayarda çok az bir işim kaldı. Bitireyim çıkalım." deyince kadın masasının önündeki sandalyeye oturup onu beklemeye başladı. Ege ayağa kalkıp cebinden bir şey almak için ceketine uzanırken hafifçe sendeledi, diğerleri bunu fark edip telaşla ona baktı. Asil'in yerinden fırlamamak için kendini zor tuttuğu belli oluyordu. Bahar, "Ege, iyi misin?" diye sordu. Kadın ağır ağır gözlerini kapatıp açarken, "Başım..." dedi ve yere yığıldı. Herkes, özellikle de Asil korkuyla ona koştu. Adam, Ege'yi kollarının arasına alıp "Ege! Ege beni duyuyor musun?" diye onu sarsarken Neslihan Asil'i durdurup "Bir dakika, bakmama izin ver." diyerek kadını kontrol etti. Dora hemen bir tansiyon aleti getirdi. Doktor ölçüm yapıp "Tansiyonu çok yüksek. Bu yüzden bayılmış olmalı. Bildiğiniz bir rahatsızlığı falan var mı?" diye sorunca Bahar ve Asil korkuyla birbirlerine baktı. Bu bakışma diğerlerinin de gözünden kaçmamıştı. Neslihan, "Ne var?" diyerek onları sıkıştırınca Bahar, "Kanser atlatmış." derken Asil korkuyla "Bununla ilgili bir şey olabilir mi? Yinelemiş olabilir mi?" diye bağırdı. Ela dolu gözleriyle "Kanser mi?" diyerek ağzını kapattı. Dora da çok kötü olmuştu. Gözyaşlarını gizleyemeyen Bahar, "Yok, yoktur öyle bir şey, değil mi?" deyip Neslihan'a baktı. Kadın omuz silkti, "Bir şey diyemem. Tetkikler yapılması lazım."

O sırada Ege yavaş yavaş kendine gelmeye başladı. Bilinci tamamen yerine geldiğinde ise kendini Asil'in kollarında görüp hızla ondan uzaklaştı, "Ne oldu?" diye sordu. Bahar gözyaşlarını silerek "Bayıldın. Tansiyonun çok yükselmiş. Peki, şimdi nasılsın? Nasıl hissediyorsun?"

Ege, "Sizi korkuttuğum için kusura bakmayın. Benim öyle bir problemim var maalesef. Ara ara bunu yaşayabiliyorum." diye bir açıklama yaptı. Neslihan, "Kemoterapiden sonra bazı uzun vadeli etkiler olabiliyor." deyince Ege, hızla Asil'e döndü. Bahar, "Bu sefer Asil'in bir suçu yok. Neslihan herhangi bir hastalığının olup olmadığını sordu. Sen bayılınca da yinelemiş olmasından korktuk." diye bir açıklama yapmaya çalışırken kadın onu durdurup gülümsedi. "Sorun yok. Bu ayıp veya yanlış bir şey değil. Saklamıyorum ki..." dedikten sonra, "Evet, ondan sonra başladı zaten." diyerek Neslihan'a baktı. Kalkmaya çalışırken Asil yardımcı oldu. Gözlerindeki korkuyu görmemek imkânsızdı. Oynadığı oyunu unutmuş gibiydi. Sanki dünyadaki herkes yok olmuş, sadece Ege kalmış gibi bakıyordu. İçine bir ateş düşmüştü. Kadının koluna dokunup "Tamam, istemiyorsan ben gelmem ama yarına bir randevu ayarlayacağım, bir doktora görüneceksin." deyince Bahar da onu onaylaydı. "Asil doğru söylüyor Ege. Bir şey olmadığına eminim ama yine de bir bakılsın. İçimiz rahat etsin. Ben gelirim seninle."

Güzel komiser gülümseyerek "Gerçekten gerek yok çünkü zaten düzenli olarak kontrole gidiyorum." deyip onları rahatlatmaya çalıştı. Bu durum içlerine sinmese de onu daha fazla zorlamadılar. Ege iyice toparlanınca ofisten çıktılar. Asil çok huzursuzdu ama kendine hâkim olup Neslihan'la birlikte yemeğe gitti. Diğerleri ise Ege'ye bir ihtiyacı olup olmadığını sorup, iyi hissettiğini bir kez daha duyduktan sonra dağıldılar. Neslihan'la yemekte olan Asil'in aklı Ege'de kalmıştı. Dalgınlığı da açıkça belli oluyordu. Doktor, "Bahar'la neden ayrıldık demiştin?" diye sorarak adamın dikkatini çekti. Asil omuz silkip "Anlaşamadık." dedi. Kadın, "Ege'yi hâlâ sevdiğin için değil yani?" deyince adam şaşkınlıkla "O nerden çıktı?" derken Neslihan onu durdurup "Neredeyse tüm emniyette dedikodunuz dönüyor. Olay yerinde bile, konuşurlarken duydum. Ege gelince Bahar'ı terk etmişsin. Ege için çocukluk arkadaşım desen de aslında eski sevgilinmiş falan."

Asil mahcup bir ifadeyle ona bakınca kadın gülerek "Sen Ege'yi kıskandırmak istiyordun, ben de iyi vakit geçirmek. İkimiz de istediğimizi aldık. O yüzden artık rol yapmaya gerek yok, mahcup olunacak bir şey de yok. Sana âşık falan değilim. Sadece keyifli vakit geçirdiğim, çok iyi sevişen, seksi, iyi bir arkadaşsın. O yüzden burada kıvranacağına Ege'ye git. Bugün onu yalnız bırakma." deyip göz kırptı. Asil kadına hayran kalmıştı. Gülerek "Seninle evlenebilirim." deyince Neslihan, "Evlilik kelimesiyle beni aynı cümle içinde kullanma!" diyerek dil çıkarttı. Doktor yemeğine devam etmek, restoranda kalmak isteyince komiser ona teşekkür edip yanağından öptü ve arabasına binip evin yolunu tuttu. Ege'nin kapısına geldiğinde tereddüt etse de biraz bekledikten sonra kapıyı çaldı. Kadın onu karşısında görünce şaşkınlıkla "Asil? Bir şey mi oldu?" diye sordu. Adam başını sallayıp "Yok. Sadece iyi misin diye merak ettim." dedi. Ege, "İyiyim, teşekkür ederim. Kız arkadaşının da dediği gibi kemoterapinin uzun vadeli bazı yan etkileri olabiliyor. Sorun yok." diyerek gülümsedi. Asil boğazını temizleyip "Ben evde olacağım. Bir şeye ihtiyacın olursa..." derken kadın onu durdurup "Teşekkür ederim." dedi. Komiser tam gidecekti ki hızla döndü, "Geçen gün ağır saçmaladım, farkındayım. Sinirlerime hâkim olmam gerekiyordu, olamadım. Özür dilerim. Benim için önemli olan tek şey senin mutluluğun. O yüzden de kimle, nerede, nasıl mutlu olacaksan her şey öyle olsun. Yeter ki iyi ol."

Arkasını dönüp giderken Ege, "Asil, bir dakika!" diye seslendi. Adam yavaşça ona döndü. Güzel komiser, "Seni gördüğümden beri ben de çok dengesizleştim. Saçma sapan şeyler yapıyorum. O gün ben de biraz saçmalamış olabilirim. O yüzden sen de kusura bakma. İnan bana, ben de senin mutlu olmanı isterim. En azından birbirimizin yüzüne bakabilecek hâlimiz olsun." dedikten sonra omuz silkip "Bu arada hayatımda kimse yok. O an öyle gelişti. Benden uzak dur diye yalan söyledim." dedi. Asil'in resmen yüzü aydınlanmış, gözleri parlamıştı. Sevincini gizlemeye çalışarak ona doğru yürüdü. Kadının yanağını okşayıp gözlerine baktıktan sonra başının sol tarafına bir öpücük bırakıp hızla arkasını döndü ve evine gitti. Bu duygu dolu hareket Ege'yi afallatmıştı ama en azından Asil'in Neslihan'a gerçekten bir şey hissetmediğini öğrenmiş oldu. Sevgili mevzusunu söylemekle de Asil'in bu oyunu bırakacağını ve böylece bir kadının daha kalbinin kırılmasını engellemiş olacağını düşündü. Adam keyifle evine girip odasına çıktı. Kendini yatağa atıp Ege'den duyduklarını tekrarladı, "Hayatımda kimse yok..."

Üzerinden koca bir yük kalkmış gibiydi, rahatlamıştı. Bu rahatlamanın verdiği etkiyle derin bir uykuya daldı.

Asil farkında değildi veya kabullenmiyordu belki ama gerçekten hastaydı. Ege'ye olan takıntısı normal değildi ama ona sorsan bu büyük bir aşktı. Ege durumun farkındaydı ve bu absürt takıntının, bir gün birine zarar vermesinden korkuyordu. Çünkü Asil ona ulaşabilmek için önüne çıkan her şeyi ezip geçmeye hazırdı. Tüm bu düşüncelerle zar zor da olsa uyuyakaldı.

BÖLÜM 7

KUSURLU CİNAYET

7 Nisan 2024

Ertesi gün Neslihan ofise gelmemişti. Ege de bunu bekliyordu. Asil sonunda oyunu bitirmiş gibiydi. Ekip, tam çıkmak üzereyken bir cinayet ihbarı geldi. Bornova'da bir kadın cesedi bulunmuştu. Ekip hızla olay yerine gitti. Yine saçları koyu renkli bir kadın, yine midesi dışarıda bir ceset... Ela, "Bu kaçıncı oldu artık sayısını unuttum!" diye söylenirken olay yeri incelemeden bir memur, "Maktul Hülya Gedik, 26 yaşında..." derken Neslihan, "Önce boğulmuş olduğunu düşüyorum. Tıpkı diğer cinayetler gibi... Neyse, otopsi sonuçlarını gönderirim." diyerek uzaklaştı. Ekip, olayı gören duyan var mı diye tüm komşularla tek tek görüştü ama gecenin geç saatlerinde işlenmiş bu cinayetin maalesef ki hiçbir görgü tanığı yoktu. Ardından ofise dönüp yapılması gereken her şeyi yapmaya başladılar. Maktulü o hâlde bulan apartman görevlisini sorguya aldıklarında adam, yukarı çıkarken kadının kapısının aralık olduğunu fark ettiğini, seslendiğini ama kimse cevap vermeyince de bir sorun olduğunu düşünüp içeri girdiğini ve böylece onu salonun ortasında, o şekilde bulduğunu söyledi. Sabaha kadar vaka üzerinde çalışan ekip umutsuzlukla kavrulurken kriminal laboratuvarından uzun zamandır bekledikleri o haberi alınca bayram sevinci yaşadılar. Çünkü ellerinde artık net bir DNA vardı. Tek sıkıntı, veri tabanında bu DNA ile bir eşleşme bulunamamıştı. Lakin bu, çok büyük bir gelişmeydi. Bahar rahatlamış bir ses tonuyla "Sona yaklaşıyoruz. Az kaldı... Çok az kaldı..." diyerek iç geçirince diğerleri de ona hak verip gülümsediler. İçlerinde yeşeren bir umutla araştırmaya devam ettiler. Bir süre sonra emniyete maktul Hülya Gedik'in arkadaşı olduğunu söyleyen biri geldi. Arkadaşının kaybından dolayı çok üzgün olduğu belli olan kadın, bir yudum su içtikten sonra anlatmaya başladı. "Hülya'nın iş arkadaşıyım. Adım Zeynep. Bugün iş yerine gelip arkadaşlarla görüşmüşsünüz, ben izinliydim. Duyar duymaz hemen buraya geldim. Komiserim, bir gün önce Hülya'yla sohbet ettik. Yeni biriyle tanıştığını, adının da Mehmet olduğunu söyledi. Adam Bornova'da taksicilik yapıyormuş..."

Timur Amir, "Asil!" deyince komiser, "Emredersiniz amirim. Yürü Dora!" diyerek odadan çıktı. Dora da onu takip etti. Bornova'daki tüm taksi duraklarına ulaşılıp Mehmet isimli şoförlerin hepsinden DNA karşılaştırması için tükürük örneği alındı. Ekip heyecanla sonuçları beklerken laboratuvardan haber geldi ve Mehmet Akif Duran isimli biriyle, maktulün üzerinde bulunan saçtan alınan DNA'nın eşleştiği ortaya çıktı. Adamı hemen karakola aldırıp sorguya başladılar. Asil, "Hülya Gedik cinayetinde bulunan DNA ile seninki eşleşti. O yüzden bizi hiç yormadan her şeyi anlatıyorsun." deyince adam tereddütlü bakışlarla sorgu odasını inceledikten sonra gözlerini kapatıp yutkundu ve gözlerini açtığında sanki başka bir adam gibiydi. Sanki benliğinin altında yatan ikinci kişiliği ortaya çıkmış gibi korkusuz, tereddütsüz ve alaycı bakışlarla hafifçe başını sallayıp "Tebrik ediyorum, sonunda beni yakalayabildiniz." dedi. Ege, "Ufak tefek hırsızlıklar dışında büyük bir suç geçmişin yok, üstelik bir tane kızın var. Öğrendiğimize göre çok da hastaymış. Neden böyle bir işe giriştin ki? Sebep ne?" diye sordu. Adam, belli belirsiz bir gülümsemeyle "Sebep yok. Canım istedi. Canım öldürmek istedi, yaptım. İzlediğim filmler, okuduğum kitaplar ve seri katiller de bana fazlasıyla yardımcı oldu. O tek hatayı yapmamış olsam hâlâ beni arıyor olurdunuz." deyince Asil masaya vurup "Lan, bir de dalga mı geçiyorsun bizimle, it! Kaç tane kadını katlettin. Hiç mi vicdanın yok?" diye bağırdı. Ege onu dürtüp sakin olmasını söyledi. Katilbir kahkaha attı. "Kadını dinlesen iyi edersin komiser. Karşında hemen yakaladığın o bebelerden biri yok. Azılı, zeki ve korkunç; adını Türkiye tarihine yazdırmış biri.

Yavuz Yapıcıoğlu, Orhan Aksoy, Atalay Filiz ve daha niceleri gibi..."

Asil hızla yerinden kalkıp "Dua et, şu an buradayız. Yoksa senin belanı anırta anırta sikerdim." diyerek adamın yakasına yapıştı. Ege sert bir tonla, "Sinirlerine hâkim olamayacaksan sen çık, ben devam edeyim Asil Komiser." deyince komiser bir iki saniye öyle durup adamı bıraktı, yerine oturdu. Ege, "Bize, işlediğin her cinayeti tek tek anlatır mısın Mehmet? Onları nasıl öldürdün?" diye sordu. Adam derin bir nefes alıp verdikten sonra "Neden? Zaten bildiğiniz şeyleri tekrar dinlemekten keyif mi alıyorsunuz? O zaman başlıyorum... Önce onların güvenini kazandım. Sonra bir güzel boğdum. Sonra da midelerini yerinden söküp çıkardım. Biliyor musun güzellik? Hepsi de eski karıma çok benziyordu. Ben de hepsini de tıpkı onun gibi midesiz kadınlar hâline getirdim." diyerek pis pis sırıttı. Ege sordu, "Bu ne demek? Eşin sana karşı bir hata mı yaptı?"

Asil sakinleşip dinlemeye çekilmişti. Mehmet öfkeli gözlerle "O orospu, hasta çocuğumuzla beni bir başıma bırakıp bir orospu çocuğunun peşinden gitti. Elime bir geçirsem kanını içecektim de kayıplara karıştı sürtük." dedi. Ekip camın arkasında şaşkınlıkla onları dinliyordu. Dora, "Ege Komiser'in söylediği çoğu şey çıktı. Adamın ufak da olsa bir suç geçmişi var. Seçtiği kurbanları annesine yormuştuk ama eski karısı yüzündenmiş. Bakalım daha neler çıkacak?" deyince Ela, "Yalnız, adamdaki rahatlık beni çok gerdi. Sinir sistemim çöktü." diyerek ofladı. Bahar da onu onayladı, "Al benden de o kadar."

Timur Amir hiçbir şey demeden sadece adamı izliyordu. Ege, "Yani eşine olan öfkeni o kadınlardan çıkarttın öyle mi?" deyince Mehmet, "Hepiniz aynısınız, pisliksiniz. Erkeklere kötü dersiniz ama siz şeytanın ta kendisisiniz. Duygularımızı sömürür, bizi işinize geldiği gibi kullanırsınız. Sonra da kenara geçip ağlar, mağduru oynarsınız."

diyerek tiksinme ifadesiyle ona baktı. Asil, "Katıldığım noktalar var." diye mırıldanınca Ege öfkeyle ona döndü, "Asil!"

Katil bir kahkaha atıp "Ne yaptın lan adama?" diye sorarak kadına göz kırptı. Asil de alaycı bir gülümsemeyle "Hayatımı sikiyor." deyince sinirlenen Timur Amir, "Ben sikeceğim şimdi yapacağın işi!" diyerek hızla camın diğer tarafına yöneldi. Dora, "Ha siktir! Asil Komiser ilk kez işine duygularını karıştırdı, Timur Amir de ilk kez küfretti. Bu işin sonu iyi değil." derken Başkomiser sorgu odasına girip "Asil Komiser!" diyerek ona dışarı çıkmasını emretti. Mehmet keyifle onları izlerken Asil sakince emri yerine getirdi. Amir, "Ne yapıyorsun lan sen? Seri katil olan bir psikopatın sorgusunda, sen ne yapıyorsun? Ne oluyor lan sana? Bana bak Asil, üst üste çok şey yaşadın diye seni idare ediyorum ama artık sınırı aşıyorsun. Defol git, gözüm görmesin seni! Sorguya girmeyeceksin!" deyince komiser, "Emredersiniz amirim." deyip ekibin yanına gitti. Timur Başkomiser, derin derin nefes alıp sakinleşmeye çalışırken yanına gelen Ege, "Onun adına ben özür dilerim amirim. Bu ara çok dengesizleşti, sebebi de benim varlığım." deyince amir onun koluna hafifçe vurup "Senin bir suçun yok. Hadi biz devam edelim." dedi ve birlikte sorgu odasına girdiler. Her cinayeti tek tek dinlemek isteyince adam sakince yaptığı her şeyi anlattı. Anlattıkları herkesin anlatabileceği bilinen, sıradan şeylerdi. Ege, "Bize daha spesifik bir şeyler söyleyebilir misin?" diye sorunca adam pis bir sırıtmayla "Seni daha önce görmediğim için sen yat kalk dua et komiser. Tam tipimsin çünkü." diyerek göz kırpınca camın arkasında sorguyu izleyen Asil, bir hışımla odaya daldı. Diğerleri ne olduğunu anlayamadan adamı yumruklamaya başladı. Amir ve Ege, Mehmet'i elinden zor kurtardı. Asil, "Senin hayatını sikerim anladın mı beni? Orospu çocuğu!" diye bağırırken tüm ekip onu resmen sürükleyerek dışarı çıkardı. Amir, "Yeter lan!" diye kükreyince Asil, "Ağabey, ne dediğini duymuyor musun?" diye bağırdı. Başkomiser onun çenesinden sıkıca tutup "Aşkına da sevdana da başlatma artık. Burası erkeklik taslayacağın yer değil. Şimdi siktir git buradan. Artık bu davada yoksun. Anladın mı beni? Evine mi gidersin, içip sıçmaya mı; nereye gidersen git, bende sana verilecek kredi kalmadı artık. Yürü git!" diyerek onu hafifçe itti. Amirin bu hareketi herkesi şaşırtmıştı. Asil öfkeli gözlerle birkaç saniye amirine baktıktan sonra hiçbir şey demeden arkasını dönüp hızla gitti. Ege, izin istercesine Başkomiser'e bakınca adam başıyla onaylayan bir işaret yaptı. Arabasına binmeden Asil'i yakalayan Ege sinirle "Ne yaptığını sanıyorsun sen Asil? Kendine gel artık! Nerede olduğumuzun farkında mısın? Yeter artık, herkes bıktı senin bu tavırlarından. Gerçekten yetti!" diye yükselince boyun damarları belirginleşen adam, "Hepiniz siktirin gidin!" diyerek arabasına binip gitti. Ardından Ege, kendini sakinleştirip tekrar sorguya girdi. Mehmet, her şeyi yeniden tek tek anlattı. İtiraf sorgularında 'Büyük Beşli' olarak adlandırılan, gerçek suçlu dışında kimsenin bilemeyeceği beş soruyu da sordular. Adam, her şeye kusursuz cevaplar verince, aylardır aradıkları adamın bu olduğuna karar verdiler. Saatlerce süren sorgudan sonra katil zanlısı tutuklama talebiyle, Sulh Ceza Hakimliğine sevk edildi. Ekip iki günün verdiği yorgunluk ve uykusuzluktan bayılmak üzere ofisten çıkarken Dora, "Vay be... Zeki adammış yalnız. Peruk, takma sakal, bıyık, geçici dövme, gözlükler, eldivenler; hiçbir açık vermemek için seçilen büyük numara ayakkabılar... Şeytanın aklına gelmeyecek daha bir sürü detay... Kullandığı her şeyi de yok etmiş." deyince Ela, "Peki, Gül Apartmanı'ndaki cinayette kadının üzerine gül koymasına ne demeli? Şaka gibi... Neymiş, apartmanın adı Gül'müş." diyerek başını salladı. Bahar, "Ben de suçlu olduğuna net orada inandım. Maktulün üzerindeki gülü, biz ve katil dışında kimse bilemezdi, hiçbir yerde bundan bahsedilmedi." deyince Ege, "İşte büyük beşli bu yüzden çok önemli. Bazı vakalar var ki adamın hiçbir suçu yokken suç üstüne kalıyor. Her detayı tek tek incelemek lazım." dedi. Ela, "Kaç zaman sonra ilk kez rahat bir uyku uyuyacağım Komiser'um ya." deyince Ege gülerek "Komiser'um mu?" diye sordu. Genç polis, "Aha, uykusuzluktan beyin otomatikman memlekete gitti. Biraz daha durursam beni susturamazsınız." deyince Bahar gülerek "Hadi hadi, çabuk evine Ela. Şu an senin çeneni hayatta çekemem." deyip dil çıkarttı. Hep birlikte güldüler. Ela, elini kalbinin üstüne koyup komik bir ifadeyle, "Galbumi kirdinuz Komiser'um." diyerek arabasına bindi ve gitti. Dora da gidince Ege, "Bir kahve içer miyiz?" diyerek Bahar'a döndü. Kadın, "Olur, içeriz." deyince beraber Ege'ye gittiler. Sorguda yaşananlardan tut, vakaya kadar her şeyi konuşup sohbet ettikten sonra Bahar, "Bana müsaade... Artık gidip uyumalıyım." diyerek kalktı. Ege, ne kadar kal dese de güzel komiser, "Ela'nın deyimiyle bir Boğa Burcu olarak kendi yatağımdan başka bir yerde rahat edemiyorum. Uyku benim için her şey demek." deyip gülerek çıktı, evine gitti. Onun çıktığını Asil de görmüştü. Zaten bu ikilinin takılmasına sinir oluyordu. Bahar'ın, Ege'yi kendisine karşı doldurduğunu, aralarını iyice açtığını, Ege'nin aslında kendisine dönmek istediğini ama Bahar'ın onun aklına girdiğini düşünüp sinirleniyordu. O kadar öfkeliydi ki deli gibi içti. Birkaç saat sonra kapısı çalan Bahar, söylenerek yatağından kalktı ve kapıyı açtı. Karşısında Asil'i gören kadın uykuyla karışık bir şaşkınlıkla "Senin burada ne işin var?" diye sordu. Komiser, "Beş dakika gelebilir miyim?" dedikten sonra güven veren bir tonla "Lütfen..." deyince Bahar onu içeri aldı. Güzel komiser, olabildiğince uzak bir mesafede oturup kollarını göğsünde bağladı. "Seni dinliyorum."

Asil ifadesiz bir şekilde, "Ege'yle siz ne ayaksınız? Amacınız ne yani?" diye sordu. Bahar omuz silkip "Bir amacımız yok, arkadaşız." deyince Asil, "Bir olup benden intikam alma planları falan mı yapıyorsunuz?" diyerek ellerini açtı. Bahar tek kaşını kaldırıp "Neden arkadaş olabileceğimizi kabullenmiyorsun?" diye sordu. Asil gülerek "Sence bu normal mi?" dedikten sonra ciddileşti. "Ege benden geçmişin intikamını alıyor, sen de onun maşası mı oldun? Sen bu kadar aptal mısın? Ya da dur... Belki sandığımdan da akıllısındır. Onu bana karşı doldurup tekrar bir araya gelmemizi engelleyecek kadar..."

Duydukları karşısında sinirlenen Bahar, "Birincisi, haddini bil Asil; ikincisi ise kendini bu kadar önemli zannetme. İnan bana, kimse senden intikam falan almıyor. Ege ve benim 'sen dışında' çok ortak noktamız var ve iyi anlaşıyoruz. Olay sadece bu. Senin sorunun ne biliyor musun? Sen her şeyin ve herkesin senin etrafında döndüğünü düşündüğün, gereksiz bir egoya sahipsin. Kadına yaptıklarından sonra seni affetmesini beklemen de ayrı bir aptallık. Sevgilisi olduğunu zannedip başkalarının günahına girmen... Sen gerçekten hastasın." dedi. Asil gülerek "Oturup dertleşilmiş de... Ya siz ne yapıyorsunuz? Böyle bir araya gelip benimle yaşadığınız ateşli dakikaları birbirinize anlatıp mastürbasyon da yapıyor musunuz?" deyince gözlerinden ateş çıkan kadın hızla ayağa kalktı. "Hadsiz! Sen kendini ne zannediyorsun? Sen kimsin?"

Asil de bir anda ayağa kalkıp onun karşısına dikildi, "Ben âşık olduğun adamım."

Bahar başını dikleştirip "Eskiden âşık olduğun diyecektin sanırım çünkü artık senden nefret bile etmiyorum yani benim için o kadar yoksun." deyince Asil, onun belinden tutup kendine çekti. Yüzüyle kadının yüzünü okşarken Bahar, "Asil, bırak beni. Ne yapıyorsun? Bırak!" diyerek ondan kurtulmaya çalışıyordu. Adam, "Demek artık beni sevmiyorsun, hatta nefret bile etmiyorsun öyle mi?" deyince güzel komiser, "Öyle. Şimdi bırak beni." derken

Asil, onu tutup zorla öpmeye başladı. Bahar hızlı bir hareketle ondan kurtulup bir tokat yapıştırdı. Asil gülerek yanağını okşarken "Artık ediyorsun..." dedi ve çıkıp gitti. Adam, nefretin de aşk kadar güçlü bir duygu olduğunun bilincindeydi. Ege'yle arasına giren Bahar'ın cezası, ömrü boyunca Asil'i hiç unutamayacak kadar güçlü bir duyguyu içinde taşımasıydı. Bahar, hayatının şokunu yaşarken gittiğinden emin olmak için cama koştu. Adam öfkeyle arabasının lastiklerine birkaç tekme attıktan sonra hızla arabasına binip uzaklaştı. Kadın hemen telefonunu alıp Ege'yi aradı. Olup biteni duyan Ege ise "Ah Asil!" diye bağırarak isyan etti. Bahar, "Ege, bu iyice çığırından çıkıyor. Ne yapacağız?" diye sorunca kadın, "Bıktım artık, vallahi bıktım. Ölse de kurtulsam..." dedikten hemen sonra pişman oldu, "Tövbe, tövbe..." ya diye söylendi.

Bahar, "Ne tövbesi ya? Ölsün gerçekten çünkü dirisi herkese zarar." deyince Ege, "Deme öyle. Bir anda ağzımdan çıktı ama o kadar da değil yani. Tövbe Estağfurullah..." diyerek ofladı. Bahar, "Kusura bakma Ege ama sen de akıllanmazsın. Hâlâ kıyamıyorsun şuna. E, o zaman affet, barışın diyorum; o da yok. Sen tam olarak ne istiyorsun?" diye sorunca kadın yeniden oflayıp "Ah, onu ben bir bilsem, bir çözsem her şey çok kolay olacak ama benim anlamadığım, Asil neden durup dururken böyle bir şey yaptı? Bir şey oldu kesin, ona sinirlendi. Sinirini de böyle çıkardı bence." dedi. Bahar, "İnanır mısın, gram umurumda değil. Başına ne gelmiş olursa olsun; benden uzak, Allah'a yakın. Ben sadece seni uyarmak için aradım. Çok sinirliydi. Sana gelebilir, canını sıkmasın." deyince Ege, "Sen Best'sin[1], bunu biliyorsun değil mi?" diyerek güldü. Bahar, "Hiç mütevazı olamayacağım, biliyorum ve bu mükemmel kadın uyumaya devam etmeli. Hadi öptüm, görüşürüz." diyerek telefonu kapattı ve kendini tekrar yatağa attı. Ege,

1 İngilizcede "en iyi" anlamına gelen sözcük.

"Hayatımda gördüğüm en güçlü kadın. Bir de bana bak... Tüm dünyaya kafa tutacak gücüm var ama Asil karşıma gelince... Neyse..." diye söylenerek yatağına yattı.

Ertesi gün iyice dinlenmiş ve büyük bir dertten kurtulmuş olan ekip tüm canlılığıyla ofisteydi. Asil hariç... Ela, "Son bir senenin en güzel uykusunu almış olabilirim. Bayağı bayağı başımızdaki beladan kurtulduk" deyince Dora, "Yeni belalar is loading[2]..." diyerek Asil'in boş masasını işaret etti. Ela, "Hakikaten, Asil Komiser nerede?" diye sorarken Timur Amir ofise girdi, "Öncelikle verdiğiniz mücadele için hepinize sonsuz teşekkür ediyorum. Önemli bir şey daha, Asil üç ay yok."

Herkes şaşkınlıkla amire baktı. Adam ifadesiz bir şekilde, "Artık sınırı aşıyordu. Biraz dinlenmeye ihtiyacı var." dedi. Ege, "Uzaklaştırma mı?" diye sorunca amir, başıyla onayıp "Dün akşam kendisine de haber verdim. Nerede, ne yapıyor bilmiyorum ama bir süre burada olmayacak." dedikten sonra "Hadi kolay gelsin." diyerek ofisten çıktı. Bahar Ege'ye imalı bir bakış attı. Asil'in dün akşamki hareketlerinin sebebi ortaya çıkmıştı. Bahar içinden, "Ege, bunu gerçekten fazla iyi tanıyor." diye geçirirken Dora, "Bu kadarını beklemiyordum." diye atıldı. Ela, "Açık konuşmak gerekirse ben pek şaşırmadım." deyince Bahar da onu onayladı, "Öfke kontrolü sıfır. Belki bu ara ona iyi gelir."

Ege zoraki bir gülümsemeyle onlara katıldı ama içten içe huzursuzdu. Asil şimdi iyice başıboş bir hayvan gibi herkese saldırabilirdi. Bunu engellemek istediği için mesai bittikten sonra onunla konuşmaya karar verdi ve çıkışta da Asil'in evine gitti. Kapıyı açan Buse korkuyla "Ege abla? Yoksa ağabeyime bir şey mi oldu?" diye sordu. Komiser şaşkınlıkla "Asil evde değil mi?" diye sorunca genç kız

---

2 İngilizcede load yani yüklemek anlamına gelen fiilin şimdiki zamanda çekimli hali.

başını sallayıp "Dün gece eve geldi, çok sarhoştu. Birkaç eşyasını alıp bazı işleri olduğunu, bir süre eve gelmeyeceğini, gittiği yerden arayacağını söyledi ama hâlâ ses seda yok." diyerek gece yaşananları anlattı. Ege de gerilmişti ama kızı korkutmamak için "Ay, doğru ya... Ben onu tamamen unuttum. Üst üste ağır şeyler yaşadı, sen de öyle... O yüzden anlarsın onu. Kafasını dağıtmak istiyordu. Bir de haberlerde görmüşsündür, şu katili yakaladık. Onun da verdiği rahatlıkla bir süreliğine izne ayrılacak. Biraz tatil yapıp kafasını toparlayacaktı. O kadar uykusuzum ki ben onu tamamen unutmuşum." deyince rahatladığı yüzünden belli olan Buse, "Bu arada aranızda geçenleri biliyorum. Geçen akşam sarhoş kafayla anlattı her şeyi. Sana asla affedilmeyecek bir şey yaptığının farkındayım. Hatta ben de o kadar kızdım ki duyduğum an yanında durmak bile gelmedi içimden ama hâlini de gördüm abla. İnan bana, çok pişman ve kendini asla affedemiyor. Seni de hâlâ çok seviyor. Böyle aşkların sadece filmlerde olduğunu zannederdim ama..." diyerek üzüntüyle kadına baktı. Ne diyeceğini bilemeyen Ege yutkunup "Asil gelene kadar bir şeye ihtiyacın olursa, bir şey istersen veya sadece vakit geçirmek istersen ben her zaman buradayım. Direkt bana geliyorsun tamam mı?" deyince Buse, onu başıyla onaylayıp "Teşekkür ederim." dedikten sonra mahcup bir bakış attı. Bir şey söylemek istediği belliydi ama söyleyemiyordu. Ege içten bir gülümsemeyle "Söyle!" deyince genç kız üzüntüyle "Babamı görmek istiyorum Ege abla. Ağabeyime diyemedim ama..." derken kadın onun elinden tuttu, "Söz, yarın seni Aytekin amcayla görüştüreceğim."

Uzun zamandan sonra gözü ilk defa parlayan Buse, "Gerçekten mi?" diye sordu. Ege güven veren gülümsemesiyle "Söz!" deyince genç kız ona sarıldı. Komiser sabah hazır olmasını söyleyip evine gitti. Eve girer girmez Asil'i yine aradı ama ulaşamadı. Ardından Cenk'i arayınca Asil'in dün gece ondan, o dönene kadar Buse ve babaannesiyle ilgilenmesini istediğini, kafasını toplaması gerektiği için uzun bir tatile çıktığını söylediğini öğrendi ama nereye gittiğini bilmiyordu. Telefonu kapatıp "Umarım dediğini yapar ve kafanı toplarsın Asil." diye mırıldandı. Ardından günün yorgunluğunu atmak için duşa girdi. Hiçbir şey düşünmediği bir akşam geçirmek istediği için de tamamen keyif yaptı. Ertesi gün Buse'yi de alıp Aytekin'in yattığı cezaevine gittiler. Adam karşısında kızını görünce ağlayarak ona sarıldı. Kokusunu içine çekerken "Güzel kızım... Nasıl özlemişim..." diye birkaç kez tekrarladı. Buse ona çok kızgın ve çok kırgındı. Görmek istemesindeki tek sebep de o an ne hissedeceğini merak ediyor olmasıydı. Babasını çok özlemişti ama onlara bunları yaşatmış olan babasını değil... Ne kadar ilginç... Hâlbuki karşısındaki adam aynı kişiydi ama Buse ona kırgındı hatta öfke besliyordu. Sevdiği, özlem duyduğu adam bu değildi. Demek ki insan aslında şahsa değil, yaşanmışlıklara duygu besliyordu. Demek ki karşıdakinin hiçbir fiziksel özelliği önemli değildi. Sana ne yaşattığıydı onu sende önemli ve değerli kılan. Beden denen şey aslında bir paketti ve paketin içinden çıkan yani ruhtu insanı etkileyen. Karşısında duran, babasının bedeniydi ama Buse'nin ona karşı hissettikleri yaptıklarından önce ve sonra diye ikiye ayrılıyordu. Buse o gün kendi kendine bir ders çıkarmıştı Hiçbir zaman şekilci olmayacaktı. Karşısındaki kim olursa olsun, ister aileden ister arkadaşlardan ister özel biri... Ona ne hissettirdiklerine, nasıl davrandıklarına, ne kadar değer verdiklerine bakacaktı. Artık biliyordu ki karşında dünyanın en iyi görünen insanı da olsa hatta bu insan baban da olsa senin kalbini parçaladıktan sonra hiçbir şey eskisi gibi olmuyor, onu eskiden gördüğün gözle veya güzellikle göremiyordun. Belki başka biri olsa yaşadıklarından, farklı dersler çıkarırdı ama Buse'de böyle bir etki yaratmıştı. Kızının mesafeli duruşunu fark eden Aytekin üzüntüyle "Her şey için çok özür dilerim kızım. Sana yaşattıklarım için kendimi asla affetmeyeceğim." diyerek başını eğdi. Buse, "Ben de seni asla affetmeyeceğim. Bu, buraya ilk ve son gelişim olacak. Sadece seni görünce neler hissedeceğimi merak ettim. Belki içimde bir yerlerde seni affedebilirim sandım ama hayır... Sen beni hem öksüz hem yetim bıraktın. Sadece beni değil, zaten hasta olan babaanneme evlat acısı yaşattın; yengemden hayat arkadaşını, Ayaz'dan babasını aldın. Daha önce hayatını mahvettiğin Asil ağabeyim olmasaydı hâlimiz ne olurdu diye hiç düşünmedin. Bu kadarcık ömründe kaç kişinin hayatını mahvettin. Şu Mideci Katil'den daha da kötüsün benim gözümde. Dilerim Allah kolayca almasın canını. Dilerim aldığın her nefeste daha da yanarsın. Hoşça kal…" diyerek hızla görüşme odasından çıktı. Aytekin'i gözyaşlarıyla yalnız bıraktı. Buse'nin çıktığını gören Ege, hemen yanına gidip "Buse, iyi misin? Neden bu kadar kısa sürdü? Neden hemen çıktın?" diye sordu. Genç kızın yüzünde hiçbir ifade yoktu. "Söyleyeceklerimi söyledim ve bitti. Artık gidebiliriz. Bana bu fırsatı verdiğin için teşekkür ederim Ege abla."

Ne kadar güçlü bir kızdı. Ege onu onaylayıp koluna girdi. Hafifçe dürterek "O kadar uzun zamandır şambali yemedim ki..." deyip göz kırpınca Buse gülerek "Bana uyar. Vücudumun acilen şekere ihtiyacı var." dedi. Ege, "Sahi, sen ne olmak istiyorsun? Üniversite sınavına da az kaldı." diye sordu. Genç kızın kafasını dağıtmak için elinden geleni yapıyordu. Arabaya binerken Buse, "Tıp istiyorum. Uzmanlık konusunda kafam karışıktı ama sanırım artık tam olarak ne istediğime karar verdim." deyince Ege arabayı çalıştırıp heyecanla, "Nee?" diye sordu. Genç kız omuz silkti: "Adli Tıp Uzmanlığı istiyorum. Birçok ölümlü vakanın çözüm yolu oradan geçiyor ve suçluların yakalanmasına yardımcı olmak, insanlara sevdiklerine ne olduğunu bilme haklarını sunmak, kurban edilenlerin kanının yerde kalmamasını sağlamak... Tam olarak istediğim şey bu."

Ege gururla gülümseyerek "Yapacağın her işi layığıyla yerine getireceğine eminim ve eğer bunu gerçekten istiyorsan da başaracağını biliyorum. Sana yardımcı olabileceğim ne olursa buradayım. Eğer istersen yurt dışında eğitim için de yardımcı olurum. O yüzden ne olursa olsun, bana söylemen yeterli." deyince Buse onun elini tutup "Her şey için çok teşekkür ederim Ege abla. Sen gerçekten muhteşem bir insansın. Ağabeyimin sana neden bu kadar âşık olduğunu anlayabiliyorum." dedi. Ege de onun elini sıkıp gülümsedi. Asil... Sahi Asil neredeydi? Hâlâ bir ses seda yoktu. O, içinden bunu geçirirken Busenin telefonu çaldı. Telefonu açıp sesi duyan genç kız heyecanla "Ağabey!" diye haykırdı. Ege de heyecanlanmıştı ki bunu saklayamadı da. Merakla Buse'ye bakınca bunu fark eden genç kız içinden "Kabul et, sen de ona âşıksın," diye geçirirken dışından Asil'e "Ege ablayla birlikteyim. Sen neredesin? Seni çok merak ettim." diye cevap verince adam şaşkınlıkla, "Ege'yle mi? Ne yapıyorsunuz?" diye sordu. Buse, "Kızmayacağına söz verirsen söylerim." deyince Asil, "Babanı görmeye gittin değil mi?" dedi. Genç kız şaşkınlıkla, "Nasıl anladın?" diye sorunca adam, "Buna neden kızayım güzelim? O senin baban. Ne yapmış olursa olsun, görmek istemen kadar normal bir şey yok. Bana da söyleseydin, ben de götürürdüm seni. Peki, nasılsın? Üzülmeni istemiyorum." dedi. Buse'nin üstünden resmen büyük bir yük kalkmıştı. Güzel kız, "Teşekkür ederim ağabeyciğim. İyiyim, merak etme ama onu bir daha görmek istemiyorum. Yüzleşmem gerekiyordu. Yaşadım ve bitti. Benim artık bir babam yok. Seni şu an çok iyi anlıyorum ama gerçekten de iyiyim. Tuhaf bir şekilde içimi dökmek iyi geldi. Ege abla da şimdi beni, şambali yemeye götürüyor." deyince Asil, "Güzel... Her zaman, aldığın her kararda arkandayım güzelim. Yeter ki mutlu ol." dedi. Buse, "Peki ya sen neredesin? Sarhoş sarhoş çıkıp gittin. Aklım çıktı, sana bir şey olacak diye." diye söylendi. Asil gülerek "Bir şeyim yok güzelim. Kafam çok karışıktı. Biraz uzak kalmak istedim o kadar, yurt dışındayım. Biraz daha buralarda olacağım. Sonra seninle birlikte de gezeceğiz tamam mı?" derken Ege'nin eliyle işaret yapması üzerine genç kız, "Ege abla seninle konuşmak istiyor, veriyorum." diyerek telefonu kadına uzattı. Ege, "Asil, nasılsın?" diye sorunca adam soğuk bir ifadeyle, "İyiyim sağ ol, sen nasılsın?" diye karşılık verdi. Kadın, "İyiyim. Dün geceden beri sana ulaşmaya çalışıyorum. Neredesin?" deyince Asil, "Bir şey mi diyecektin?" diye sordu. Ege omuz silkip "Sadece merak ettim." diye bir cevap verdi. Verecek başka bir cevabı da yoktu gerçekten de sadece merak etmişti. Asil, "İyiyim ben Ege, sorun yok da uzaklaştırma olayını Buse bilmesin. Ayrıca onunla ilgilendiğin için de teşekkür ederim." dedi. Kadın, "Merak etme. teşekkürlük bir şey de yok. Buseyle çok keyifli vakit geçiriyoruz. Yalnız onu çok habersiz bırakma olur mu? Seni gerçekten merak ediyor. Sık sık ara yani." deyince Buse içinden, "Tabii tabii, bir tek ben merak ediyorum zaten." diyerek dışarıya baktı. Yüzündeki gülümsemeyi saklamaya çalışıyordu. Asil, "Olur. Neyse kapatmalıyım. Size iyi eğlenceler." deyip kapattı. Ege telefonu Buse'ye uzatırken "Aradığı numaranın başındaki kod ne?" diye sordu. Buse, ağabeyinin aradığı numarayı kontrol edip "+31..." dedi. Kadın, "Hollanda..." diye mırıldandı. Genç kız, "Demek Hollanda'da... Keşke beni de götürseydi." deyince Ege, "İstersen yaz tatilinde beraber Almanya'ya gideriz. Hem bizimkilerle tanışırsın; sonra da Fransa, Hollanda, Belçika falan dolaşırız." diyerek gülümsedi. Buse heyecanla "Gerçekten mi?" diye sorunca Ege, "Tabi ki de! Bayılacaksın." diye onu onayladı.

Ege, Asil'e olduğu gibi Buse'ye de çok iyi geliyordu. Genç kız onun yanında mutlu oluyor, kendini huzurlu hissediyordu. Tatlı yiyip keyifli bir sohbetle geçirdikleri bir iki saatten sonra Ege, Buse'yi eve bıraktı ve ofise gitti. Ekip sakin bir gün geçirmişti. Diğer birkaç gün de sakin geçmişti. Öğleye doğru bir cinayet ihbarı almışlardı. Konak'ta iki kişi alacak verecek yüzünden kavga etmiş, biri diğerini bıçaklayarak öldürmüş, sonra da kaçmıştı. Ekip olay yerine gitmiş, gerekli prosedürleri yerine getirirken Dora hemen yakındaki oteli işaret edip "Aslında tam Asil Komiserlik vaka! O sever otelleri." diyerek gülünce Ela, onu dürtüp susturdu ama Ege onu duymuştu. Kadın merakla "Ne alaka?" diye sordu.

Bahar, "Ofiste anlatırım, hadi gidelim." dedi. Katil zanlısının kim olduğunu zaten biliyorlardı, evine gittiler. Adam orada değildi. Ardından telefonunu takibe aldılar ve şehir dışına çıkma ihtimali üzerine tüm trafik şubeye gerekli bilgiler gönderildi. Bir süre sonra bekledikleri oldu ve adam telefonunu bir dakikalığına açtı. Böylece yerini tespit eden polisler hızla katil zanlısını yakalamaya gitti. Zaten her şey ortadaydı, adam da suçunu itiraf etti. Bu vakayı kolaylıkla çözüme ulaştıran ekip ofise döndüğünde Ege, "Asil ve otel muhabbeti ne?" diye sorunca Bahar Flamingo Oteli'ndeki olayı anlattı. Ela, "Siz Asil Komiser'i siz hepimizden iyi tanıyorsunuz. O yüzden ne kadar takıntılı biri olabileceğini biliyorsunuzdur. O vakaya çok fazla takılmıştı." diye bir açıklama yaptı. Diğerleri de olayın bu şekilde gerçekleştiğine inanıyordu lakin bu işte bir tuhaflık vardı. Anlatılanlar Ege'nin aklına yatmamıştı. Merakla sordu, "Kadının kim olduğunu biliyor musunuz?"

Dora bir patavatsızlıkla "Neden? Kıskandınız mı yoksa?" diyerek gülünce üç kadın da ona ters baktı. Genç polis korkarak sustu. Ela, "Bilmiyoruz." dedi. Kimdi bu kadın? Kafam vakaya takıldı, polis olmayan birini de alıp olay yerine gittim, hikâyesi çok saçmaydı. Tamam, Asil normal biri değildi. Ondan buna benzer şeyler beklenebilirdi ama yine de Ege'nin içine bir şüphe düşmüştü.

"Görüntüler var mı elinizde?" diye sordu. Olumsuz yanıt alınca da daha fazla uzatmadı ama o görüntülere nasıl ulaşacağını biliyordu. Çıkışta direkt Flamingo Oteli'nin oraya gitti. Otelin önünü gören dükkânlardan cesedin bulunduğu günün gecesinin kayıtlarını istedi ve aldı. Lakin bunu polis kimliğiyle değil, parayla yapmıştı. Eve gidip kayıtları incelemeye başladı. Sonunda bahsedilen görüntüleri bulmuştu. Kadının yüzü çok net belli olmuyordu ama Ege tüm detaylarıyla inceledi. Saçları kızıldı. Kimdi bu kadın? Asil'in uğruna görevini tehlikeye atacak kadar gözünü kararttığı bu kadın kimdi? Neden bilmiyordu ama bunun altından bir şey çıkacak gibi hissediyordu. Sonra Flamingo Oteli'yle ilgili tüm haberleri okumaya karar verdi. Karşısına çıkan ilk haber meşhur seri katilin cinayet haberiydi ama ikincisi... Cinayetin işlendiği odanın camından kendini atan ve arkasında kime yazdığı belli olmayan bir not bırakan Aslı Yurtseven'in haberiydi. Ege, kadının fotoğrafını ve sosyal medyasını derinden inceledi. Evet, bu oydu. Bundan emindi. Yani bu kadın, Asil yüzünden mi intihar etmişti? O not Asil'e mi yazılmıştı? Güzel komiserin başından aşağı kaynar sular dökülmüştü sanki... Asil ne yapmıştı da bu kadın kendini öldürecek duruma gelmişti. Geri döndüğünde onunla konuşmalıydı ama direkt sorarsa ekiptekilerin görüntülerden bahsettiğini anlar, bu sefer de onların başını derde sokardı. O yüzden başka bir yol bulmalı, bu işi mutlaka çözmeliydi. Ege bu konuyu aklının bir kenarına koyup sabırla Asil'in döneceği günü beklemeye başladı.

Aradan yaklaşık üç ay geçti. Öğle saatleriydi. Ege'nin telefonu çaldı, arayan Buse'ydi. Genç kız ağlayarak, "Ege abla, babaannem fenalaştı. Hastaneye gidiyoruz." deyince komiser hangi hastane olduğunu öğrenip hızla ofisten çıktı. Diğerleri de mesai bitiminde yanlarına gidecekti. Gülizar Hanım, yoğun bakıma alınmıştı. Ege'yi gören Buse ona sarıldı. Babaannesi zaten çok uzun zamandır iyi değildi. Açıkçası bu beklenen bir şeydi lakin genç kız yaşadığı onca kayıptan sonra kendini, babaannesinin kaybına hazır hissetmiyordu. Asil'in yokluğunda Ege ona ablalık hatta zaman zaman annelik bile yapmıştı. Bu süreçte aralarındaki bağ çok güçlenmişti. "Senden başka kimsem kalmadı Ege abla." deyip hıçkırarak ağlamaya başladı Buse. Kadın ona daha sıkı sarılıp "Ben yanındayım, ben yanındayım." diye yineledi. Genç kız biraz sakinleşince Asil'e haber verip vermediğini sordu. Haber vermişti, ilk uçakla gelecekti. Ege de çok üzgündü. Gülizar Hanım'ın onun üzerinde emeği çoktu. Polis Kolejine başladıkları seneye kadar neredeyse her gün onunla birlikteydiler. O sadece Asil'in değil, onun da babaannesi olmuştu. Evet, Gülizar Hanım bayağı yaşlanmıştı ama hangi ölüm geçti ki? Söz konusu, insanın sevdiği biri olunca her ölüm erkendi. Kendimizi hazırladık diye düşünülen ölümler bile... Bu olmasın lütfen diye dua ederken doktor acı haberi verdi. Maalesef Gülizar Hanım'ın yaşlı kalbi bu hayata daha fazla dayanamamış, atmayı bırakmıştı. Ege kendi acısını içine gömüp Buse'yi sakinleştirmeye çalışırken ekibin geri kalanı ve Cenk de hastaneye gelmişti. Manzarayı gören herkes kötü haberi duymaya gerek kalmadan neticeyi anlamıştı. Hepsi Buse'yle ilgilenip ona yanında olduklarını hissettirmiş; bu, genç kıza iyi gelmişti. Biraz sakinleşince eve döndüler. Gülizar Hanım'ın cesedi morgdaydı. Cenaze işlemleri sabah halledilip öğlene kaldırılacaktı. Hastanede durmanın bir anlamı yoktu. Ekibin tamamı ve Cenk, Buse'yi yalnız bırakmaya niyetli değildi. Kimse kendi evine gitmedi. Zavallı kız ağlamaktan yorgun düşmüştü, Ege'nin dizlerinde uyuyakaldı. Biraz sonra Asil eve girdi. Ortamı görünce babaannesinin öldüğünü anlamıştı. İlk önce Cenk ona sarılıp baş sağlığı diledi. Ardından öfkesi tamamen dinmiş olan Timur Amir de, eski babacan tavrıyla, ona sarıldı. Ela ve Dora da aynı ritüeli gerçekleştirirken Buse uyandı. Ağabeyini görünce yine ağlamaya başlayan genç kız onun boynuna atladı. Bir süre öylece kaldılar. Göz yaşları dinince ondan ayrılıp "Babaannem de gitti. Sen de sürekli beni bırakıp gidiyorsun. Neden herkes gidiyor ağabey, neden?" deyince onu yalnız bıraktığı için iyice pişman olan adam, kardeşinin alnına bir öpücük bırakıp kendi alnını dayadı, "Ben hiçbir yere gitmiyorum. Hele sensiz, bir daha hiçbir yere gitmem. Sana söz veriyorum." diyerek Buse'yi iyice rahatlattı. Onlar ayrıldığında Bahar soğuk bir ifadeyle elini uzatıp baş sağlığı diledi, Asil ona sarıldı. Kulağına "Her şey için çok özür dilerim Bahar. Sana baştan sonra yaşattığım her şey için. Bahane değil biliyorum ama Ege'nin gelişiyle çok dengesizleşmiştim. Saçma sapan şeyler yaptım. Umarım beni affedebilirsin." diye fısıldadı. Ondan böyle bir şey beklemeyen kadın şaşırdı ama bir yandan da aklından bunun yeni bir oyun olabileceği fikri de geçmiyor değildi. Asil'e karşı o kadar yoğun duygular beslerken ne zaman ondan bu denli soğuduğunu hatta tiksindiğini hatırlayamıyordu. Bir anda her şey tersine dönmüştü sanki. Yine de kaba davranmak istemedi. Sonuçta onun için zor bir gündü ve belki de kafasını toplamak ona iyi gelmişti. O yüzden adamın sözlerini gülümseyerek karşıladı. Asil de minnettarlıkla gülümseyip Ege'ye döndü. Onun da gözleri kızarmıştı. O da Gülizar Hanım'a çok üzülmüştü. Kollarını Asil'in boynuna dolayıp sıkıca sarıldı. Adam temkinli davranıyordu, Sanki yine yeniden kendini kaptırıp da saçmalamak istemiyormuş gibi. Ege'den de ayrıldıktan sonra "Buse'yi yalnız bırakmadığınız için hepinize teşekkür ederim." derken Timur Amir elini kaldırıp Asil'in kalbine dokunacak o sözleri söyledi. "Biz bir aileyiz evlat. Buse benim evladım, diğerlerinin kardeşi... Sen de öyle... O yüzden böyle bir şeyin teşekkürü olmaz. Hiçbir yere de gitmiyoruz. Bunu da hep beraber atlatacağız."

Diğerleri de amirin sözlerini destekleyen şeyler söyleyince Asil ve Buse mahcubiyetle gülümsedi. O gün sabaha kadar onları yalnız bırakmadılar. Ertesi gün cenaze işlemleri halledildi ve Gülizar Hanım öğle namazına müteakiben Doğançay Mezarlığı'nda defnedilecekti. Timur Amir Aytekin'in de cenazeye getirilmesini sağlamıştı. Asil birkaç kürek toprak attıktan sonra küreği babasına uzattı. İçli içli ağlayan adam mahcubiyetle ona baktı. Herkes bu görüntü karşısında şaşkındı çünkü Asil babasına öfkeli gözlerle bakmıyordu. Aksine onun acısını anlayan bir adam gibi dikilmişti karşısına. Anlıyordu da... Çünkü anneyi kaybetmenin ne demek olduğunu iyi biliyordu. Annenin gitmesi demek; yarım kalmak demekti, sığındığın limanının yerle bir olması demekti. Aytekin aniden gelen bir cesaretle oğluna sarıldı. Herkes gerilmişti çünkü Asil'in ters bir tepki vereceğine eminlerdi ama beklenen olmadı Asil babasının sırtına hafifçe vurarak "Başın sağ olsun." dedi.

Bu tepki karşısında adam daha fazla ağlamaya başladı. Bir süre öylece kaldılar. Buse ise babasına karşı daha soğukkanlıydı. İçinde fırtınalar kopsa da kılını kıpırdatmadan öylece onlara baktı. Ege, onun elini tutup "Babana sarılmak istiyorsan yap. İçine attığın her duygu zamanla seni hasta eder." diye fısıldayınca genç kız başını salladı. "İçimden gelmiyor. Biliyorum, söyleyeceğim şey absürt gelebilir, beni yargılayabilirsin Ege abla. Evet, babaannem için çok üzgünüm ama beni de Asil ağabeyimi de annesiz bırakan korkunç bir adamın aynı acıyla kavrulduğunu izlemek... Bilmiyorum... İlahi adalet gibi..." diyerek gökyüzüne baktı. Ege onu başından öpüp "Seni anlıyorum ve asla yargılamıyorum. İçinden nasıl geliyorsa öyle davran ve her zaman yanında olduğumu da bil." deyince Buse ona sarıldı. Aytekin Asil'den ayrılıp yavaşça küreği eline aldı ve annesine veda etti. Buse'ye sarılmayı da çok istemişti ama kızın soğuk duruşu, yüzüne bakmayışı karşısında çaresizce cezaevine geri döndü. Diğerleri hep birlikte eve döndüğünde büyük bir kalabalıkla karşılaştılar. Gelenlere pide, ayran ve helva dağıtıldı. Dualar okundu.

Gençler bahçede bekliyordu. Cenk, "Lokma mı döktürseydik?" diye sordu. Ege, "Şimdi değil, senesinde yaparız." dedi. Asil, "Bırak şunu, lokma yemek için bahane arıyor." diyerek güldü. Cenk elini kalbine koyup "Aşk olsun bilader. Sizi düşündüğümden gelenek yerine gelsin diye." deyince herkes güldü. Asil sigara paketini çıkarınca Ege de içinden bir tane çekti. Komiser ters bir bakışla ağzındaki sigarayı çekip aldı, "Sana yok."

Ege, "Nedenmiş o?" diye çıkıştı. Adam imalı imalı bakınca kadın gülerek, "Saçmalama Asil. Kırk yılda bir içiyorum. Bir şey olmaz, merak etme. İnanmıyorsan doktorumu arayayım." dedi. Asil istemese de sigarayı yakıp uzattı. Gözünü Ege'den ayıramıyordu. Ona bir şey olursa diye aklı çıkıyordu. Ela Dora'ya, "Bu nasıl bir aşk?" diye fısıldadı. Genç polis de ona hak verdi. Bahar bile bir an Asil'e üzülmüştü. Çok büyük bir hata yapmış, düzeltmek istemiş ama her şey için geç kalmıştı. Şimdi düşünmeden uğruna canını vereceği kadın karşısındaydı ama Asil ondan uzak durmak zorundaydı. Acınacak bir durumdaydı. Çaresizlikten herkese, her şeye saldırır hâle gelmişti. Gerçi tatil yaramış gibiydi. Sanki Ege gelmeden önceki tanıdıkları o Asil geri gelmiş gibiydi. Babaannesinin ölümünü bile büyük bir soğukkanlılıkla karşılamış hatta babasına karşı da oldukça olgun davranmıştı. Bahar içinden geçirdi. "Keşke tüm bunlar yaşanmasaydı, seninle sadece iyi bir arkadaş olarak kalsaydık Asil."

Akşama doğru herkes gidince evde Asil, Buse, Ege ve Cenk kalmıştı. Asil uyuklayan Cenk'i dürtüp "İyiyiz oğlum biz. Sen niye sizinkilerle gitmedin de burada perişan oluyorsun? Ya da çık yukarı uyu." deyince adam, "Yok bilader, sizi yalnız bırakmam. İyiyim ben." dedi. Ege, "Kendini zorlama işte Cenk, çık yat. Ben de buradayım." deyince "O zaman ben bir iki saat kestireyim. Bir şey olursa kaldırın." diyerek yukarı çıktı. Buse de uyuyakalmıştı. Asil onu kucağına alıp odasına yatırdı. Geri geldiğinde "Sen de perişan oldun Ege. Her şey için çok teşekkür ederim ama dinlenmen lazım. İstersen burada kal ama uyu." diyerek koltuğa oturdu. Ege, "Bu evde ilk kez baş başa kaldığımız zamanı hatırlıyor musun?" diye sordu. Adam özlem dolu bir gülümsemeyle "Çığlık filmini izliyorduk. Seni öpmek için fırsat kollarken sen uyuyakalmıştın." deyince Ege bir kahkaha atıp "İlk öpücük için çok heyecanlıydım ama senden bir şey gelmeyince bekle bekle sonunda uyumuşum." dedi. Birkaç saniyelik sessizliği sinsi bir tonuyla Ege bozdu, "İzleyelim mi?"

Asil heyecanla kalkıp filmi açtı ve izlemeye başladılar. Bir süre sonra Ege başını onun omzuna koyup "Belki bu gece telafi edersin." deyince Asil şaşkınlıkla ona baktı. Ciddi miydi yoksa dalga mı geçiyordu anlayamamıştı. Kadın, "Ciddiyim." deyip direkt gözlerinin içine baktı. Adam gülerek "Neden beni aklımdan geçenleri dahi bilecek kadar iyi tanıyorsun?" diye sorarken Ege yüzünü ona iyice yaklaştırıp "Çok konuşuyorsun..." deyince Asil bir anda onun dudaklarına yapış. İkisinin de kalbi, sanki ilk kez öpüşüyorlarmış gibi delice atıyordu. Bir süre sonra Ege yavaşça ayrılıp tekrar başını omzuna koydu ve filmi izlemeye devam etti. Asil yine bir ölüm acısıyla sınanmıştı ama buna rağmen o gün, onun için en güzel günlerden biriydi. Bir süre sonra bu sefer Ege değil, Asil uyuyakalmıştı. Kadın bunu fark edince yavaşça doğruldu, onu koltuğa yatırıp üstünü örttü. Çıkmadan önce kulağına fısıldadı, "Belki de sil baştan başlamak gerek bazen..."

O gittikten sonra Asil ağır ağır gözlerini açtı. Mutluluk, hüzün, özlem... Hayat ona ikinci bir şans verir miydi gerçekten? Bunu hak ediyor muydu?

Birkaç gün dostları ve sevenleri, onları yalnız bırakmadı. Sürekli gelen giden birileri vardı. Bir süre sonra Asil'in işinin başına dönme vakti gelmişti. Sabah herkes ofisteyken içeri girdi. Onun gelişi ofisi de canlandırmıştı. Sanki olumsuz hiçbir şey yaşanmamış gibi bir hava kaplamıştı ofisi. Havadan sudan sohbet edip o yokken yaşanan cinayet vakalarını anlattılar. Her şey iyi gidiyordu ki Bahar, Ege'nin gözlerini kapatıp başını ovduğunu gördü. Korkuyla "Ege iyi misin?" diye sorunca herkes kadına baktı. Ege, "Başım ağrıyor biraz, bir de midem kötü..." diyerek durumunu anlattı. Asil, "Yürü, doktora gidiyoruz." deyip yerinden kalkınca kadın, "Doktorluk bir durum yok. Bir elimi yüzümü yıkayayım, kendime gelirim." dedikten sonra kalkmasıyla yere yığılması bir oldu. Herkes korkuyla başına koştu. Asil, "Siz kalın, ben size haber veririm." diyerek onu kucaklayıp dışarı çıktı. Bahar, "Ben de geliyorum." deyince birlikte onu hastaneye götürdüler. O zamana kadar çoktan ayılması gereken kadın hâlâ baygındı. Acil tetkiklere başlandığı sırada o da yavaş yavaş kendine gelmeye başladı. Asil, "Ege, beni duyuyor musun?" diye sordu. Bilinci tamamen açılan kadın, "Ne oldu?" deyince doktor, "Bizi korkuttunuz Ege Hanım. Nasıl hissediyorsunuz?" diyerek gülümsedi. Ege, "İyiyim." diye mırıldandı. Doktor, "Bazı tetkikler yapacağız, önlem amaçlı. Tekrarlama ihtimaline karşı erken teşhisin önemi büyük." deyince kadının içini bir kara bulut sardı. Yine aynı şeyleri yaşamaktan çok korkuyordu. Bunu bir daha kaldırabilir miydi bilmiyordu. Dolan gözleri de çaresizliğini anlatıyordu, doktor onun koluna dokunup "Hemen korkmayalım. Bu sadece bir önlem. Hiç alakası dahi olmayabilir. O yüzden moral bozmak yok, anlaşıldı mı?" diyerek içten bir şekilde gülümsedi ve hemşireye talimatları verip yanlarından ayrıldı. Ege yavaşça Asil ve Bahar'a döndü. İkisi de ağlıyordu. Adam gözlerindeki yaşı silip titreyen dudaklarını bastırdıktan sonra onun saçlarını okşadı. "Bir şey olmayacak tamam mı güzelim? Hiçbir şey olmayacak..."

Bahar da onu onaylayıp gözyaşlarını saklamaya çalışarak, "Aç geziyorsun aç... Ondan oluyor bunlar." deyince

Ege derin bir nefes verip "Bu sürecin ne kadar zor olduğunu ben biliyorum. O yüzden kendiniz hiçbir şey için sorumlu hissetmeyin. Eğer yinelediyse de kimseye hiçbir şey söylemeyin. Özellikle de ailem asla duymayacak. Anladınız mı beni? Bana söz verin!" diye isteklerini belirtti. Asil ona doğru eğilip net bir şekilde konuştu. "Eğer bir şey çıkarsa ölürüm de seni bir daha yalnız bırakmam. Sen de bunu anla! Tamam, ailene söylemeyiz ama beraber Amerika'ya gider, seni en iyi doktorlara gösteririz. Beraber savaşırız. Sen olmadıktan sonra benim yaşamımın bir anlamı yok Ege. O yüzden ben buradayım. Sonuna kadar, sonsuza kadar..."

Ege hızla doğrulup ona sarıldı. İkili içli içli ağlarken hemşireler bile duygulanmıştı. Bahar dayanamayıp kendini dışarı attı. Bahçede gözyaşlarına teslim oldu. Bir süre sonra ekibin geri kalanı hastaneye geldi, kadını bahçede ağlarken görünce çok korkmuşlardı. Ela da ağlamaya başladı. Timur Amir ona dönüp "Kızım, sen niye ağlıyorsun daha anlamadan dinlemeden?" diye sordu. Ela omuz silkip "Ne bileyim, Bahar Komiserimin hâline baksanıza, kesin kötü bir şey oldu." diyerek burnunu çekti. Onları gören Bahar, hemen kendini toparlayıp yanlarına gitti, olup biteni anlattı. Dora, "Duydun mu Ela? Daha hiçbir şey belli değil. Belki de kötü bir şey yok." deyince Bahar da onu onaylayıp "İyi düşünelim." diye mırıldandı. Amir, "Hadi gidip bir Ege'yi görelim." diye direktif verince hep beraber içeri girdiler. Kadın yatıyor, Asil de elini tutmuş, saçlarını okşayarak onu izliyordu. Ekip yanlarına gelince Ege doğruldu. Getirdikleri çiçekler ve onu yalnız bırakmamaları çok iyi hissettirmişti. Bir süre çeşitli şirinlikler ve havadan sudan sohbetle kafasını biraz olsun dağıtmışlardı ki doktor elinde raporlarla içeri girince hepsi de bir anda buz kesti. Herkes korku dolu gözlerle doktora bakıyordu. Adam sakince, "Son zamanlarda stresli bir şeyler mi yaşadın?" diye sordu. Bahar, "Kız İzmir'e geldiğinden beri normal şeyler yaşamıyor ki. Nelerle baş etti." deyince Asil üzüntüyle başını eğdi. Çoğu zorlu an onun yüzünden yaşanmıştı. Doktor, "Belli oluyor." dedikten sonra tekrar elindeki raporlara bakıp "Bundan sonra stres ve üzüntüden olabildiğince uzak durmanızı, gerekirse de psikolojik bir destek almanızı tavsiye edeceğim Ege Hanım çünkü yüksek tansiyonun etkisi de olsa yaşadığınız şey tamamen psikolojik. Şu an kanserin yinelemesi gibi bir durum söz konusu değil ama siz, yine de düzenli olarak kontrollerinize devam edin." deyince herkes rahat bir nefes almıştı. Asil, Ege'nin elini öpüp sevgiyle gülümsedi. Doktor "Tansiyon için bir ilaç kullanıyor musunuz?" diye sorunca kadın, normalde kullandığını ama süredir ilaçları almadığını söyledi. Doktor aynı ilaçtan yazıp aksatmamasını gerektiğini tembihledikten sonra, "Geçmiş olsun." dedi ve gitti. Timur Amir, "Bundan sonra sinir, stres, üzüntü yok Ege kızım, tamam mıdır? Seni üzeni de bana söylüyorsun, ben alırım ifadesini." diyerek göz kırpınca Ege de gülerek başını salladı. Ardından hep beraber hastaneden çıktılar. Asil, kendi evinin garajına girdikten sonra "İtiraz yok, benimle geliyorsun." dedi. Kadın omuz silkip, "Güzel çünkü itiraz etmek isteyen yok." diyerek gülümsedi. Adamın cevaptan hoşnut olduğu her hâlinden belliydi. Beraber içeri girdiklerinde Ege'nin solgun yüzünü gören Buse telaşla ona koşup "Ege abla iyi misin, bir şey mi oldu?" diye sordu. Kadın ona sarılıp "İyiyim kuzum. Tansiyonum yükselmiş, bir şey yok merak etme." diyerek onu rahatlattı. Asil, "Evde yemek var mı güzelim?" diye sordu. Buse, "Evet ağabey, Hayriye abla bir dünya yemek yaptı. Çorba da var. Ege ablaya iyi gelir. Hemen ısıtırım ben. Siz dinlenin." deyip mutfağa gitti. Asil birkaç rahat yastık ve yorgan alıp salona geldi. Ege'yi güzelce yerleştirip ayakucuna oturdu. Onunla bir bebek gibi ilgileniyordu. Ege bu hâllerini özlemişti. Kadının huzurlu bakışlarını fark edince "Ne oldu?" diye sordu. Ege hiçbir şey demeden işaret parmağıyla yaklaş işaretini yaptı. Asil yerinden kalkıp ona doğru eğildi. Bir şey söyleyecek zannetmişti ama Ege onun yakasından tutup dudaklarına duygu dolu bir öpücük bırakıp durdu. Bu hareketle afallayan Asil, yavaşça gözlerini açıp ona baktı. İkisi de liseli âşıklar gibi utangaç bir gülümsemeyle birbirlerine bakarken Buse'nin boğazını temizlemesiyle birlikte adam hızla doğruldu. Genç kız deyim yerindeyse pişmiş kelle gibi sırıtıyordu, "Kusura bakmayın rahatsız ettim ama çorba soğumadan Ege abla içsin dedim." diyerek tepsiyi kadının kucağına bıraktı. Ege ona teşekkür edip çorbasını içti. Sıcak yemek bayağı iyi gelmişti. Bir süre sonra da uyuyakaldı. Buse, "Sizi bu şekilde görmek beni de çok mutlu ediyor." diyerek ağabeyinin elini tuttu. Asil onun elini öpüp "Bir rüyada gibiyim Buse. Uyanmaktan çok korktuğum bir rüya..." diye mırıldandı. Bunun üzerine Buse, onun kalbine iyi gelecek şeyler söyledi: "Sen ortadan kaybolduğunda Ege ablanın, belli etmemeye çalışsa da, seni nasıl merak ettiğini, her fırsatta seni sorduğunu ben biliyorum. Sana olan bakışlarını görüyorum. O sana hâlâ âşık ağabey. O yüzden bu rüyanın biteceğini hiç sanmıyorum."

Adam çok uzun zamandır ilk kez kendini bu kadar iyi hissediyordu. Bir süre sonra Buse de odasına gidip uyudu. Asil ise oturduğu yerden hayranlıkla âşık olduğu kadını izliyordu. Biraz kıpırdandıktan sonra uyanan Ege, onu izleyen adamı görünce gülümsedi. "İyiyim ben, merak etme. Bütün gün mahvoldun sen de git yat hadi." deyince Asil, "Sen beni düşünme. İstediğin bir şey var mı?" diye sordu. Kadın ona küçük bir tekme atıp güldü, "Yanına yatsam benimle dinlenir misin?"

Adamın kalp atışları hızlanmıştı. Boğazını temizleyip "Hadi, bırak dalgayı da senin için yapabileceğim bir şey var mı, onu söyle." dedi. Ege gözlerini devirip yerinden kalktı. Elini ona uzatıp "Hadi gidip uyuyalım." deyince

Asil onun ciddi olduğunu anladı ve mutlulukla elini tuttu. Beraber adamın odasına gidip yatağa girdiler. Ege başını onun göğsüne koyup gözlerini kapattı. Kendini uykunun huzurlu kollarına bırakmadan önce mırıldandı, "En çok da bunu özlemişim..."

Ardından Asil de derin ve deliksiz uykusuna daldı. Sabah olduğunda hâlâ sımsıkı sarılı bir hâlde uyandılar. Ege, "Günaydın." diyerek gülümseyince Asil onun alnına bir öpücük bıraktı, "Günaydın güzelim."

İkili kahvaltı için aşağıya indiğinde Buse'nin, kahvaltı masasına bıraktığı nottan, arkadaşlarıyla buluşmaya gittiğini öğrendi. Belli ki onları baş başa bırakmak istiyordu. İkisi de bugün izinliydi. Ege kollarını açıp "Yani ev bugün bize mi kaldı?" deyince Asil ufak bir kahkaha atıp "Evde mi vakit geçirmek istiyorsun?" diye sordu. Ege başını sallayıp "Seninle aynı evde baş başa olmayı özlemişim." dedi. Adam, "Bana kızma ama sana bir şey soracağım." dedikten sonra boğazını temizleyip "Sana ne oldu bir anda? Yani ben bu hâlinden çok memnunum tabii ki ama çok net kararlıydın..." deyince Ege onu başıyla onayladı ve anlatmaya başladı. "Biliyorum, çok büyük konuştum. Biliyorum, çok dengesiz davrandım. Ben de asla diyordum ama yapamıyorum Asil. Seni gördüğüm her an, bir anımız aklıma geliyor. İyisiyle kötüsüyle yaşadığımız şeyler... Sana dürüst olacağım, sen beni terk ettikten sonra yaşadıklarım normal şeyler değildi. Hem hastalıkla mücadele etmek hem ayrılık acısı yaşamak hem seni özlemeye devam etmek... Benimle birlikte bizimkiler de perişan oldu. Ölümden döndüğüm zamanlar oldu. Ölmek istediğim çok zaman oldu. Bazı psikolojik desteklerle yeniden ayağa kalktığımda artık Asil defterini kapattım demiştim. Senden sonra ciddi bir ilişkim olmadı ama sensiz yaşamayı öğrenmiştim ta ki buraya gelene kadar... Seni gördüğüm an her şey silinip gitti. Sanki araya o koskoca 13 yıl girmemiş gibi... Sanki biz hâlâ o âşık çocuklarmışız gibi... Benden ayrılırken çok kararlı göründüğün için gerçekten pişman olduğuna hiç inanmamıştım ama buraya gelip senin de bunca sene en az benim kadar hatta belki benden bile çok yandığını gördükten sonra senden daha fazla ayrı kalamazdım Asil... Yapamıyorum..."

Adam hızla onu kendine çekip dudaklarına bir öpücük bıraktıktan sonra durdu. Alnını alnına dayadı, "Seni seviyorum..."

Ege de mırıldandı, "Seni seviyorum..."

Asil'in dudaklarına yapışınca adam onu kucağına alıp öpmeyi kesmeden yatak odasına çıkarttı. Her şey ağır ve duygu dolu ilerliyordu. İkili her anın, her dokunuşun tadına vara vara devam ediyordu. Kaybedilen her yılın acısını çıkartırcasına... İkisi de tamamen çıplak kaldıktan sonra adam, kadının dudaklarından yavaşça aşağıya doğru inmeye başladı. İstediği noktaya vardığında kendini büyük hazineye ulaşmış bir korsan gibi hissediyordu. Ege'ye ait olan her şey gibi, kadınlığı da onun için bir hazineydi. Onu okşadı, sevdi, öptü... Kadının, yaptığı her hareketten aldığı zevk de onun için bir ödüldü. Onu mutlu edebilmek, bu hayattaki tek amacıydı. Elleri ve dudakları da bu amaca hizmet ediyordu. Ege üst üste yaşadığı orgazmlardan sonra, onu saçlarından tutup yukarı çekti. Ardından hızlı bir hareketle Asil'in üstüne çıktı. Sıra ondaydı. Birebir adamın gittiği yoldan gitti. Hızlandıkça hızlandı. Normalde gelmesi zor olan, gözlerini kapatıp Ege'yi düşünmediği sürece de gelemeyen adam, hayallerini süsleyen kadının, erkekliğine bıraktığı öpücüklerle kolayca kendinden geçmişti. Biraz daha devam ederse dayanamayacağını anlayan Asil, onu durdurup tekrar üstüne uzandı ve gözlerini gözlerinden ayırmadan kadının içine girdi. Son ana, Ege'nin içinde ilerleyen ılık hisse kadar gözlerini birbirlerinden ayırmamışlardı. Çünkü artık gözlerini kapatıp hayalini kurduğu kadın yine yeniden onundu, kanlı canlı karşısındaydı. Dudaklarına son bir öpücük bırakıp yanına uzandı. O gün, uzun saatler yatakta vakit geçirdiler. Yılların özlemini gideriyor gibiydiler. Akşama doğru Buse arayıp Cerenlerde kalacağını haber verdi. Asil, "Biraz dolaşmak ister misin?" diye sorunca Ege, "Midye ısmarlayacaksan olur." diyerek ellerini çırptı. Asil onun poposuna hafifçe vurup "Kalk da hazırlan o zaman Aylak Prenses." dedi ve kalkıp hazırlandılar. Karşıyaka Sahiline inip biraz turladıktan sonra midye yediler. Ardından da taşlara oturup iki bira açtılar ve denizi izlemeye başladılar. Bu eskiden çok sık yaptıkları bir şeydi. Sanki aradan onca yıl, onca acı, onca farklı insan geçmemiş gibi... Asil en savunmasız hâlindeydi. Bu da Ege için uzun zamandır öğrenmeyi beklediği Aslı konusunu açıklığa kavuşturmak için en doğru andı. Önce biraz "Mideci Katil"den bahsetti, sonra "Bir de geçenlerde bir haber okudum. Bir kadın aynı odada intihar etmiş. Çok ilginç değil mi? O konudan bir şey çıkmadı galiba hâlâ." dedi. Çaktırmadan öğrenmeye çalışıyordu ama unuttuğu bir şey vardı. O nasıl Asil'i bu kadar iyi tanıyorsa Asil de onu o kadar iyi tanıyordu. Yarım bir gülümsemeyle "Evet, aynı kişi..." dedi. Ege onu hafife almıştı. Tabii ki de Asil ne yapmak istediğini anlamıştı. Yutkunup "Peki, neden? Yani neden onu olay yerine götürdün? Orada ne oldu? Neden intihar etti? O not sana mıydı?" diye sorularını art arda sıraladı. Asil, kafasının vakaya takık olduğu, kadının da yanında geldiği hikâyesini tekrar anlatıp ekledi, "Benim için birkaç sevişmeden ibaret bir ilişkiydi ama Aslı için öyle olmadı. Bana âşık olduğunu söyleyip duruyordu. Her yerde karşıma çıkıyordu. O gün de o kadar sarhoştum ki ağır saçmaladım. Onu da yanımda götürmek aptalcaydı ama içeri sokmadım. Neyse, ben görüşmek istemediğimi söyleyince de benden böyle bir intikam aldı işte. Gerçi onu suçlayamıyorum, kızamıyorum da ona çünkü aşkın insana neler yaptırabileceğini biliyorum. Ben de senden sonra ölümü çok düşündüm, çok da burun buruna geldim..."

Ege, "Peki ya not? Ne demeye çalışıyordu?" diye sordu. Asil yine tüm soğukkanlılığıyla "Bir muhabbet arasında, dünya iyi insanlar sayesinde dönüyor demişti. Ben de iyi insan diye bir şey yok demiştim. Böyle ufak bir tartışma olmuştu aramızda. Ona gönderme yapmış." dedi. Her şeye bir cevabı vardı. Ege ne kadar söylenenlere inanmış gibi görünse de içten içe altında başka bir şey olduğunu düşünüyordu. Asil, "Diğerleri biliyor mu? Yani otele gelen kızla, intihar edenin aynı kişi olduğunu..." diye sorunca kadın başını iki yana sallayıp "Tabii ki söylemedim. Kimse hiçbir şey bilmiyor. Sadece gerçeği merak ettim ve öğrendim. Kimsenin bilmesine gerek yok." dedi. Asil o an beyninde bir şimşek çakarcasına Ege'ye baktı. "Yoksa tüm o güzel anlar bunu öğrenmek için bir oyun muydu?"

Ege, "Saçmalama Asil! Yuh ama!" diye bağırınca adam onun kolundan tutup gözlerinin içine, en derinlere baktı. Kadın, "Neden seni affedebilme ihtimalime inanmıyorsun?" diye sordu. Asil, "Beni gerçekten affettin mi?" diye kekeledi. Buna inanamıyordu. Bunu hak etmediğine inandığı için... Ege onun elini tutup başını salladı, "Seni affediyorum... Seni affettim..."

Asil için bu, yeniden doğuş gibiydi. Küllerinden yeniden doğuş... Hayatının en güzel günlerinden birini yaşıyordu. Ege, onu affetmiş, tüm günü ve geceyi onunla geçirmiş, onu sayamadığı kadar öpmüş, ona sayamadığı kadar dokunmuş, sayamadığı kadar bir bütün olmuşlardı.

Ertesi gün ofise el ele geldiklerin gören ekip de artık barıştıklarını anlamıştı. Ege, bir ara Bahar'ı yalnız yakalayıp sordu, "Bu durum seni üzdü mü? Biliyorum çok tuhaf ama ben seni kaybetmek istemiyorum. Sen benim en yakın arkadaşımsın."

Bahar omuz silkip "Ay, Saçmalama Ege! Ne üzülmesi Allah aşkına? Tuhaf da değil... Yani dışarıdan bakınca tamam, tuhaf ama benim için değil. Asil'i seviyor falan olsam neyse de..." deyince Ege, "Artık ona âşık değil misin?" diye sordu. Bahar, "Ben ona hiçbir zaman âşık olmamışım ki. Eğer gerçekten âşık olmuş olsaydım sence bu kadar kolay biter miydi? Tutkuyu aşk sanmışım o kadar. Aman aman, aşk benden uzak olsun zaten. Baksana aptal ediyor insanı." diyerek onu işaret edince ikisi de gülmeye başladı. Ege ona sıkıca sarılıp her şey için teşekkür etti. Hayatlarında her şey yoluna girmiş gibiydi ta ki yaklaşık bir ay sonra gelen bir ihbara kadar...

BÖLÜM 8

SON

Timur Amir, Bahar, Ela ve Dora ofiste hep beraber kahvaltı yaparken Bahar, "Asil izinli de Ege ilk kez bu kadar geç kalıyor. Bir şey olmuş olmasın." deyince Ela, "Hemen kötüyü çağırmayın Bahar Komiserim. Dikkat ediyorum önce hep kötü tarafından düşünüyorsunuz olayları." diyerek dudak büktü. Bahar, "Ela olayı burca bağlamadan, ben bir Ege'yi arayayım." derken içeri giren Harun'un bahsettiği ihbarla birlikte Bahar ve Timur Amir korku dolu gözlerle birbirlerine baktı. "Mavişehir Deniz Sitesi, 19 numaralı dairede Mideci Katil'le alakalı deliller olduğu ihbarını aldık."

Başkomiser, "Daire 19 mu dedi?" diye sorunca Bahar titreyen dudaklarıyla "Vallahi öyle dedi amirim." dedi. Dora, "Biz bir şey mi kaçırdık? Ne oluyor?" diyerek telaşla sordu. Amir hızla yerinden kalkıp "Koşun, koşun!" diyerek ofisten çıktı. Apar topar adrese gidip kapıyı çaldılar. Bir süre kimse açmayınca, Timur Amir'in emriyle kapıyı kırıp içeri girdiler. Bir odanın kapısı sonuna kadar açıktı. Temkinli adımlarla ve silahlarını doğrultarak içeri girdiklerinde hepsi hayatının şokunu aynı zamanda hayal kırıklığını yaşadı. Duvarlar seri katillerin fotoğrafları ve bilgileriyle doluydu. Özellikle ikisinin tüm şeceresi oradaydı: Richard Ramirez ve Ted Bundy... Ayrıca bir kısımda da Mideci Katil'in kurbanlarının fotoğrafları vardı. Lakin bunlar polislerin elinde olan fotoğraflar değildi. Bayağı bayağı katilin onları öldürdükten hemen sonra, midelerini çıkarmadan önce çekilmiş fotoğraflardı. Ayrıca katilin kılık değiştirirken kullandığı peruk, takma sakal, bıyık, siyah kıyafetler, ayakkabılar... Her şey oradaydı. Timur Amir hayatının en büyük darbesini yemiş gibiydi. Dolan gözleri gözyaşlarının ağırlığını daha fazla kaldıramadı. Başını ellerinin arasına alıp duvara yaslandı ve yere çöktü. Bahar da ağlamaya başlamıştı. Ela, "Ya lütfen biri bir şey söylesin, ne oluyor?" diye sorunca Bahar gözlerini silip yutkundu. Kelimeler ağzından zar zor çıkıyordu. Sonunda cümle kurmayı başarabildi, "Burası Asil'in evi..."

Dora ve Ela aynı anda, "Ne?" diye bağırarak Başkomiser'e baktı. Adam resmen yıkılmıştı. Bahar aklına gelen şeyden dolayı korkuyla bağırdı, "Ege! Onu uyarmak zorundayız!"

Hemen kadını aradı. Ege telefonu açar açmaz sessiz bir şekilde "Ege... Asil yanında mı?" diye sordu. Kadın, "Anlaşılan odayı buldunuz, güzel. Korkma, Asil'in yanında değilim. O şu an spor salonunda, sana adresi attım. Gidip tutuklarsınız." deyince Bahar şaşkınlıkla "Sen biliyor muydun?" diye haykırdı. Ege ifadesiz bir tonla "Onu ihbar eden benim. Size her şeyi anlatacağım ama lütfen sorguda, öncesinde veya sonrasında Asil bunu bilmesin. Ona verilecek olan müebbet, yaptıklarının yanında ödül gibi kalır. Ona öyle bir ceza vereceğim ki o kadar kolay kurtulamayacak. Neyse, sizden tek isteğim bu. Lütfen diğerlerine de bunu ilet. Ofiste görüşürüz." diyerek telefonu kapattı. Bahar diğerlerine Ege'nin söylediklerini iletti. Tüm ekip perişan bir hâldeydi. Dora, "Yok ya, yapmamıştır. Asil Komiser'den bahsediyoruz. Tamam, delidir, agresiftir ama bu bambaşka bir şey. Yapmaz, yapamaz..." diyerek gözlerini sildi. Diğerlerinin bir şey söylemeye takati bile yoktu. Amir yavaşça yerinden kalktı. "Olay yeri inceleme birazdan burada olur. Onlar işini yapsın, biz de gidip Asil'i alalım."

Ege'nin attığı konumdaki spor salonuna gidip Asil'i sordular. Görevli, soyunma odasında olduğunu söyleyince Timur Amir, Dora ve birkaç polis memuru oraya girdi. Asil duştan çıkmış, giyinmiş, çantasını topluyordu ki amirin, "Asil Efe Arslan!" diye seslenmesiyle birlikte birkaç saniye durup ardından yavaşça sesin geldiği yöne baktı. Bakışmaları, sessiz bir çığlık gibiydi. Sanki Başkomiser, "Ne yaptığını biliyorum.", Asil ise, "Ne yaptığımı biliyorsun." diyordu. Artık sona geldiğini adını duyduğu anda anlamıştı zaten ki amir, "Yedi kadını öldürme şüphesiyle tutuklusun. Bizimle emniyete geliyorsun." deyince Asil hiçbir şey demeden arkasını döndü. Başkomiser kelepçeyi takarken haklarını anlatmaya başladı. Asil zaten her şeyi biliyordu ama artık bir polis değil, büyük bir suçlu, hatta canavardı. Zaten hiçbir şeye itiraz etmeyişi de gösteriyordu ki her şeyi kabul ediyordu. İnsanlar kendi aralarında fısıldaşırken onu hızla salondan çıkardılar. Arabaya binerken Bahar'la göz göze geldi. Kadın hayal kırıklığı, öfke, nefret ve diğer tüm olumsuz duygularla ona bakıyordu. Sahi, Ege neredeydi? Gözleri onu aradı ama o yoktu. Belki de daha haberi bile yoktu. Her şeyi geçmişti, hiçbir şey umurunda değildi ama Ege... Onun yüzüne nasıl bakacaktı? Asil'i arabaya bindirip apar topar emniyete götürdüler ve sorgu odasına soktular. Kriminal laboratuvarında da bulunan deliller inceleniyordu. Sorguya başlamadan önce ofiste Ege'yle görüştüler. Kadın her şeyi baştan sona anlatmaya başladı: "Buraya gelip davaları incelemeye başladığımda bir tuhaflık olduğunu sezmiştim. Beni rahatsız eden bazı şeyler vardı ama konuyu direkt Asil'e yormamıştım. Sonra bir şeyi fark ettim. Onunla ne zaman kavga etsek veya bana sinirlense ertesi gün bir cinayet haberi geliyordu. 17 Mart'taki cinayeti zaten planlamıştı ama dikkat edin; kurbanı boğmamış, defalarca bıçaklamıştı. Sanki öfkesini kusuyordu. O kadını öldürmeden önce, biz bir yüzleşme yaşadık ve Asil büyük bir öfkeyle yanımdan ayrıldı. Sabaha da cinayet haberi geldi. Ramirez olayını çözdüğümüzde gözlerinde anlık bir korku oluşmuştu. Bunu fark etmediğimi düşündü. Onu ne kadar iyi tanıdığımı unutmuştu. Sonrasında o planı patlayınca diğer cinayetleri de benimle arası bozulduğu günlerin arkasından işledi. Bir de..."

Herkes merakla ona bakıyordu. Kurbanların fotoğraflarını işaret edip "Dikkatinizi çeken bir şey var mı?" diye sordu. Bahar, "Bir dakika... Kadınların hepsi sana benziyor." diye haykırınca Ege, onu onaylayıp "Sadece bu da değil... Kanser atlattığımı hepiniz biliyorsunuz. Melek anneninki de aynı hastalıktı, ne kanseriydik biliyor musunuz?" diyerek onlara baktı. Ela, "Tahmin edeyim, mide kanseri..." diye mırıldandı. Komiser başını sallayarak "Böylece şüphelerim tavana çıktı. Kusura bakma Bahar ama sizi ayırmak için de Asil'in kafasını karıştırmam gerekiyordu. Seni ve diğer kadınları ondan korumam lazımdı. Umarım beni affedersin." diyerek kadına mahcup bir bakış attı. Bahar, "Saçmalama, aksine beni nasıl büyük bir beladan kurtarmışsın. Resmen sana can borcum var artık. Asil'i ben de çok kışkırttım. Belki de..." deyip gözlerini kapattı. Herkesin içi daralmıştı. Amir başına vurup "Ben nasıl fark etmem bunu, nasıl?" diyerek ofisin içinde ileri geri yürümeye başladı. Ela, "Peki, neden bize söylemediniz?" diye sorunca Ege açıklamaya devam etti: "Çünkü bazen dürtüsel davranabiliyorsunuz. Eğer şüphelerim doğruysa bu, her şeyin mahvolmasına sebep olabilirdi. Elimizde bir tane kanıt yoktu. Sizi ve süreci korumak için bir oyun oynamam gerekiyordu ki profil çıkardığımda da Asil'in rahatlaması için elimden geleni yaptım. Annesinden nefret eden birini aradığımızı görmek, konuyu ondan uzaklaştırıyordu. Çünkü o, annesine tapardı. Bu yüzden bu fikre iyice kapılalım diye Aileen Wournos, Mindhunter gibi notlar bırakarak kafamızı karıştırmak istedi. Konuyu kendinden iyice uzaklaştırmak... Neyse... Mideci Katil diye yakaladığımız Mehmet var ya işte onun kızını ve annesini yakın takibe aldım. Bir hafta geçmeden yurt dışına çıktılar ve kız tedaviye başladı. Bunun üzerine Mehmet'le gizli bir görüşme ayarladım. Başlarda katilin kendisi olduğu konusunda ısrar ediyordu. Sonunda onunla bir anlaşma yaptık ve konuştu."

Dora, "Anlaşma neydi?" diye sorarak araya girdi. Ege omuz silkti, "Ben, ömür boyu kızının tedavi ve okul masraflarını karşılayacağım, yurt dışında eğitim almasını sağlayacağım, o da itiraf edecek... Bu anlaşmadan sonra dediğim gibi her şeyi anlattı. Bir adam ona gelmiş ve bu suçu üstlenmesi durumunda kızını tedavi ettireceğini söylemiş. Ona bütün vakaları, en ince detaylarına kadar anlatmış. Son cinayetten önce de maktulle tanışıp görüşmesini söylemiş. Ardından da cesedin üstüne adamın saç telini bırakmış. Gerisini biliyorsunuz zaten."

Bahar, "O adam da Asil miymiş?" diye sordu. Ege başını sallayıp "Hayır. Asil kendini açık etmemek için pislik bir uyuşturucu satıcısını kullanıyor ve bütün bunları ona yaptırtıyor. Mehmet bana adamın ismini söyleyince, ben de onu buldum. Asil'i satacak bir tip değildi ama onu bir şekilde konuşturdum ve asıl katilin kim olduğunu net bir şekilde öğrenmiş oldum." derken Ela, "Nasıl konuştu?" diye merakla atıldı. Ege ve Timur Amir imalı bir şekilde bakıştıktan sonra Başkomiser, "O kısmı görmedik, duymadık, bilmiyoruz." dedi. Ege başıyla selam verip devam etti: "Adam dökülmüştü ama öyle bir pislik ki onu alıp emniyete getirsem bana anlattıklarını anlatmaz, aksine tersini söyler, bir de benim başımı yakardı. Asil'in de hiçbir şeyi duymaması gerekiyordu. O yüzden ona ulaşmasın diye adamı aylardır bir yerde tutuyorum. Mesleğime aykırı bir davranış yaptığımın farkındayım ama buna mecburdum. Adam iş birliğini de kabul etmedi çünkü. Elimde hiçbir kanıt olmadığı için, Asil'e yaklaşmak zorundaydım. Tam da bu sırada araya uzaklaştırma işi girdi ve bu sefer de onun dönmesini bekledim. Döner dönmez de sanki onu affetmişim gibi davranmaya başladım ama tabii ki de davranışlarımın 180 derece dönmüş olmasından şüpheleniyordu. Bunun için bir şey yapmam lazımdı. Şimdi söyleyeceğim şey için çok üzgünüm, lütfen bana kızmayın ama bayılma olayı tamamen planın bir parçasıydı." deyince tüm ekip "Ne?" diye bağırdı. Bahar, "O ne alaka? Neden?" diye sorunca Ege oflayarak "Yeniden hasta olma ihtimalim, Asil'i ve beni yakınlaştırırdı da ondan. Böylece daha da samimi olduk ve sonunda onu affettiğime inanmasını sağladım. Bu arada Flamingo Oteli'nde intihar eden Aslı vardı ya o da Asil'in olay yerine götürdüğü kadındı. Yani yine bir kadın, Asil yüzünden ölmüş. Aklınca bir hikâye uyduruyor ama peşimden geldi muhabbeti tamamen palavra. Lakin hâlâ orada ne olduğunu çözemedim." dedikten sonra durdu. Anlattıkça daha da karanlığa gömülüyor gibiydi. Diğerleri zaten duydukları karşısında mahvolmuştu. Tüm bu olanlara inanamıyorlardı. Amir, "Kanıtları nasıl buldun?" diye sorunca Ege devam etti: "Aile evindeki her deliğe baktım. Hiçbir şey yoktu. Sonra ona bunca zaman nerede yaşadığını, o evi görmek istediğimi söyledim. Bugün, yarın diye diye beni bir süre oyaladı ama sonunda oraya gittik. Bir kapı kilitliydi. İçeride bir şey olmadığını, orayı ofis olarak kullandığını ama anahtarını da kaybettiğini, yakında halledeceğini söyledi. İşte dedim, sonunda buldum! Asil uyurken evin anahtarının kalıbını aldım ve kopyalattım. Bu sabah da o eve gittim. Tel toka sağ olsun, odanın kapısını açtım. İşte her şey oradaydı. Size tuhaf gelebilir ama son ana kadar, hepsi büyük bir yanlış anlaşılma olsun diye dua ettim. Bildiğim tüm gerçeklere rağmen... Ama öyle olmadı. Asil gerçekten de onca kadına kıyan bir canavardı. Sonra da oradan çıkıp sahile indim ve polisi arayıp ihbarda bulundum. Gerisi ortada..."

Tüm ekibin kanı çekilmişti resmen. Ne diyeceklerini ne düşüneceklerini ne hissedeceklerini bilmiyorlardı. Yıllardır tanıdıkları, beraber çalıştıkları, yeri geldiğinde yan yana çatışmaya girdikleri adam... Bir sürü masumun kanına girmiş, bir sürü aileyi ömür boyu kapanmayacak bir yarayla baş başa bırakmıştı. Hepsi de daha fazla kendini tutamayıp gözyaşlarını salmıştı. Duyduklarını sindiremedikleri için mideleri bulanıyordu. Ela hıçkırarak "Bize ne kadar agresif davransa da içinde iyi biri olduğuna inandım. Ben onu bir ağabey gibi sevmiştim. Allah kahretmesin! Hepimize ne güzel oynamış!" diyerek kendini sandalyeye attı. Amir, "Bana ne demeli? Yılların kıdemli polisi... Büro amiri... Hiçbir şey anlamadım. Yazıklar olsun bana!" deyip masaya bir yumruk vurdu. Bahar onun koluna dokunup "Kendinize yüklenmeyin amirim. Sizin bir suçunuz yok. Ben hayatımda böyle bir adam görmedim. Hepimizi kandırdı, hepimize oynadı. Hangimiz böyle bir şeyi düşünebilirdik ki?" deyince Ege de onu onaylayıp "Merak etmeyin. Ona öyle bir ders vereceğim ki her gün yanacak, her gün ölecek!" dedi. Dora, "Ne yapacaksınız?" diye sordu. Komiser, "Şimdi sorgu odasına girmek isteyen girsin. Asil'e söylemek istediğiniz bir şeyler varsa söyleyin. Yüzleşin, sorun, vurun, kırın ama benim adımı geçirmeyin veya size anlattığım hiçbir şeyi ona söylemeyin. Onu nasıl bulduğunuz konusunda da adamı Yaşar'ın öttüğünü söylersiniz. Onun da fotoğrafı burada..." deyip adamın yüzünü diğerlerine gösterdi. Bahar hızla elinden fotoğrafı alıp "Bu..." dedikten sonra dehşetle Başkomiser'e bakıp "Bu, o adam! Bizi Asil'le birlikte gönderdiğiniz şu sokak vardı ya katilin kameralara yansıyan görüntüsünden sonra gittiğimiz, orada bize bilgi veren, tartıştığım o pis adam bu!" diye haykırdı. Dora elini ısırıp bağırdı, "Ha siktir! Asil Komiser bayağı bayağı film çevirmiş lan!"

Amir, "Ben göstereceğim ona filmi!" diyerek hızla ofisten çıktı. Diğerleri de peşinden koştu. Amir sorgu odasına girdiği için, onlar da camın arkasına geçti. Başkomiser'i karşısında gören Asil ifadesiz bir tonla "Hiçbir şey anlatmayacağım. Beni direkt savcılığa sevk edin, bitsin gitsin." deyince zaten öfkeli olan amir masaya vurup "Lan! Lan sen nasıl bir köpeksin? Sen nasıl bir canavar, nasıl bir şerefsizsin? Lan nasıl yaptın bunu, nasıl?" diye bağırdı. Asil'in yüzünde bir gram mimik yoktu. Hiçbir şey söylemeden sadece bakıyordu. Amir, "Konuşacaksın Asil! Öyle ya da böyle... Ya seve seve ya sike sike konuşacaksın. Ardından da yaktığın onca canın ve bizlere yaşattığın her şeyin bedelini ödeyeceksin. Duydun mu beni?" diye öfkeyle bağırdı. Asil sadece "Ege'yi görmek istiyorum." deyince iyice sinirlenen Başkomiser, "Sen benimle taşak mı geçiyorsun lan? Yok Ege falan! Bir insanın hayatı ne kadar sikilebilirse o kadar siktin lan kızın hayatını!" dedi. Asil hâlâ tepki vermiyordu. Tek derdi Ege'ydi. O yüzden yine sordu, "Ege iyi mi?"

Amir, onun canının yanmasını istiyordu. Bunu da sadece iki kişi üzerinden yapabilirdi, Ege ve Buse... Ege kendi kısmını halledecekti. O yüzden Başkomiser, ona doğru eğilip "Herkesi ve her şeyi geçtim de Buse... Kimsesiz, yapayalnız, katil bir baba, seri katil bir ağabey... Senin yüzünden insanlar, ona kim bilir nasıl davranacak? Sahi Buse'ye ne olacak? Hayatına nasıl devam edecek? Bu kadar acıyı kaldırabilirse tabii..." deyince Asil'in yüzünde ilk kez bir ifade oluştu. Gerilmişti. Boğazını temizledi, "Bu yüzden, Buse için rica ediyorum, Ege'yi görmeme izin verin. Avukat, savunma hiçbir şey istemiyorum. Sadece bunu... Lütfen ağabey..."

Amir dolan gözlerini gizlemeden "Ağabey... Ne ağabeyi be, babalık yaptım ben sana! Evladım gibiydin lan sen benim. Her gece yastığa başımı koyduğumda Birce ve Berkan'ı düşündüğüm kadar seni de düşünüyordum ben. İşten sonra ne yaptı, nereye gitti, ne yedi, ne içti, dağıttı mı, başını belaya soktu mu ve daha bir sürü şey... Mahvettin lan beni... Bitirdin..." diye mırıldanınca Asil, "Yaptığın her şey için teşekkürler ama ben, senin evladın falan değildim ağabey. Akşamları sofraya beraber oturduğun, gözünden bile sakındığın, geceleri üstlerini örttüğün o çocuklar senin evladın. Ben, babasının bile umursamadığı bir piçin tekiyim, sen de bana iyi davranıp kendini iyi hisseden biriydin. Tıpkı kendini mutlu etmek için iyilik yapan diğer tüm insanlar gibi..." dedi. Bu sözler karşısında amir, daha da büyük bir hayal kırıklığı yaşadı. "Sana yazıklar olsun lan! Sana yazıklar olsun!"

Bir anda kalbi sıkıştı. Nefessiz kalan adam, elini kalbinin üzerine koyup geriye doğru birkaç adım attı. Beti benzi atmıştı. O ana kadar tepkisiz duran Asil korkuyla, "Ağabey!" diyerek ona koşmak istedi ama masaya kelepçeli eli buna izin vermedi. Aynaya doğru dönüp "Biri yardım etsin!" diye bağırdığı sırada Ela, Dora ve Bahar telaşla içeri girip Timur Amir'i tuttular. Adam biraz toparlanıp "İyiyim. Sadece çıkalım buradan." deyince Bahar, "Başkomiser'i çıkarın. Bir doktor çağırın." diye emretti. Dora ve Ela, Asil'in yüzüne bakmadan adamı dışarı çıkardı. Bahar ise masanın diğer tarafındaki sandalyeye oturdu. Asil derin bir nefes alıp verdikten sonra "Ne söyleyeceksen söyle Bahar. Sonra da beni savcılığa sevk edin. Timur Amire de belirttim. Söyleyecek hiçbir şeyim yok. Suçluyum. Bitti gitti." deyince kadın, "O gün, o sokağa gittiğimizde Yaşar seni tanıyor muydu?" diye sordu. Asil, "Ne alaka?" deyince Bahar, "Seni nasıl yakaladık zannediyordun? Komik olan ne biliyor musun? Bu adamlara güven olmaz diye beni uyarıp senin o herife güvenmen... Ne kadar akıllıca davranırlarsa davransınlar, seri katiller bir noktada gerçekten aptal oluyormuş." diyerek güldü. Asil, "Yaşar böyle bir şey yapmaz ama nasıl açığa çıktığım da umurumda değil. Öyle ya da böyle herkes yaptıklarının ve tercihlerinin bedelini öder. Benim de zamanım gelmiş işte. Sadece Ege'yle görüşmeme izin verin, avukat istemiyorum. Suçumu da kabul ediyorum." dedi. Bahar, "Bir şeyi gerçekten merak ediyorum. Neden benimle beraber oldun? Bundan çıkarın neydi? Her şey tamam da buna bir cevap bulamıyorum." diye sorunca Asil omuz silkip "Yalan söylemiyordum. Kendi çapımda sana değer veriyordum ki bu sayede şu an buradasın. Yoksa beni çok zorladığın zamanlar olmuştu." dedi. Kadın alaycı bir gülümsemeyle "Yani beni de öldürmeyi düşünmüştün. Sahi, beni neden öldürmedin Asil?

Ege'ye benzemediğim için mi? O zavallı kadınların tek suçu, hastalıklı bir takıntıyla bağlı olduğun kadına benzemeleri miydi? Hiç mi için sızlamadı? Ailelerinin hâlini gördüğünde bile mi?" diye sordu. Adam yine donuk bir ifadeyle konuştu. "Hiç... Sana daha önce de söylemiştim. İyi insan diye bir şey yok. Onlar da kim bilir kimin canını yakmıştı. Karşıma çıkmalarının sebebi, o çok inandığınız Allah'ınızın adaletiydi belki de."

Duydukları karşısında kanı çekilen Bahar, "Sen gerçekten kötüsün Asil. Hatta bir canavarsın. Bunu nasıl göremedik? Senin içinde iyi biri olduğuna nasıl inandık?" diye söylenince adam gülerek "Bu sizin probleminiz. Ben hiçbir zaman iyi biri olduğumu söylemedim. Aksine hep ne dedim?" diyerek göz kırptı. Bahar mırıldandı, "Hepimiz kötüyüz. Öyle ya da böyle... Değil miyiz?"

Asil parmak şaklatıp "Richard Ramirez!" diye bağırdı. Bahar şok olmuştu. Tamam, Asil'e karşı son zamanlarda çok kuruluydu ama bu kadarı ona da ağır gelmişti. O anda beyninde bir şimşek çaktı. Duyacaklarından çekinerek sordu, "Bana saldıran da sen miydin?"

Asil bir kahkaha atıp "Teknik olarak ben değildim ama beyin kısmı bendim. Planım da kusursuz işledi. Kusura bakma ama iyi bir dersi hak etmiştin." deyince kadın daha fazla dayanamayıp hızla yerinden kalktı ve ona bir tokat attı. Asil hâlâ kahkaha atıyordu. Sinirleri iyice bozulan Bahar, bir dakika daha bu ruhsuz canavarla aynı odada kalmak istemiyordu, o da sorgu odasını terk etti. Timur Amir daha iyiydi. Toparlanmıştı. Tüm ekip camın arkasından Asil'i izliyordu. Bahar ağlayarak yanlarına gelince ona sarılıp biraz olsun rahatlamasını sağladılar. Ege, nefret dolu gözlerini Asil'den ayırmadan sordu, "Ona söylemek istediğiniz başka bir şey yoksa ben giriyorum." deyince diğerleri onay verdi. Kadın yavaşça yerinden kalkıp mırıldandı, "Show Time[3]"

Sorgu odasına girmeden önce gözlerini doldurdu, yanaklarını çimdikleyip kızarttı. Oyuna hazırdı. Sakince kapıyı açtı. Asil onu görünce hızla doğrulup "Ege!" diye bağırdı. Kadın ağır hareketlerle kapıyı kapatıp karşısına oturdu. O zamana kadar rahat görünen adam yerinde duramıyordu. "İyi misin?" diye sordu. Ege, "İyi miyim? Asil, ben nasıl iyi olayım? Nerede, ne konumda olduğumuzun farkında mısın?" dedikten sonra ağlamaya başladı. Onu böyle görmek adamı delirtiyordu. İçli içli ağlayarak konuştu, "Benim yüzümden... Her şey benim yüzümden oldu. O kadınlar benim yüzümden öldü. Ben şimdi nasıl yaşarım? Hayatıma nasıl devam ederim? Kendimi nasıl affederim Asil?"

Adam serbest olan eliyle kadının elini tutup "Senin hiçbir suçun yok Ege. Ben yaptım. Hepsi benim hatam. Sakın, sakın kendine bunu yapma! Senin gözünden akacak bir damla yaş için dünyayı yakarım." deyince Ege gözyaşlarını silip "Her şeyi duymak istiyorum Asil. Neyi, nasıl, neden yaptığını duymak istiyorum. Yoksa bununla yaşayamam. Benim ölmemi istiyor musun?" diye sordu. Adam hızla başını iki yana sallayıp "Tamam, her şeyi anlatacağım ama bana söz ver, kendine zarar verecek hiçbir şey yapmayacaksın." deyince Ege, "Anlat lütfen," diye mırıldandı. Asil derin bir nefes alıp "Şu aldığımız eğitimde Richard Ramirez'den o kadar çok bahsetmişlerdi ki adam tuhaf bir biçimde beni etkiledi. Gözlerinde beni ona çeken bir şey vardı. Sonra onu daha da derinden araştırmaya başladım. Onunla birlikte satanizmi de... Gerçekten de onun söylediği gibi satanizm; ikiyüzlülük, kendini kandırma yerine lekesiz bir bilgelikti. Her geçen gün bu inanca daha da bağlandım. Ardından diğer tüm seri katilleri

---

3 İngilizcede "Gösteri Zamanı" anlamına gelen kalıp.

araştırmaya başladım. Ted Bundy, Edmund Kemper, Fritz Honka, Andrei Chikatilo ve daha niceleri... Ama beni en çok etkileyen iki kişi vardı; Richard Ramirez ve Ted Bundy... Zamanla onları anladığımı fark ettim. Özellikle de Bundy'i çünkü o da âşıktı ve ne yaparsa yapsın, kiminle birlikte olursa olsun Diane'ı unutamıyordu. Yıllardır Elizabeth'le birlikte olmasına rağmen onu aklından çıkaramıyordu." derken camın arkasından izleyen Bahar, "Bu hikâyenin Elizabeth'i benim sanırım." diye mırıldandı. Ela, onun elini tutup sıktı. Ardından dinlemeye devam ettiler. Asil, "Tıpkı benim seni aklımdan çıkaramadığım gibi... İkimiz de bir kadına âşıktık ve bu kadınların ikisi de benzer fiziksel özellikler taşıyordu. İşte bu noktada bende bir şeyler olmaya başladı. Adını bilmiyorum ama sana benzeyen kadınları görünce deliriyordum. Hiç kimsenin sana benzemeye hakkı yoktu. Sanki onlar var oldukça sen yok oluyordun. İlk cinayetim de Esra değildi." deyince herkes şok olmuştu. Ege, "Nasıl yani? Başkaları da mı var?" diye sordu. Asil başını sallayıp "Bir kişi daha var. Hâlâ kayıtlarda kayıp olarak görülen Mısra Haktan..." dedi. Kadın gözyaşları içinde "Nerede peki? Yani cesedi..." deyince Asil başını eğip ovalarken cevapladı, "Bizim evin bahçesinde..."

Amir hemen oraya bir ekip gönderilmesini emretti. Adam anlattıkça onlar daha da kötü oluyordu. "Mısra'dan sonra bundan keyif aldığımı, iyi hissettiğimi fark ettim ve bir plan yapıp devam etmeye karar verdim. Bundy ve Ramirez karışımı bir kişilik oluşturdum. Sokakta yürürken, barda, orada, burada sana benzeyen birini gördüğümde direkt yakın takibe alıyordum. Tarihler yaklaşınca da bir şekilde onları tuzağa çekiyordum. Esra kolay bir avdı. Kaldığı otel ucuz ve risksizdi. Farkında bile olmadan kendi mezarına giriş yaptı. Meral uyuşturucu bağımlısıydı, onu kandırmak hiç de zor olmadı. Kendi elleriyle katiline uzandı. Bazen şeytanın bana yardım ettiğini hissediyordum çünkü senin geldiğin günün ertesi gün, 17 Mart'a kurbanım hazırdı ve seninle kavga ettikten sonra tüm öfkemi ondan çıkardım. O yüzden onu bıçakla öldürdüm ama ilk darbede bir şekilde kolumu çizdi. DNA'm tırnaklarının arasındaydı. O an aklıma çözüm olarak elini kesmek geldi. Fakat onu yok etmek için de bir şey yapmam gerekiyordu. Eve gidince onu iyice kaynattım, eti kemikten ayırıp sokak köpeğine verdim. Kemikleri de balyozla un ufak edip denize attım. Hazal, her gün koşu yaptıktan oradaki kafeye oturuyordu. Birkaç gün tesadüfen denk gelmişiz gibi sohbet kurdum. Dış görünüşüm tekinsizdi ama kadınların çoğu ilginç bir şekilde tekinsiz ve gizemli olan adamlara çekiliyor. Bu da işime geldi. Cinayeti planladığım günden bir önceki gün, gece orada buluşmak için plan yaptık. Sonrasını biliyorsun işte. Gül Apartmanı'na da ev sahibinin gönderdiği biri gibi girdim. O yüzden Berrin beni içeri aldı. Apartmanın adı da gül olunca bir esprisi olsun diye cesedin üstüne gül bıraktım," derken Ege, "Tıpkı Mehmet'in söylediği gibi..." diye mırıldanınca Asil onu tekrarladı, "Tıpkı Mehmet'in söylediği gibi... Ona her şeyi öğrettik. Aslında söylediği her şey doğru, katil hariç. Peruk, takma sakal, bıyık, sahte dövme... Hatta kameraya yansıyan görüntülerde tanınmamak için yürüyüşümü bile değiştirdim. Kısacası her şeyi planlayarak ve ustalıkla yaptım. Sen, Ramirez olayını patlatınca köşeye sıkışmıştım. Eğer vali çıkıp 14 Mayıs'ı söylemeseydi ve ben o gün cinayet işlemeseydim çok dikkat çekerdi ama şeytan bana orada da yardım etti sanki. Böyle şeylerle ona olan inancım daha da arttı."

Ege, "Peki ya Hande? Arkadaşın değil miydi? O da mı yalandı?" diye sordu. Asil ifadesizce "Takıldığım biriydi. İlk tanıştığımızda sarışındı. Keşke öyle kalsaydı çünkü saçlarını kahverengiye boyatınca sana çok benzemişti. Kendimi durduramadım. Neyse... Sen sürekli annesinden darbe yemiş veya ondan tiksinen biri olduğunu söyleyince bu da işime geldi ve böylece Wournos ve Kemper'a gönderme yaparak dikkatinizi iyice o noktaya çektim." dedikten sonra gülerek "Ama sen zaten bunu biliyorsun." deyip kadının gözlerine baktı. Ege "Anlamadım." deyince Asil şirin bir ifade yapıp "Beni senin ihbar ettiğini biliyorum Ege. Aylardır bunun peşinde olduğunu da biliyorum ama merak ettiğim bir şey var. Yaşar hâlâ hayatta mı?" diye sorarak tekrar güldü. Kadın şaşkınlıkla "Nasıl? Nereden..." derken durdu. Sonra merakla "Neden engel olmadın o zaman? Kaçabilirdin veya delilleri yok edebilirdin. Neden yapmadın?" diye sordu. Asil omuz silkip "Herkes yaptıklarının bedelini bir gün öder. Ben, bir şekilde bu cinayetlerden paçayı sıyırırdım ama bu sefer hayat beni en sevdiğim şeylerle sınardı, ya sen ya Buse... Buna dayanamam. O yüzden de kalan zamanımda sizinle doyasıya vakit geçirdim." dedikten sonra Ege'nin elini tutup "Hem sonum bu ellerden olacaktı. Bu benim için bir ceza değil, ödül... Aslında beni istemediğini bilsem de beraber geçirdiğimiz son birkaç ay her şeye değerdi. Teşekkür ederim." diyerek elini çekti. Ege oyun oynamak için girdiği odada, kendisi oyuna gelmişti. Ne söyleyeceğini bilemez hâlde adama baktı. Bu sırada Dora, "Oha! Ava giderken avlandık resmen. Bu nasıl bir zekâ?" diye haykırınca Ela, "Gerçekten tam bir Kova olduğu netleşmiş oldu." diye mırıldandı. Diğerleri gözlerini devirip ona bakınca "Ay, çok pardon! Dalmışım." diyerek tırnağını kemirdi. O anda içeri giren Harun, "Amirim, az önce Ege Komiser'in babası Kemal Bey, Yaşar Beyatlı'yla birlikte emniyete geldi." diye haber verince Amir hemen kendi odasına geçti. Yaşar sorguya alınırken Başkomiser, Ege'nin babasıyla görüştü. Kemal "Ege, sizden çok bahsetti. Bu şartlar altında tanışmak istemezdim ama hayat..." deyince amir, "Asil nasıl böyle bir şey yaptı, aklım almıyor." diyerek başını salladı. Adam yarım bir gülümsemeyle "Dedesi de ölünce tüm sorumluluğunu biz üstlenmiştik. Evladımız gibiydi ki koleje gittikleri dönemde tatillerinde bizde kalırdı. Onu gerçekten çok seviyorduk ama inanın bana, hiç şaşırmadım bu olanlara. Çünkü Asil hep değişik bir çocuk olmuştur. Daha küçücük bir çocukken eline geçen börtü böceği zevk alarak avcunun içinde ezerdi. Ona bu alışkanlığı bıraktırana kadar Melek ve Aytekin'in göbeği çatlamıştı. Polis olmayı çok istiyordu. Özellikle de cinayet büroyu... Ege'nin aklına da bunu o sokmuştur. Ne yaptıysak vazgeçiremedik Ege'yi. Annesinin ardından dedesinin ölümü, babasının yaptıkları derken Asil'in psikolojisi iyice altüst oldu. Hatta..." dedikten sonra durdu. Çayından bir yudum alıp "Tekin'i yani amcasını bıçaklamışlığı var. Adama para bile verdik de şikâyet etmedi. Yoksa gençliği, okulu, geleceği yanardı. Ege onu çok seviyordu, biz de öyle ama içimde hep bir korku vardı... Kızım için korkuyordum derken zaten Ege malum hastalığa yakalandı ve Asil onu terk etti. Hikâyeyi biliyorsunuzdur. Evet, hemen pişman olup döndü ama biz bunu Ege'ye söylemedik. Çünkü açıkçası bu biraz işime de gelmişti. Asil de artık büyümüştü, dededen kalma malı mülkü de vardı... Kendine bakabilirdi artık paraya da ihtiyacı yoktu. Ben de kızımı korudum ama Asil'in hayatına sıradan insanlar gibi devam etmeyeceğini düşünmem gerekirdi. Benim hatam da var." dedi. Duydukları karşısında şok olan Timur Amir bir bardak su içip adama döndü. "Sizi anlıyorum. Benim de bir kızım var ve onun iyiliği için her şeyi yaparım. O yüzden sizin hiçbir suçunuz yok. Siz sadece evladınızın iyiliği için çabalamışsınız. Asil zeki biri, yaptıklarının sonucunda ne olacağını çok iyi biliyordu. Her şey onun kendi tercihiydi. Ondan başka bir suçlu yok. Yalnız şu Yaşar mevzusu biraz sıkıntı, Kemal Bey. Herif, alıkoyma nedeniyle sizden ve Ege'den şikayetçi olabilir."

Kemal başıyla onaylayıp "Yapacak bir şey yok." diyerek omuz silkti. Bu sırada ifadesi alınan Yaşar, polislere her şeyi olduğu gibi anlatıp kimseden şikâyetçi olmadı.

Çünkü Asil aylar öncesinde ona bunu tembihlemişti. Kesinlikle Ege'nin başını belaya sokmayacaktı. İyi bir avukat tutma sözüyle birlikte üç beş sene yatar, iyi hâlden çıkarsın diye de güzel bir para ödemişti. Bu sırada Ege de hâlâ sorgu odasında Asil'leydi. Kadın zaten bildiği bir gerçeği bir kez de ondan duymak için sordu, "Aytekin amcaya o sahte fotoğrafları da sen yolladın değil mi?"

Asil alaycı bir gülümsemeyle "O kadar salak ki onları anında indireceğini biliyordum. Yaptıklarından dolayı pişmandı. Aslında o kadının ne mal olduğunu çoktan anlamıştı ama o kadar korkak ve aciz bir adam ki ne benim yüzüme bakacak ne de o sürtüğü terk edecek cesareti vardı. Ben sadece fitili ateşledim. Gerisini o halletti zaten ama sen bunu da biliyordun. Ta en başında anlamıştın çünkü beni tanıyordun. Eninde sonunda onların hayatını sikeceğimi biliyordun." dedi. Ege, "Bu hayatta benim için sadece iki kişi var, sen ve Buse deyip duruyorsun ya bunu Buse'ye nasıl yaptın?" diye sorunca adam ifadesiz bir şekilde "Onu o pisliklerin arasından çekip aldım. Onlar sadece kendini düşünüyordu. Buse'nin geleceği, mutluluğu, rahatı, hiçbir şey umurlarında değildi ki." derken Polis Memuru Senem odaya girip kadının kulağına bir şey söyledi ve çıktı. Ege, "Kurbanların aileleri aramış. Hepsinin hesabına yüklü bir miktar yatmış. Senin işin değil mi bu?" diye sordu. Asil, "Hapse girdiğim an bunun yapılması için talimat vermiştim." deyince kadın öfkeyle "Giden canlarının bedelini karşılayacak bir para birimi yok Asil." diye öfkeyle söylendi. Adam başını sallayıp "Biliyorum ama bu saatten sonra yapabileceğim başka bir şey de yok." dedi. Aynaya anlık bir bakış attıktan sonra Ege'ye doğru eğilip fısıldayarak konuştu. "Benim hayatım bitti Ege. Hapisten asla çıkamayacağımı ikimiz de biliyoruz ama benim orada çürümeye de niyetim yok. O yüzden son kurbanım kendim olacağım. Senden tek bir şey istiyorum. Buse'ye sahip çık. Onu yalnız bırakma. Paraya ihtiyacı yok. Bütün mal varlığımı onun üstüne geçirdim ama onun bir yuvaya, güvendiği, sevdiği insanlara ihtiyacı var ve seni gerçekten çok seviyor. Sana yalvarıyorum ona iyi bak."

Ege gözlerindeki yaşı iyice silip duruşunu dikleştirdi: "Buse'yi merak etme. Onu bir başına bırakacak değilim ama sen kendini öldürmeyeceksin Asil, öldüremezsin..."

Adam kaşlarını çatıp "Nedenmiş o?" diye sorunca Ege omuz silkip "Benden, benim yüzümden... Çünkü benim seni görmeye gelme ihtimalim var. Her an, her ziyaret gününde..." dedi. Duydukları karşısında heyecanlanan Asil, "Nasıl yani? Beni görmeye mi geleceksin gerçekten?" diye atıldı. Ege asıl oyununu şimdi oynamaya başlamıştı. Asil'i yerle bir edecek o bombayı patlatmak üzere pimi çekti. Asil'in çocukça heyecanı da ona güzel bir zemin hazırladı. Dudaklarını büküp "Bilmiyorum. Şu an hayır desem de yarın ne getirir; yine kendimi senin karşında bulur muyum bilmiyorum. Bunu sen de bilmiyorsun ama biliyoruz ki hep bir ihtimal var… Belki hemen, belki beş, belki on sene sonra... Ama hep bir ihtimal var. Eğer gelirsem de yalnız gelmeyeceğim gerçeği... İşte bu yüzden kendini öldüremezsin Asil!" deyince adam, "Ne demek bu?" diye sordu. Ege yavaşça yerinden kalkarken cebinden bir kâğıt çıkarttı. Asil'in tam yanında durup kulağına eğildi. Kâğıdı masanın üstüne bırakırken fısıldadı, "Kendini öldüremezsin Asil çünkü belki bir gün henüz cinsiyetini dahi bilmediğin bebeğimizle birlikte sana gelme ihtimalim var."

O bu sözleri söylerken Asil şaşkınlıkla kâğıdın üzerindeki "POZİTİF" yazısını okudu. Sözlerini bitiren Ege, onun başına bir öpücük bırakıp hızla odayı terk ederken Asil, "Ege! Dur! Hayır! Bunu yapamazsın!" diye bağırarak yerinden fırladı. Arkasından gitmeye çalışırken kelepçeli eli ona engel oldu. Ama çıldırmış bir hayvan gibiydi, tüm sandalyeleri devirmiş, deli gibi bağırıyordu. Camın arkasındaki ekip de ayrı şaşkındı. Ege, Asil'in kulağına ne söylemişti de adam delirmişti? Ela, "O kâğıtta ne yazıyordu? Ege komiser ne dedi? Neler oluyordu?" diye sorularını art arda sıralarken Ege, odaya girip camın arkasından Asil'e baktı. Üç polis memuru içeri girmiş onu zapt etmeye çalışırken adam aynaya doğru bağırdı, "Bana, bunu yapamazsın Ege!"

Ege küçümseyici bir gülümsemeyle mırıldandı, "Game Over!"[4]

Tüm bunlar yaşandıktan sonra Ege istifasını verdi. Buse'yi de alıp Almanya'ya yerleşti. Ailesi genç kızı kendi evlatları gibi sevmiş, ona yeni bir aile olmuştu. Ardından gelen bebek de aileye ayrı bir neşe katmış, onları yeniden hayata bağlamıştı. Yıllar önce doktoru Ege'ye, çocuk sahibi olamama ihtimali olduğunu söylemişti. Bu yüzden de bu bebek onların mucizesiydi. Dedesi ona ne kadar "Küçük Efe" dese de Ege adını Edel[5] koymuştu. Ekiple de hiçbir zaman kopmadılar. Hatta Bahar doğuma bile gelmişti. Bu Küçük Efe hepsine kan, can olmuş, neşe dağıtmıştı.

Ve Ege gerçekten de dediğini yapmış, Asil'e verilebilecek en büyük cezayı vermişti. Asil, kendi çocuğunun cinsiyetini bile bilmiyordu. Kendini de öldüremedi çünkü Ege'nin asla gelmeyeceğini bilse bile bu hayatta hep bir ihtimal vardı. İşte bu ihtimal yüzünden bir gün değil her gün öldü Asil...

SON

---

4 İngilizcede "Oyun Bitti" anlamına gelen kalıp.

5 Almancada "asil, soylu" anlamına gelen sözcük.